열정으로 도전하라

열정으로 도전하라

1판 1쇄 발행 2021년 5월 20일

지은이 류일주

발행처 하움출판사
발행인 문현광

주소 전라북도 군산시 수송로 315 하움출판사
이메일 haum1000@naver.com 홈페이지 haum.kr

ISBN 979-11-6440-779-8 (03190)

좋은 책을 만들겠습니다.
하움출판사는 독자 여러분의 의견에 항상 귀 기울이고 있습니다.

열정으로 도전하라

류일주

취업을 포기한 60%의 취업준비생에게 희망과 용기를!
이제 갓 입사한 초년생들에게는 회사생활의 노하우를!
은퇴하고 제2의 인생을 준비하는 시니어에게는 행복한 여생을!

자기소개

　　　현대자동차에 공채 입사하면서 관리자의 길을 걷게 되었다. 주요 업무로 부품 개발, 가격 결정, 품질 관리 업무 등을 수행하였고 업무 이외에 회사가 급성장하던 시절 면접관이 되어 우수 인재 확보를 위해 노력하였다. 21세기는 두뇌 경쟁의 시대로 기업의 존망을 가름하는 핵심 과제는 탁월한 우수 인재의 선발과 확보에 있다.

인재 한 명이 10만 명을 먹여 살리는 시대를 대비하여 한 명, 한 명의 인성과 품격을 유심히 살펴보고 실력자를 선발하기 위해 노력하였다. 5~10년 후에 돈벌이가 될 사업이 무엇인지 예측할 수 없는 만큼 급변하는 기업 환경을 극복하기 위해서는 인재 경영을 통한 인재 확보가 필수적이기 때문이다.

또한, 신차 부품품질 업무표준서를 만들어 PSO 단계별 27개 항목별로 달성책임자와 확인책임자를 선정하여 결과물에 대해 평가하도록 책임을 부여하여 실천한 결과 현대차의 품질 향상에 크게 기여하게 되었다.

그리고 자동차 전반을 이해하기 위한 노력을 통해 전문가로 인정받으면서 중역들만 맡을 수 있는 신차 PM 직책을 받고 성공적으로 PM 업무를 성공시켰다. 그뿐만 아니라 사내 직원들 의식 개혁을 위한 강사 업무를 받고 5,000명을 대상으로 직원 의식 개혁 강의을 성공적으로 수행하게 되었고, 신차 품질확보 프로세스를 개발하여 전주 공장까지 출장 강의를 하며 신차 품질확부 방안에 대해 열강을 하기도 하였다. 사내 서클 회장을 맡아 노사 분규가 심하게 치닫는 때는 리더십을 발휘하여 회사 편에서 동호회 회원들을 설득하여 분위기 반전에 기여하기도 하였다.

회사가 일본 미쓰비시사와 기술 제휴를 맺어 일본의 선진 자동차 기술이 절실하게 필요한 시기에는 일본어를 공부하여 일본에 출장을 다니며 많은 기술을 배워 오기도 했다. 자동차 회사에 근무하면서 자동차에 대해 아는 게 없어 자동차 정비 학원에 다니며 자동차에 대해 공부하여 동료 직원들보다 다양한 지식을 습득하여 자동차 전문가로서 손색이 없도록 스스로 지식을 쌓았다.

그 후 서연 ^{한일} 이화에 전무이사로 스카우트되어 경영자의 길을 걷게 되는데 처음 도전한 것이 품질 5스타 인증이었다. 의장 업체로서는 도저히 꿈을 꿀 수 없는 인증을 체계적이고 도전적인 정신으로 무장하고 전 직원을 동원하여 혼연일체가 되도록 역량을 발휘하여 전 협력사 중 4번째로 품질 5스타 인증을 받게 되었다.

기아차가 슬로바키아에 진출하면서 서연이화도 동반 진출을 하였고 슬로바키아에 진출한 서연이화에 초창기 문제가 많아 울산 공장에서 직원 20명을 차출하여 4개월간 업무 지원을 나가게 되었으며 불철주야 노력한 결과 성공적으로 목표를 달성할 수 있었다. 그리고 상장 회사 이원컴포텍으로부터 대표이사 제의를 받고 자리를 옮기게 되었다. KTX 운행과 저가 항공사의 출연으로 승객을 빼앗겨 존폐위기에 처한 고속버스 업계가 국토교통부, 고속버스운송조합, 현대기아차, 이원컴포텍 등이 합동으로 팀을 구성하고 프리미엄 시트 국산화 개발서를 정부에 제안하기도 했다. 해당 제안은 2016년 입법이 예고되었고 이원컴포텍에서는 원터치 전동 리클라이닝와 모니터, 무선충전기 등 고감성 승객용 시트를 연구 개발하여 상업화로 기업 경쟁력을 갖추고 수입 대체와 수출 증진 및 승객 편의와 안락한 여행에 도움이 되는 프리미엄 시트 ^{항공기 일등석과 동일} 의 국산화에 성공하게 되었다.

2019년도에는 인도의 KM SEAT로부터 법인장 요청이 있어 60대의 중반에 해외 법인장에 도전하게 되었다. 미흡하고 부족한 관리 시스템을 정비하고 3정 5행을 실천하여 생산성 향상과 직원들 마인드 변화, 적정 재고 관리, 표준화된 문서 작성법을 전수하여 KM SEAT라는 회사의 이미지 개선에 크게 기여하기도 했다.

머리말

　　최근 대한상공회의소와 잡코리아에서 취업 준비생을 대상으로 설문 조사한 결과를 보면 취업 준비생 10명 중 6명은 적극적인 취업 활동을 포기한 것으로 나타났다. 즉, 청년의 60%가 취업을 포기한 것이다.

　단순히 취업을 포기했다는 사실이 문제가 되는 것은 아니다. 그러나 이러한 현상이 지속되면 예상치 못했던 사회문제로 발전할 수 있다. 대학을 졸업하고 취업을 못 하면 그게 생산적인 활동으로 연결이 안 되기 때문에 수입이 없어 결혼을 포기하고, 결혼한다고 해도 아이를 갖지 않는 딩크족 DINK: Double Income No Kids 이 되기를 선택한다. 인생의 황금기인 젊은 시절에 육아에 얽매이는 것보다는 인생을 즐기면서 사회적 지위에만 관심을 두는 것이 사회문제가 아니고 무엇이겠는가? 이대로라면 생산인구가 감소하여 젊은이들이 노인들을 부양해야 하는 부담이 커지고, 경제 성장률 하락, 잠재성장률 저하 등의 문제로 이어질 것이다. 국가는 사회적인 지출 문제를 어떻게 조달하고 지원할 것인가?

　또한, 2020년 우리나라의 실업자 수는 160만 명으로 역대 최대 수치를 기록하였다. 지난해 대비 45만 명이 증가하였다고 한다. 이런 기사를 접한 필자는 인도에서 법인장 업무를 마치고 귀국하여 취업을 포기한 60%의 취업 준비생들에게 용기와 희망을 드리고자 이 책을 집필하게 되었다.

　필자는 대기업에서 면접관 교육을 받고 직접 면접을 보면서 실제 체험한 내용을 토대로 이력서나 자기소개서의 작성법 등 서류합격 노하우와 면접에 대한 노하우를 솔직하게 기술하였다.

　그리고 본인의 업무 이외에 신차 PM 업무, 사내의식 개혁강사, 대졸 신입사원 교육, 신차 부품품질 업무표준서 제작과 보고서 작성법, 인맥 관리, 상사나 동료와의 관계 등을 알기 쉽게 정리하였으며 이는 노력과 열정, 전문지식 없이는 불가능한 일들이다.

"항상 미리 준비하고 두드려라. 아무리 취업 문이 좁다고 해도 준비된 자를 이길 수는 없다." 성공은 끊임없이 노력하는 사람의 곁에 있다는 것을 명심하자.

이 세상에 공짜 점심은 없다. 미국 서부 술집에서는 일정량 이상의 술을 마시는 단골손님에게 점심을 공짜로 제공하는 이벤트를 진행하는 것을 종종 볼 수 있다. 주인은 술을 많이 팔아서 좋고, 고객은 공짜 점심을 먹을 수 있어 서로가 행복한 것이다. 그러나 사실 위의 이벤트는 공짜 점심을 먹기 위해 마시는 술값에 이미 점심값이 포함되어 있다는 사실을 숨기는 교묘한 상술이다. 경제적 이론으로 보면 이미 손님이 점심값을 치렀지만, 인지하지 못 하는 것이다.

대부분 직장인은 급여를 받고 일하지만, 그것이 합당하다고 생각하는 사람은 한 명도 없다. 반면에 오너는 직원들에게 연봉의 3배 이상의 성과를 내길 바란다. 3배의 가치란 자신의 연봉, 회사가 확보할 이익, 회사의 미래에 대한 투자, 주주 배당 등을 계산하는 것이다.

신입사원은 성과보다는 급여가 높은 것을 선호하고, 직급이 높은 사람은 반대로 성과가 높은 것을 선호한다. 그러다 이 두 개의 곡선이 높아지는 시점에 퇴사하는 것이 일반적이다.

그렇다면 직장 생활을 하면서 실력도 쌓고 성과도 높이려면 어떻게 해야 할까? 자신만의 업무 스타일로 업무 근육을 개발하여 노하우를 차곡차곡 쌓아야 한다. 시간과 노력이 필요하지만 한번 만들어진 근육은 평생 사용할 수 있는 것이며 다시 말해 자신만의 전문지식인 노하우이다.

시대가 하루가 다르게 급변하고 있다. 정보통신기술, 친환경 전기차 수소차, 로봇 시대, 플라이밍 개인 항공 비행체 UAM: 하늘을 나는 자동차 등 향후 미래 먹거리 산업에 대해 준비하고, AI 시대에 필요한 직업은 어떤 업종이 뜨고 있는지 확인하여 미리 준비한다면 반드시 원하는 목표를 달성할 수 있으리라고 믿는다.

IMF 이후 우리 사회에는 평생직장 개념이 사라졌다. 40대 후반이면 직장에서 퇴출당할 것을 걱정해야 한다. 그 이후 60년간 인생의 이모작을 어떻게 준비할 것인지 전문가들의 창업 성공담과 100세 시대를 맞아 건강하고 풍족하면서도 행복한 시니어가 되기 위한 방법을 상세하게 기술하였다.

요즘 대기업들의 성과급 지급 방법에 따른 문제가 사회적으로 이슈인데, MZ세대 밀레니엄 는 미래를 오늘의 가치로 계산한다. 미래를 위해 현재를 희생하는 것에 거부감이 크고 언제 이직할지 모르기 때문에 현재의 희생을 감수하지 않겠다는 것이다. 소통과 공정성, 투명성을 중시하고 프로세스가 투명하게 제도화되기를 희망한다.

누군가가 나에게 앞으로 어떤 일을 하겠느냐고 묻는다면 주저 없이 "나는 지금까지 40여 년간 습득한 나의 전문지식을 후배들에게 전수하고 필요한 기업체에 컨설팅하고 싶다."라고 대답할 수 있을 것 같다. 노력한 만큼 성과를 보았고 새로운 도전은 항상 나에게 희망을 안겨 주었다.

65세에 해외 법인장에 도전하여 현지인들과 소통하면서 계획하고 이룬 성과가 수치로 나타날 때 기쁨과 감사함을 알게 되었다. 항상 꿈꾸고, 공부하고, 노력하고, 새로운 아이디어로 도전하는 열정 있는 삶이 바로 자신을 성공으로 인도하는 길이라 생각한다.

원하는 것을 할 수 있으면 자유이고, 지금 하는 것을 즐길 수 있으면 행복한 것이다. 남들이 잠들어 있을 때 깨어 있는 삶을 살자.

본 도서가 다른 자기 계발서와 차별화되는 부분은 대부분의 계발서가 한 권에 한 가지 내용을 복잡하게 구성한 반면에 이 책은 한 장 Chapter 에 한 권의 내용을 요약해서 농축액처럼 정리하였기 때문에 '퓨전 Fusion 도서'라고 할 수 있겠다. 따라서 취업 준비생들과 인생의 이모작을 준비하시는 분들이 짧은 시간에 원하는 것을 한꺼번에 해결하는 데 도움을 줄 것이라 확신한다.

서평, 열정으로 도전하라

- **김근식** 전 현대차 알라바마 법인장, 서연(한일)이화 총괄 사장

　　현대자동차가 급성장하던 80년대, 인사관리실 주관하에 실시한 사내 면접위원 교육과정을 이수하고 시험에 합격하여 면접관이 되어 저자와 함께 면접을 보았던 과거가 생각난다. 그는 매사 업무에 적극적이었고 긍정적인 사고와 유연한 대인관계를 유지하며 직장 생활을 하였다. 이 책의 내용처럼 이력서, 자기소개서 작성법이나 면접을 어떻게 잘 볼 것인가는 그 당시 그가 교육을 받고 많은 책을 읽고 경험한 내용을 바탕으로 작성되어 취업 준비생들에게 최상의 도움을 줄 수 있는 도서라고 생각한다.

- **신명기** 전 현대차 부사장

　　나와 저자는 현대차가 미국에서 엑셀 성공 신화를 이어가던 1994년 4월 양산을 앞둔 엑센트 차량을 개발하는 신차 팀에서 만났다. 필자와 나는 엑센트 신차의 획기적인 양산 품질지수를 향상하는 데 목표를 두고 설계 구조 검토에서부터 생산 공정품질 및 부품품질 확보 등을 위하여 사내 연관 부서는 물론 협력 업체까지 방문하면서 여러 선후배 동료들과 함께 파이팅 넘치는 결속력과 화합으로 슬기롭게 문제점을 해결하여 현대차 신차개발 최초로 양산 일정 지연 없이 목표 품질을 달성하는 기원을 만들 수 있었다. 이것은 필자의 열정적인 삶의 도전과 무관하지 않을 것이다. 이 도서는 그간 현업에서 직면한 많은 문제 해결의 경험과 노하우를 바탕으로 완성되어 새롭게 출발하는 신입사원이나 업무에 고심하는 재직 중인 분들은 물론 퇴직 후 제2의 새로운 인생을 설계하는 분들에게도 많은 도움이 되는 주옥같은 글들의 보고 寶庫 임을 확신한다.

- **박주철** 울산대학교 산업대학원 원장

필자는 사회생활을 하는 바쁜 와중에도 SNS를 통해 자신의 일상을 소개하는 등 참 부지런하고 보통 사람이 할 수 없는 일을 하는 것 같다. 대기업 근무와 상장사 이원컴포텍 대표이사를 역임하고 해외 법인장 근무를 하는 모습을 보면서 후배를 양성하는 대학교수로서 참 배울 게 많다고 생각을 한다. 그의 좌우명이 진인사대천명 盡人事待天命 으로 모든 분야에 최선을 다하고 결과를 기다릴 줄 아는 사람이다. 이번에 출간하는 이 계발서가 후배들에게 그리고 취업 준비생들에게 많은 도움이 될 것으로 믿는다.

- **최병기** 조선대학교 대학원장

한 단원, 한 단원 Chapter 이 자기 계발서 한 권의 내용을 함축하여 농축액처럼 기술되어 종합 선물 세트와 같은 계발서가 되리라 믿는다. 경영, 대인 관계, 자기소개서 작성법, 면접 방법, 인맥 관리, 미래 신기술 등 필요한 전문지식을 한 번에 터득하는 데 도움이 될 것이다.

- **이재윤** 신세계치과 대표원장

본문 내용 중 인맥 관리 내용을 보면 저자는 철저한 자기 계발을 위해 많은 시간 투자와 노력하는 모습을 엿볼 수 있다. 기업체를 경영하는 대표로서 능력을 인정받아 훈장까지 받았으면서 배움의 끈을 놓지 않고 포항공과대학교 PAMTIP에 입학하여 교수들이 과제를 제시하면 자료 수집을 철저하게 하고 분석하여 발표하는 것을 보게 되었는데 수강생이나 교수들이 인정할 정도로 논리적이었다. 본 도서는 사회준비생과 재직 중인 분, 퇴사 후 제2의 창업을 꿈꾸는 분들에게 많은 도움이 될 것이다.

목차

자기소개
머리말
서평, 열정으로 도전하라

1. 취업 준비는 이렇게 하자

2. 자기 관리 잘 하는 법

3. 사회생활 현명하게 하는 법

4. 자기 계발

5. 간절히 바라면 이룰 수 있다

글을 마치며

1. 취업 준비는 이렇게 하자

1. 이력서 작성요령

최근 기업들이 정기 채용에서 벗어나 수시 채용으로 변경하면서 매년 대졸 취업자는 증가하는데 취업의 문은 점점 좁아지고 있는 게 현실이다. 이렇게 취업의 문이 좁은 상태에서 기회가 되어 이력서를 작성하여 서류 제출 시 자신을 제대로 어필하여서 지원한 회사에 필요한 인재상임을 똑 부러지게 표현하여야 한다. 자신의 상품성을 잘 포장하여 표현하여야 한다. 그러면 자신의 얼굴이라고 할 수 있는 이력서 작성법을 알아보겠다.

기본적인 인적 사항은 주민등록상의 내용을 기준으로 작성하고 특히 이메일, 전화번호 또는 비상연락망을 잘 기록해야 한다. 회사에서 요구하는 양식을 지켜서 전체적인 스타일, 글씨체, 종이의 질감, 글씨 색의 조화 등을 세밀하게 준비하여야 한다.

학력 사항은 최종 학력부터 기재하도록 한다. 지금은 의무교육이 시작되면서 누구나 중학교까지는 졸업해야 하므로 특별한 게 있을 수 없다. 따라서 최종 학력부터 기술하는 게 좋다. 특히 학점은 만점인 4.5점 대비 얼마인지 기술하여 자신의 학교 성적을 한눈에 볼 수 있도록 한다.

경력 사항은 학력 사항과 똑같은 방법으로 최종 경력부터 기술한다. 자신이 지원하는 직무와 관련된 업무일 경우는 자세하게 작성한다. 신입사원인 경우는 학교생활을 바탕으로 대학 시절 동아리 활동이나 경진 대회, 해외 연수 등 어필해야 하는 사항을 적고 주관 기관과 일자, 결과 등에 대해 상세히 기술해야 한다.

16

경력자의 경우는 자신이 근무하였던 회사의 보직과 업무, 소속 팀, 최종 직급, 주요 실적 및 성과를 수치화하여 기술하고 근무 기간도 기록한다. 해외 지사 근무라든가 영업 활동으로 인한 성과가 있었다면 그것 또한 상세하게 기술해야 한다. 경력직은 가능하면 직무와 관련된 주요 업무를 기술하고 이를 통해 자신이 만들어 낸 결과물을 구체화하고 수치화하여 기록하도록 한다. 다양한 경력의 소유자라면 지원하는 회사가 요구하는 부분을 강조하여야 한다.

대형 프로젝트를 수주하여 회사의 매출과 이익이 어느 정도 발생하였다든가, 생산 라인의 레이아웃을 변경하여 투입 인원을 대폭 줄였다든가, 프로젝트를 수행하면서 기울인 노력이나 일의 수행 과정, 결과물 등에 대해 명료하게 기술한다.

자격증 및 어학 능력은 직무와 관련 있는 자격증을 취득한 순서대로 자격증명, 취득일, 발행 기관을 정확히 기술하고 영어 토익은 점수와 기관을 기재하고 유효 기간을 정확히 기재한다. 표창과 훈장은 항목별로 무슨 업무로 인하여 수훈한 것인지 날짜와 기관을 상세히 기술하여 다른 사람과의 차별성을 어필하여야 한다.

지원하는 회사의 정보를 미리 홈페이지에 접속하여 확인 후 지원한 분야에 대한 자기 생각을 어필하고, 회사가 필요로 하는 사항을 제대로 이해했다는 것을 효과적으로 부각한다. 신문 기사의 헤드라인처럼 자신의 자질과 경력을 한눈에 알아볼 수 있게 각각의 단어나 짧은 문장을 만들어 자신의 문장을 처음 보고 호감을 느낄 수 있게 한다.

의문점이 없도록 근거를 분명히 한다.

취업하려는 열의를 기술한다.

간결하고 일관성 있게 작성한다.

과장이나 거짓은 금지다.

오타와 문법은 다시 한번 확인해야 한다.

내용도 중요하지만, 시각적으로 한눈에 띄도록 깔끔하게 정리해야 한다.

자격증과 교육 이수, 표창장과 훈장 등은 주관하는 기관과 날짜를 필수적으로 기술해야 한다.

동아리 활동과 경진대회의 성적 등도 이해하기 쉽게 정리한다.

사진은 6개월 이내에 촬영한 것이어야 하며, 과도한 보정을 하지 않고, 규격에 맞는 크기를 사용한다.

모든 게 정리되었다면 특기 사항란을 이용하여 대학 시절 대외 활동을 하며 발휘한 협동심, 리더십, 적극성 등을 요약하여 다시 한번 마무리한다.

2. 자기소개서 작성법

　　취업 경쟁이 치열하다 보니 기업체마다 채용 시즌이 되면 수많은 경쟁자의 자기소개서가 인사팀에 쌓인다. 수많은 문서 더미에서 채용 담당자의 눈길을 멈추게 하고 눈에 띄기 위해서는 사실에 근거한 내용과 참신한 표현이 필요하다.

　취업을 앞둔 사람이라면 누구나 남다른 자기소개서를 작성해야 한다는 부담감을 가진다. 자신을 충분히 어필하는 자기소개서를 작성하는 것은 쉬워 보이면서도 어렵다. 경쟁자보다 잘 써야 취업이 손쉬워지기 때문이다. 그동안 실제로 면접관 업무를 보면서 자기소개서가 얼마나 중요하고 잘 써야 하는지를 알기 때문에 취업 준비생들에게 조금이나마 도움을 드리고자 자기소개서 작성법을 소개하고자 한다.

취업 준비생 100명 중 99명은 대부분 똑같은 형식의 내용으로 자기 위주의 소개서를 작성하고는 한다. 그러다 보니 특별히 잘 작성한 내용의 자기소개서를 접하기란 쉽지 않다. 모든 회사는 신입사원 채용 시 가장 먼저 서류 전형을 심사하는데, 이때 본인의 능력과는 관계없이 자기소개서를 잘못 작성하여 낙방하기도 한다. 서류 전형 심사는 대부분 인사팀에서 담당하는데, 이때 대부분의 취업 준비생들은 본의 아니게 스펙 Spec 을 기준으로 한 번 걸러지게 된다. 이러한 방식으로 서류 전형에서 떨어지는 것은 어쩔 수 없이 안타까운 일이다.

그래서 첫 줄에 모든 운명을 걸어야 한다. 첫 문장에서 감흥이 없으면 뒷줄로 넘어가도 만회하기 힘들다. 또한, 처음 한두 줄로 당락이 결정되기 때문에 자기소개서 작성 시 가장 신경 써야 할 부분 중 하나이다. 따라서 첫 줄에 자신의 제일 매력적이고 잘하는 분야를 임팩트 있게 작성해서 인사 팀장이나 심사위원이 보기에 정말 괜찮은 인재라는 생각이 들도록 한다. 이때, 주어진 글자 수는 반드시 지켜야 하며 팩트 Fact 와 그를 기반으로 한 자신의 특징을 어필하여야 한다. 문장 속에는 '다소 부족하지만 난 이러한 능력이 얼마만큼 있고 귀사에서 추구하는 인재상에 적합하다고 판단하여 지원하게 되었다. 채용된다면 회사를 위해 최소 이것만은 잘 해낼 수 있다.'라는 자신감이 녹아 있어야 한다. 즉, 글 속에 자신의 철학과 가치관이 반영되어야 한다는 뜻이다. 기업은 지원자의 가치관을 굉장히 중요하게 생각한다.

자기소개서에서 역량만큼 중요한 것이 바로 지원 동기라고 할 수 있다. 지원 회사와 면접관 입장에서 바라본다면 아무리 뛰어난 지원자라고 하더라도 입사 후 쉽게 퇴사한다거나 다른 회사로 이직을 하게 되면 아무런 의미가 없기 때문이다. 특히 신입의 경우 입사 후 오리엔테이션을 듣고, 새로운 업무에 적응하기까지 상당 기간이 필요하다. 그런데 교육 중에 또는 1년도 되지 않아 도중에 그만둔다면 여러 가지 측면에서 회사는 큰 손해를 입게 되어 있다 **경력 사원의 경우는 개인의 경력에도 크게 영향을 미치고 또한 타사로 전직을 하더라도 손해를 본다** . 그래서 기업에 대한 충성심이나 애사심을 반드시 자기소개서나 면접을 통해서 확인하려고 하며, 그것에 대해서 직설적으로 물어보는 자기소개서 작성 항목에 대해 지원 동기를 어떻게 작성하면 좋을지 소항목 별로 알려드리고자 한다.

일반적인 공채의 경우 인사팀 또는 면접 전문가가 이력서 한 건을 검토하는 시간은 30초에서 1분 이내라고 생각하면 된다. 우리는 그 짧은 시간 안에 눈에 들어야 한다. 솔직히 자기소개서도 처음 몇 단락을 읽어 보면 이 사람이 우리 기업에 얼마만큼 관심을 두고 있는지 알 수 있다. 문맥을 보면서 이 사람이 어떤 사람인지를 대충 파악하기도 한다.

모든 기업은 문화가 다르고 지향하는 목표의 내용도 다르다. 또한, 서류를 다루는 인사팀 담당자도 가지각색이라고 볼 수 있다. 이력서를 검토하는 사람의 성향이 이렇게 다르기에 100이면 100 모두 다르게 평가를 할수도 있다.

자기소개서를 심사하는 사람은 원서를 접수한 사람이 글을 얼마나 잘 적었느냐를 보는 것이 아니다. 문서에 기재된 내용을 바탕으로 이 사람이 회사가 필요로 하는 인재상에 얼마나 가까운지를 판단한다. 우선에 기업체의 인사 담당자가 중요하게 생각하는 자기소개서 항목을 요약해 보면 1위 지원 동기, 2위 성공 경험, 3위 입사 후 포부, 4위 성장 과정 등으로 꼽을 수 있다.

1) 첫 소제목을 중요하게 생각하라

　　모든 단락에 소제목은 있는 게 좋고, 너무 거창하고 철학적인 제목은 쓰지 않는 것이 좋으며, 눈에 잘 들어올 수 있도록 해야 한다. 소제목을 보고 그 아래 내용을 유추할 수 있어야 한다. 그래야 아래 내용으로 눈이 가기 때문이다. 소제목의 글씨 크기는 최소 14로 하고 내용의 글씨 크기는 최소 12로 작성하는 게 검토하는 입장에서는 보기 좋다. 기업은 숫자를 좋아한다. 모든 것은 숫자로 성과 표시를 하기 때문이다.

2) 자신의 이야기를 중심으로 하라

　　"어디에서 태어나 자상하고 준엄하신 어머니와 엄격하신 아버지 밑에서 엄격한 교육을 받고 자랐다." 이런 내용은 검토의 대상에서 1%도 차지하지 않으며 모두 불필요한 내용이다. 만약 내가 서류 심사를 한다면 그냥 넘겨 버릴 내용이다. 물론 부모를 보면 그 자식을 알 수 있다고 하지만 우선은 자신을 어필하기 위한 문서이므로, 나를 질 좋은 상품으로 표현한다고 생각하고 어떻게 하면 기업이 나를 선택할지 고민하는 것이 좋을 것이다.

3) 경험을 토대로 기재하라

　　경험만큼 사람의 흥미를 끄는 것은 없다. 경험은 사람을 성숙하게 한다. 그렇기에 모든 경험을 통해 무엇인가를 배워야 한다. 단순히 그런 경험을 했다는 것으로 끝나면 의미가 없다. 경험, 어려움, 극복, 배움, 지원 기업과 연결고리 발전 이런 형식이 가장 좋다고 본다. 딱 봐도 '이 사람이 이런 경험을 했으니 우리 회사에 도움이 되겠구나!'를 느낄 수 있게 작성해야 한다.

4) **성과를 반드시 기술하라**

　　"어떤 경험을 했고, 어떤 경험을 했고, 어떤 경험을 했고, 이것은 무엇이죠?" 읽는 사람은 맥이 빠진다. 특히 다양한 경험을 한 사람들이 이런 우를 범하기 쉽다. 뭔가 다 말해야겠다는 생각은 접어 두는 게 좋고 핵심적인 몇 개만으로 상대방에게 나를 표현할 수 있어야 한다. 특히 힘든 경험일수록 배우는 것이 많을 수 있기에 경험에 의한 결과물을 반드시 서술한다.

5) **국어 실력을 발휘하라**

　　자기소개서를 읽다 보면 문법이나 띄어쓰기를 틀리는 분들이 상당히 많다. 맞춤법을 지키는 것은 기본 중의 기본이다. 그렇기에 반드시 타인에게 자기소개서나 이력서 첨삭을 한 번쯤 맡겨 보는 것을 추천한다. 본인이 검토할 때보다 더 많은 오류를 잡을 수 있기 때문이다. 본인의 자기소개서를 누가 훔쳐 가지는 않을까 하는 노파심에 꼭꼭 숨긴다면 발전할 수 없다.

혹시나 내용이 좋다는 이유로 내용 좀 베껴 가면 어떤가. 좋은 문구 베껴 가도록 도와준다고 생각해도 된다. 하지만 그 자기소개서에 기술된 경험은 친구라도 모두 같을 수는 없기에 걱정할 필요는 없다.

인터넷상에 베낄 수 있는 문구 즉, 미사여구는 셀 수도 없이 많다. 검색해 보면 본인이 쓴 것보다 더 좋은 문구들이 넘쳐 날 것이다. '내가 작성한 소개서가 최고다.'라고 생각하고 자신감을 가져 보자.

아무도 모르는 줄임말이나 은어는 쓰지 않는 게 좋다. 대부분 젊은 세대에게는 그들만의 언어가 있고 문화가 있을 것이다. 그걸 모든 사람이 다 알고 있다고 착각하는 것은 잘못된 생각이다.

6) 모든 서술은 간단명료하게 한다

경시대회, 인턴 생활, 프로젝트, 해외 연수 경험이 있다면 경력기술서에 작성한다. 잘 보이고 싶은 마음에 모든 것을 자기소개서 안에 집어넣으려는 생각은 하지 않는 것이 좋다. 어떤 특별한 프로젝트나 소모임에서 진행했던 내용을 다른 지원자들과 차별화된 나만의 독특한 경험과 역량으로 치환하여 기재하는 것이 매우 중요하다.

따라서 주절주절 말만 많아지면 무슨 말인지 이해하기 쉽지 않다. 경시대회나 해외 어학 연수, 인턴십, 특별한 프로젝트의 성과 등은 그 경험을 바탕으로 회사에 어떤 방식으로 접목하여 업무에 기여할 것인지를 서술하면 만점짜리 자기소개서가 될 것이다.

상세한 내용은 별도로 경력기술서를 작성해서 첨부하도록 하자. 적은 내용으로 임팩트 있도록 정리해서 훨씬 눈에 잘 띄고 보는 사람이 이해도 빠르게 될 것이다.

7) 전문적인 용어나 어려운 문구는 피하라

한자나 영어 단어를 많이 사용하지 않는 것이 좋다. 현세대는 한자를 배운 사람이 많지 않다. 그렇기에 한자나 영어 같은 외래어를 많이 사용하는 것은 금물이다. 알아듣기 좋고 이해하기 쉬운 한글 용어가 있음에도 불구하고 유식한 척하는 것보다는 우리 한글을 알아듣기 쉽게 표현해야 한다.

자기소개서도 마찬가지이다. 말하고자 하는 의중을 바로 알 수 있는 자기소개서가 최고일 것이다. 물론 연구직이나 전문직 분야에 지원하여 그 용어를 사용할 수밖에 없는 사람은 예외로 두면 되겠다.

8) 팀워크가 중요하다

기업은 조직 문화이고 조직원 또는 팀원들과 어울려야 한다. 너무 잘난 척하는 것보다는 모난 것 없이 무난하게 잘 어울린다는 느낌을 줘야 한다. 회사는 혼자서 하는 일보다는 협업을 많이 하는 곳이다. 이러이러한 것을 잘한다는 것을 피력하라. 연관된 경험이 있는 경우 잘 어필하면 더할 나위 없이 좋을 것이다.

9) 발휘한 리더십이나 성과를 표현하라

재미있는 것은 지원자 중 100이면 100 다 본인에게 리더십이 있다고 한다. 회장, 반장, 과 대표, 동아리 회장을 역임했다는 사실만으로 이 사람의 리더십을 판단할 수 있을까?
면접을 보러 온 사람들에게 리더십을 통해 좋은 결과를 이끌어 낸 경험을 말해 보라고 하면 어떠한 일을 같이하게 되었는데 참여율이 저조했으나 하나하나 독려해서 최종적으로 좋은 결과를 이끌어 냈다고 말한다. '다른 사람을 변화하게 만드는 힘' 그리고 '다른 사람을 나의 페이스로 끌고 가는 힘'을 리더십이라고 보기 때문이다.

10) 응시 기업에 대해 분석하라

최소한 대기업이든 중소기업 중에서도 코스닥 상장 기업이라면 그 회사의 홈페이지나 기업 정보를 찾아 기업이 지향하는 목표와 인재상, 생산하는 부품, 유명한 브랜드 등에 대해서 최소한은 알고 지원해야 한다.
즉, 지원한 회사를 분석하고 이해하는 열정과 노력이 필요하다. 단, 경쟁 회사를 깎아내리는 우를 범해서는 안 된다. 비교하더라도 자신이 지원한 회사는 이렇게 향상되고 있다는 정도의 표현이 좋다. 다른 회사 깎아내리고 지원하는 회사 띄워 주면 좋아할 것 같지만 절대 그렇지 않다. 그리고 불필요한 자료는 검색하지 말고 본인의 직무와 연관된 자료를 위주로 찾아보는 것이 좋다.

11) 기업은 숫자를 좋아한다

신뢰를 얻기 가장 쉬운 것은 수치다. 응시하는 회사의 매출과 영업이익이 향상되었다면 뭉뚱그려서 표현보다는 매출은 몇 퍼센트, 영업이익은 몇 퍼센트 정도 향상되었다는 정확한 수치를 언급하는 것이 중요하다.

요즘은 노사부문도 사회적 이유가 되고 있기에 그 응시 회사의 노조 성향도 파악해 두는 게 좋을 것으로 본다.

여러 나라의 언어를 구사할 줄 안다면 몇 개 국어를 한다는 표현보다는 영어, 중국어, 일본어, 스페인어, 독일어 등 5개 국어를 할 줄 알며, 어떠한 목적으로 해당 언어를 공부했고, 그 어학 능력을 어느 부분에 사용하려고 하는지를 어필하는 것이 좋다.

12) 입사 후 포부는 확실하게 밝혀라

응시하는 회사에 입사하게 되면 어떤 자세로 어떻게 회사에 기여할지 등을 자신감 있게 그리고 조금은 과장해서 열정적으로 표현하는 것이 좋다. 어차피 아무리 능력이 뛰어나고 열정적이라고 해도 처음 신입사원으로 입사하게 되면 새롭게 회사 문화와 업무를 배워야 하기에 우선은 서류 심사하는 분의 눈에 확 띄도록 작성하는 게 좋다.

13) **겸손하라!**

　　　모든 기업체는 혼자 잘하는 것보다는 협업하여 상대 팀의 협조를 받고 지원하며 성과 돌출을 원한다. 따라서 너무 잘난 척하고 오만이나 자신감, 의욕만을 내세워 작성하기보다는 진실성 있게 자신의 장점을 부각하는 그런 자기소개서를 완성해야 하겠다.

외국에서는 학교에서 하나의 주제를 주고 여러 학생이 다양한 의견을 돌출하도록 유도하는 교육 방식인 반면에 우리나라는 개인의 아이디어와 창의력을 위주로 주관적인 교육을 받아서 기업체 입사 후에도 그런 습관이 무의식적으로 나타나서 개인의 생각만으로 보고서가 작성된다면 여러 사람의 의견을 듣고 종합하여 작성한 내용보다는 상대적으로 부실할 것이다. 그래서 기업체에서는 협업을 통한 성과를 매우 중요하게 생각한다.

3. 면접 어떻게 패스Pass할 것인가?

　　　1997년 2월 17일 필자는 현대자동차에서 팀장 직함으로 인사기획팀의 요청을 받고 면접전문위원 교육대상자로 선정되어 울산 공장의 직원훈련원에서 성균관대학교 서용원 교수와 인사기획팀 주관으로 실시하는 채용 전문 면접위원 양성과 면접위원 자질향상으로 '우수인재 발굴 능력 함양'이라는 교육 프로그램을 2월 17일부터 2월 20일까지 4일간 이수하고 평가하여 합격자에 한하여 전문 면접위원으로 임명되었고 울산 공장, 전주 공장, 아산 공장의 생산직군 면접위원이 되어 채용마다 면접관으로 활동하게 되었다. 그 당시 면접관은 인사팀의 김근식 팀장 2020년 현재 서연이화 대표이사 , 총무팀 최영보 팀장, 그리고 나 이렇게 3명이 면접관 자리에 앉았고 면접자는 1회에 5명씩이 입장을 했다.

면접에 오류를 방지하기 위해서는 면접관 3명이 동일인 평가 시 같은 결과를 도출해야 했다. 개인적인 주관이 개입되면 면접은 실패로 보아야 한다.

면접의 의의

지원자의 해당 직무수행에 적합한지를 판단하고 기업에 대한 정보를 제공하기 위하여 실시되는 대면 접촉을 통한 선발 절차로서 2명에서 3명 이상이 의도적으로 행하는 언어 쪽 커뮤니케이션이라고 할 수 있다. 그러나 최근에는 면접도 대면 면접에서 블라인드 면접과 AI에 의한 면접으로 변화하는 추세이다.

1) 채용에 있어서 가장 많이 사용되는 것이 면접이다

면접은 신입사원을 선발하는 방법 중 가장 많이 사용되는 방법이다. 국내 332개 기업을 대상으로 채용에 관한 실태 조사[1]를 한 결과에 따르면, 조사 대상의 약 99%가 채용 방식으로 면접을 선택했다. 이에 따라 지원자들이 면접에 대비하여 많은 준비를 하고 있고 면접에 관한 교육 비디오가 제작되기도 했다 ex. 면접, 그것이 알고 싶다 .

2) 채용 여부는 면접으로 결정된다

채용 과정 중 서류 전형, 필기시험, 적성 검사, 추천 등 여러 가지 절차가 존재하지만, 최종적인 결정은 주로 면접으로 결정된다. 다른 절차와는 달리 면접을 통해서만 알 수 있는 정보는 개인의 용모, 음성, 언어 표현

---

1. 유태용 교수 광운대학교 산업심리학과, 「현대차 면접위원과정교육」 인용

력, 인상 등이다. 또한, 타인과의 교류 및 교제에 있어 중요한 역할을 하는 특성들은 주로 면접을 통해 밝혀진다.

3) 성품이 먼저다

접에서 중점적으로 알 수 있는 것은 가치관, 태도, 또는 성품에 관한 정보이다. 짧은 시간의 면접에서 개인의 능력 및 지식을 알기는 힘들다. 또한, 국내 기업에서 신입사원 채용 시 실시하는 면접은 직무에 초점을 두기보다는 인간 됨됨이 즉, 성품에 관심을 둔다. 채용 과정의 일부분으로서 면접이 독자적으로 기여할 수 있는 부분은 지원자의 성격 및 태도를 파악하는 것이다.

4) 깔끔한 복장과 헤어스타일을 연출하자

첫 대면 시 면접관의 눈에 가장 먼저 들어오는 것이 바로 지원자의 복장과 헤어스타일 Hairstyle 일 것이다. 단정하고 깨끗한 정장으로 전문성을 갖춘 이미지를 연출하는 것이 매우 중요하다.
깔끔한 외관은 면접관이 지원자의 첫인상을 형성하는 가장 첫 번째 요소이다. 지원자가 면접관에게 좋은 이미지를 심어 주기 위해 미리 준비할 수 있는 기본요소이기도 하다. 자신에게 어울리면서도 단정하고 시원한 인상을 주는 꾸밈의 방식을 확인해야 한다.

- **얼굴**

  자신의 얼굴 혈색에 맞는 자연스러운 색상을 선택하고, 피부의 결점을 보완하여 깔끔하고 밝은 인상을 심어 주는 것이 필요하다.

- **알맞은 복장**

  너무 헐렁하거나 딱 달라붙는 복장은 피하고, 자신의 몸에 적당히 맞는 정장을 착용해야 한다. 일반적으로 남자는 검은색 정장이 좋고, 여자는 흰색 블라우스에 단색 정장이 무난하며 광택이나 무늬가 많은 복장 혹은 화려한 액세서리는 피하는 게 좋다.

- **밝은 표정**

  면접의 시작은 미소를 머금고 밝은 표정과 차분한 첫인사와 함께 시작하는 것이 좋다. 옷차림과 헤어스타일이 첫인상을 결정짓는다면, 미소 띤 표정은 자신에 대한 호감도를 올릴 수 있다. 공명정대한 재판장에서조차도 무표정하거나 험상궂은 표정을 지을 때보다 미소를 짓거나 온화한 표정을 보일 때 더 낮은 형량을 선고받는다고 한다.

  면접이 진행되면 면접관은 서류에 더 집중하여 질문을 이어가기 때문에 자연스럽게 밝은 미소를 보이는 것은 좋은 면접 결과를 위해 반드시 선행되어야 할 필수 요소이다.

- **자신 있고 당당한 자세**

  지원자는 가슴과 허리를 곧게 펴고 당당한 자세로 면접에 임해야 한다. 면접관은 지원자의 무의식적인 자세나 태도만으로는 많은 메시지를 얻을 수 있다.

- **자연스러운 시선 처리**

  시선은 대화에서 매우 중요하다. 면접관이 관심을 보이고 시선을 줄 때 그 시선을 자연스럽게 응시할 수 있도록 하는 훈련이 필요하다. 매일 1분 정도 거울을 보며 좋은 눈빛과 입 모양을 만드는 습관을 기르는 것이 좋으며, 평소에 가족 및 지인들과 눈을 보고 대화하는 연습을 하는 것도 도움이 될 수 있다.

  면접 장소에는 약속 시간보다 10~15분 정도 먼저 도착하여 마음의 안정을 찾고 여유를 갖는 게 좋다. 면접 시에는 이력서에 작성한 능력을 바탕으로 자신의 장점을 부각할 수 있는 이야기를 하는 게 좋다.

- **호감을 주는 청각적 요소**

    타고난 음색을 다르게 바꾸는 것보다는 평소에 바른 발성을 몸에 익히고, 목을 피로하게 하는 호흡법이나 습관을 고쳐 편안하고 안정적인 소리를 내도록 관리하는 것이 매우 중요하다. 이런 습관을 통해 면접관이 듣기에 불편하지 않은 자연스러운 음색을 내도록 해야 한다.

    면접은 정중하고 예의 있는 자리인 만큼 그에 맞는 말투를 사용할 수 있도록 해야 한다. 충분한 연습을 통해 자신의 생각을 자신만의 독특한 언어로 당당하게 표현하여 면접관이 듣고 싶어 하는 대답을 하는 것이 좋다. 가능하면 결론부터 이야기하고 자세한 설명을 하는 게 좋다.

- **스토리텔링**

    지원자가 원활한 스토리텔링을 한다면 면접관은 지원자가 하고자 하는 말의 의도와 뜻을 분명하게 이해하고 내용에 집중할 수 있을 것이며, 지원자의 역량을 파악하기 쉬울 것이다. 면접관이 빠져들게 할 수 있는 스토리텔링을 위해서는 다음과 같은 방법을 참고하는 것이 좋다.

    이야기는 기승전결의 방법으로 진행되어야 한다. 지원하는 회사나 직무와 관련된 경험을 바탕으로 기승전결을 확실히 살려서 말한다면 훨씬 깔끔한 답변을 할 수 있을 것이다. 다양한 경험을 중구난방으로 나열하는 것보다는 가장 자신 있거나 어필하고자 하는 중요한 요소 하나를 주제로 삼아 그 부분을 강조하는 것이 효율적이다.

기	승	전	결
이야기의 시작	이야기의 발전	이야기의 전환 및 역전	갈등 구조의 해소 및 결론

- **자신의 인물 묘사**

    면접에서는 이야기 속 자신의 모습을 인상적으로 묘사해서 인물의 주인공인 자신이 회사에 적합한 인재로 보이도록 하는 것이 중요하다. 인물의 모습을 표현할 때에는 면접관이 이야기를 듣고 상상할 수 있도록 구체적으로 표현하는 것이 매우 중요하다.

다른 지원자와 같은 주제라 할지라도 자신이 경험했던 상황을 논리적으로 설명하고 납득할 만한 행동과 결과를 묘사한다면 면접관에게 깊은 인상을 남길 수 있을 것이다.

상황 묘사	주인공 묘사	사건/사고	정점	마무리
어떤 배경과 상황이었나.	주인공은 어땠는가?	어떤 일이 있었나.	그 상황에서 나는 무엇을 했나.	그것을 통해 나는 어떤 것을 배웠는가.

스토리텔링은 논리적 흐름에 기반을 두어 전개해 나가야 하는데 자신의 경험이나 사례를 면접관이 지루하지 않고 쉽게 이해할 수 있도록 말할 수 있어야 한다. 이처럼 내용을 논리적이고 짜임새 있도록 말한다면 면접관에게 자신의 역량을 최대한으로 어필할 수 있을 것이다.

면접관은 지원자가 보여 주는 언어적, 비언어적 요소를 통해서 지원자를 호감형과 비호감형으로 나눈다. 표정, 태도, 목소리 등의 비언어적 요소만 사용한다고 해서 말하는 내용에 대한 설득력이 높아지지는 않는다. 내용과 일치되는 비언어적 요소를 적절하게 사용할 때 비로소 그 효과를 배가할 수 있을 것이다. 자신이 가지고 있는 역량에 언어적, 비언어적 요소들을 추가하고 보완하는 이미지메이킹 Image Making 을 한다면, 자신의 단점은 최소화하고 장점을 더욱 돋보이는 면접을 할 수 있을 것이다.

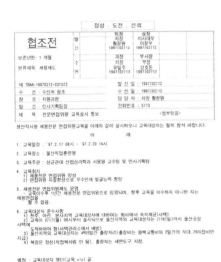

▶ 전문면접위원 교육 협조전

종전에는 대면 면접이 대세였으나 최근에는 블라인드 면접과 AI 면접 등으로 발전하고 있다.

얼굴을 펴면 인생길이 열린다. 사람을 만날 때 첫인상은 매우 중요하다. 첫인상은 보통 3초 안에 결정된다고 한다. 미국 캘리포니아대학의 심리학 교수인 알버트 메리비안 교수는 첫인상에 대해 흥미로운 연구를 했다.

그는 커뮤니케이션 과정에서 언어적인 요소보다는 표정이나 목소리 같은 비언어적 요소가 메시지 전달에 더 큰 비중을 차지한다는 '메레비안의 법칙'을 발표했다. 메레비안 법칙은 커뮤니케이션에 있어서 말의 내용이 상대방에게 영향을 미치는 정도는 7%에 불과하고 음성적인 부분, 즉 목소리의 고저, 장단, 억양, 성량, 음색 등이 38% 그리고 가장 많은 영향을 미치는 부분은 표정, 자세, 태도, 등 비언어적인 몸짓으로 전체 비중의 55%를 차지한다는 이론이다. 그리고 이러한 원칙은 첫 만남에서 가장 강력하게 나타난다. 그의 연구를 웃음의 측면에서 보면 웃는 얼굴과 웃음소리가 첫 만남의 93%를 지배한다고 해도 과언이 아닐 것이다.

상대방을 이끄는 표정을 짓기 위해서는 대화 중에는 상대방의 미간을 응시하고 정직하고 다정한 시선을 위해 눈 주위의 근육에 힘을 가볍게 가한다. 또한, 대화의 상황에 따라 동공의 크기를 적절히 조절하여야 한다.

면접을 볼 때 가장 피해야 하는 표정은 바로 무표정이다. 무표정을 한 얼굴은 촌스럽고 융통성이 없어 보이기 때문이다. 질문을 듣고 답할 때 환한 표정에 약간의 미소를 머금은 표정은 면접관에게 신뢰감과 성실함을 최대한 보여줄 수 있는 표정이다.

면접관들이 압박 면접을 한다면 얼굴을 찌푸리거나 고개를 숙이는 등의 행동을 피하고 침착한 표정으로 질문에 답하는 것이 좋다. 선천적으로 말을 잘하는 사람들도 있지만, 자기의 이야기를 하는 것이기 때문에 자신감 있게 말을 하는 것이 가장 중요하다. 그리고 입장할 때와 인사할 때, 앉을 때 자세를 확실히 연습하면 다른 사람이 볼 때 자신감 있어 보일 것이다. 여기에 상대방과 눈을 맞추는 연습까지 한다면 금상첨화일 것이다.

목소리나 억양은 울림 있고 듣기 좋은 목소리를 위해 공명 발성과 복식 호흡을 익히고 울림 있는 목소리와 미소를 지은 표정으로 대화를 실습해 보기도 하며 서로의 경험이나 입장을 공감하며 소통할 수 있는 연습을 해 볼 것을 권장한다. 그리고 빠르게 이야기하는 것보다는 천천히 이야기하는 것이 훨씬 더 여유로워 보이니 말의 빠르기에도 신경을 쓰도록 한다.

면접에서는 눈을 마주치는 것이 소통의 시작이다. 첫 만남에서 망설임 없이 눈 마주침을 시도해야 한다. 웃게 할 수 있다면 면접도 성공합니다. 나만의 유머러스한 소개법을 만들어 면접 성공의 기반을 닦도록 항상 노력해야 한다.

이미지가 주는 외향적인 모습보다는 표정이 메시지 전달에 효과적이다. 우리는 흔히 첫인상이 중요하다고 말합니다. 첫인상을 통해 면접자의 성격과 성향을 간접적으로 판단할 수 있다. 짧은 시간 안에 이루어지는 면접에서 면접자의 첫인상은 합격과 불합격의 결정을 내릴 만큼 중요한 요소이다. 적극적인 '메리비안 법칙'의 면접 적용 방안과 지속적인 연습을 하여 원하는 회사에 희망하는 대로 취업할 수 있기를 기원한다.

미국의 과학저널리스트 대니얼 맥닐은 그의 저서 『얼굴 The Face 』을 통해 판사들이 재판에 임할 때 공평무사하게 판결을 내리는 것 같지만 실제로는 재판 중에 미소를 짓는 피고인에게 더 낮은 형량을 선고한다고 밝혔다. 가장 객관적이고 논리적인 곳이어야 할 법정에서도 웃음과 미소가 최고의 변호사가 될 수 있다는 이야기다. 눈을 맞추면 똑똑해 보인다. "눈은 마음의 창이다."라는 말이 상징하듯이 눈을 맞추는 행위는 전문가답고 신뢰성 있으며, 이미지를 형성하는 지름길이다.

1) **블라인드 채용**

　　　　　두 눈을 가리면 상대의 대상이 보이지 않는 게 일반적인 상식이다. 그런데 대상이 더 잘 보인다면 그 이치는 무엇일까? 때때로 우리는 대상을 바라보지만, 그것을 보기보다 대상에 대해 평소에 가졌던 생각을 확인하는 경우가 있다. 곰곰이 따져 보면 그런 경우가 더 많을지도 모른다. 누군가 아는 만큼 보이는 법이라고 말했지만, 무엇을 어떻게 아는가에 따라 보이는 것도 달라질 수 있다.

블라인드 채용은 심사 과정에서 지원자의 개인적 특성 중 편견이나 차별을 초래하기 쉬운 요인과 관련된 정보를 삭제하는 방식이다. 성별, 연령, 출신 학교, 출신 지역, 가족 상황, 계층 등 면접에 영향을 줄 수 있는 민감한 개인 정보를 배제하고 업무와 직접적으로 관련된 경력이나 자격을 중심으로 면접을 진행한다.

이를테면 출신 학교를 삭제한 면접 자료를 제공해도 경력 증명 자료를 살펴보면 출신 학교를 짐작하기가 어렵지 않았다. 연령이나 가족 상황도 마찬가지다. 따라서 그동안 채용 면접은 공공기관에서조차 개인 정보들이 완전히 배제되지 않았고 면접 결과에 영향을 줄 수 있었다. 공공기관에 적용하고 있는 블라인드 채용이 의도와는 달리 오히려 명문대생에게 유리하게 작용하는 측면이 있는 것으로 나타났다. 취업 준비생들에게 인기 있는 서울 지역 금융공기업 5곳 중 4곳에서 블라인드 채용 도입 후 서울대, 고려대, 연세대 출신 신입사원 비중이 이전보다 높아지거나 같았다. "블라인드 채용은 변별력이 없어 필기시험의 난도를 어렵게 조정하다 보니 명문대 출신이 유리해지는 경향이 있다."라는 게 채용 담당자들의 설명이다. 금융감독원 및 8개 금융공기업이 최근 4년간 블라인드 채용을 통해 선발한 신입사원 중 SKY 출신은 25.4%에 달했다. 대학 서열화가 심각한 한국 사회에서 지원자의 출신 학교는 강력한 선입견으로 작용할 수 있다.

혁신은 큰 정책에 의해서만 이루어진다고 생각하지 않는다. 작은 변화일 수 있지만, 이런 시도를 튼튼히 쌓아감으로써 우리 사회가 성숙해 가리라고 생각한다. 블라인드 채용은 사회 전반으로 확대돼야 한다. 서류부터 면접까지 성별, 연령, 출신 학교, 지역, 가족 상황 등 편견과 차별을 가져올수 있는 요인들을 모두 삭제할 때 이런 요인들의 영향력도 줄어들 것이다. 공정한 사회로 가는 지름길이 열린 것이다.[2]

2) AI 인공지능 면접

2019년 채용 시장에서 가장 눈에 띄는 것은 AI Artificial Intelligence, 인공지능 의 등장이다. 사람 대신 인공지능이 서류를 심사하고 면접을 보며 채용 과정을 바꿔 놓고 있다. 과거 인사 담당자의 경험과 감 感 에만 의지하던 채용이 아니라 인공지능을 통해 인재를 선별하는 HR Human Resources 테크가 시작된 것이다.

지원자에게는 긴장을 덜 할 수 있고 편하게 면접을 볼 수 있다는 장점이 있겠지만 개인의 창조성이나 독창성을 판단하기에는 한계가 있다고 본다. 면접위원이 인공지능이라면 어떨까? 지원자의 표정, 얼굴색의 변화, 음성의 높낮이나 속도, 사용하는 단어 등을 실시간으로 측정하여 감정이나 진실성을 판단한다. 맞춤형 질의응답을 거쳐 지원자의 성향을 파악하고, 과제해결 능력을 분석하여 실제 업무 상황에서는 어떤 특성을 보일지도 예측할 수 있다. 수만 명의 지원자도 동시에 면접 진행이 가능하다는 장점이 있다.

인공지능 채용은 인사 담당자뿐만 아니라 구직자에게 주는 효용도 크다. 구직자가 직접 면접장에 가지 않아도 원하는 시간과 원하는 장소에서 이름과 수험번호로 로그인만 하면 온라인으로 언제든 인공지능 면접을 볼

---

2. 서울신문사, 신경아 교수 **한림대학교 사회학과**, 2019.12.13. 기사 인용

수 있다. 인공지능 면접은 간단한 자기소개, 상황별 질문, 게임 수행 등 다양한 형식으로 진행되며, 이를 통해 역량 검사와 면접이 동시에 완료된다. 인사 담당자는 오랜 시간 서류를 검토하고 면접을 볼 필요 없이 인공지능 채용 솔루션이 분석하여 제공하는 면접 결과를 바탕으로 최종 판단만 하면 된다.

기존에는 지원자 1만 명 중 우수 인재 30명을 채용하기 위해 인사 팀원 4명이 투입되어 3개월이라는 시간을 소요했지만, AI 채용 솔루션을 적극적으로 활용하면 채용 기간을 4주로 단축할 수 있다. 수많은 지원자를 분석하여 그중 성과창출 가능성이 크고 자사 문화에 적합한 인재를 찾아 선발할 수 있다는 것이다. 더 놀라운 것은 인공지능 기술을 활용하면 홍보부터 선발까지 공채의 모든 과정을 인사 담당자 한 명이 운영할 수 있다는 점이다.

- **인공지능 채용 4가지 이점**

  첫째   우수 인재 선발 가능성을 극대화한다.

  둘째   보편적 인재가 아닌 회사에 맞춤형 인재를 선발할 수 있다.

  셋째   객관적이다.

  넷째   길고 긴 채용 과정을 빠르고 정확하게 단축할 수 있다.

인공지능 면접의 평가 항목에 긍정·열정·전략·성실 등의 핵심가치를 반영하여 인재를 선발한 것이 업무성과와 조직적 응에 긍정적인 결과를 가져온 것으로 분석하고 있다. 더 놀라운 점은 사람보다 더 정확하게 우수한 인재를 선발할 수 있다는 사실이다. 인공지능은 입사지원자들의 프로필 키워드를 추출해 과거 수백만 건의 합격·불합격 사례와 채용 후 실제 성과패턴 등 방대한 양의 빅데이터를 비교·분석하여 결과를 제시하기 때문이다.

대기업에서는 인재선발 및 관리, 취업 지원 등에 인공지능과 빅 데이터 Big Data 를 활용하는 '스마트 인재 관리 시스템'을 구축함으로써 해당팀에서 요청하는 맞춤형 인재를 실시간으로 채용하고 추천하여 개인에게는 최적의 경력 관리를 제공해 조직과 개인이 모두 만족할 수 있는 시스템이라고 할 수 있다. 그러나 사람의 관상이나 인성 부분은 인공지능이 감당할 수 없는 분야로 생각된다. 모든 표준화된 데이터에 입각해서 선발하기 때문에 꼭 장점만 있다고는 할 수 없겠다. 또한, 시대가 습하게 변하면서 대기업의 채용 방법이 졸업 시즌에 맞추어 정기 모집 광고를 내고 실시하였던 채용이 20년도 기준시 수시 채용으로 바뀌고 수시 채용 시 장점은 신입사원보다는 경력사원을 모집하여 적재적소에 배치하여 곧바로 실적을 내도록 한다는 것이다.

신입사원을 채용하면 최소 2년간 실무 교육을 하여 업무에 어느 정도 능숙해질 때까지 회사가 투자를 계속해야 하는 불편함이 있는 것이고 시간이 곧 기업의 성패를 좌우하기 때문에 기다려줄 시간이 없다.

20년도 20대의 취업 준비생 중 60%가 취업할 곳이 없어 집에서 쉰다고 답하였다고 한다. 이는 우리 사회의 큰 문제가 될 것이고 결국 경제의 주축인 20대 청년들이 취업을 못 하면 나라의 미래가 걱정되지 않을 수 없다. 결혼. 출산. 사회적 갈등 등이 문제로 지적된다.

2021년 초 현장 근로자 중 3D 업종에는 대부분이 외국인 근로자가 대부분 제조를 맡아서 생산 라인을 돌리고는 한다. 그러나 비자가 종료된 외국인 근로자는 코로나 사태로 인해 입국 거절을 당하게 된다. 그렇게 되면 본국으로 돌아가지 못하고 비자가 없는 상태가 되어 한국에서 불법체류를 할 수밖에 없다. 새롭게 입국할 외국인 근로자들도 국제선의 운항을 멈춰 진퇴양난에 빠진 것이 우리의 현실이다. 입법부인 국회에서는 이런 중소기업의 작업자 수급 문제를 알고 있는지 궁금하지 않을 수 없다.

피터 드래커는 "사람은 스스로 일에 관한 정보나 지식을 가지고 있을 때

비로소 그 성과에 대해 모든 책임을 질 수 있게 된다."라고 했다. 시간의 양이 능력을 키워 주는 것은 아니다.

TIP 면접관을 감동하게 하는 요령

기대 이상으로 회사를 잘 알고 있을 때

지원서에 회사를 언급하고 나름의 지원 사유를 섰을 때

회사에 궁금한 점이 많을 때

솔직하면서도 겸손하면서 당당한 모습

이미 그 업무를 시작한 사람

TIP 성공적인 면접을 위해 명심할 포인트 정리

· **첫인상이 중요하다**

짧게는 5분, 길게는 30분 안에 면접관에게 호감을 주어라. 자신 있는 태도와 밝은 표정은 필수.

· **질문의 의도를 정확히 파악하라**

질문을 알아듣지 못했을 경우는 "죄송하지만, 다시 한번 더 말씀해 주십시오."라고 해야 한다.

· **솔직하라**

모르는 질문에 솔직하게 대답하고 다음 기회에 더 완벽하게 준비하겠다고 마무리하자.

· **결론부터 말하자**

명쾌한 답변을 한다는 인상을 심어 주기 위해 결론부터 말하자. 핵심을 놓쳐 답변이 장황하게 길어지는 것을 경계하자.

블라인드 면접은 나이, 성별, 출신 지역이나 학교 등을 보지 않기 때문에 모두에게 공평한 기회를 제공한다는 장점이 있지만, 변별력이 없어 시험 문제를 어렵게 만들어 서울의 명문대생들에게 유리하게 작용하는 단점이 있다.

AI 면접은 우수 인재 채용과 채용에 드는 시간 및 비용의 감소, 맞춤형 인재를 선발하는 데 장점이 있지만, 개인의 독특한 역량이나 자세한 성향까지는 파악할 수 없다는 단점이 존재한다.

대면 면접은 직접 만나서 얼굴을 통해 인성을 파악할 수 있다는 장점이 있으나, 요즘은 성형수술 등으로 외모를 바꾸기 때문에 인성인 속마음은 알 수 없어 단점으로 지적되고 있다.[3]

4. 이런 관상 觀相 이 성공한다

관상이란 몸 전체, 음성, 습관, 얼굴을 보고 그 사람의 운명을 판단하는 법이다. 옛날에는 명리 命理 와 관상을 주로 많이 보아 왔다. 현재는 성형수술의 증가로 관상으로 운명을 점치기 어렵다. 그러나 사람의 몸 전체와 얼굴의 형태 및 행동으로 성격과 부·귀, 빈·천을 알 수 있다.

삼성그룹의 고 이병철 회장은 신입사원 면접 시 관상을 보기로 유명하신 분이셨다. 관상이 그 사람의 인성을 들여다볼 수 있기 때문이고 필자도 면접관 교육을 받고 관상에 관한 책들을 많이 보면서 느낀 게 얼굴에 그 사람의 마음과 인성 앞으로의 미래가 보이기도 하였다. 물론 통계학적

---

3. 광운대 산업심리학 유태용 교수 「면접기술과 판단오류」광운대 산업심리학 탁진국 교수 「인간성형과 고정관념」성균관대 산업심리학 서용원 교수 「대인관계」현대자동차 인력관리실 「전문면접위원과정」

이기는 하나 근거가 없는 것은 아니다. 관상이 좋은 사람치고 잘못되거나 나쁜 사람은 없는 것 같다.

구분		내용
머리	天	윗사람 또는 부모와의 관계, 유년시절의 운
몸	人	금전운 및 빈부강약, 건강운, 중년운
허리 아래	地	부하운, 만년운

1) **얼굴**

상정 上停, 중정 中停, 하정 下停 으로 3등분 하여 초년, 중년, 말년운을 본다.

- **초년운** 머리가 난 끝부분에서 이마와 눈썹까지 이마가 넓으면 부모 운이 좋고 초년이 무난함
- **중년운** 눈썹에서 코끝까지 경제력, 지위, 연애, 가정운, 인생에 있어서 중요한 운명
- **말년운** 코끝에서 턱까지, 부하운, 현재운

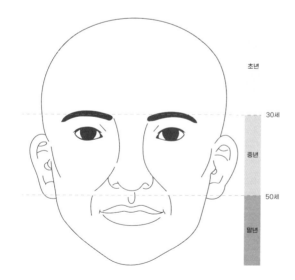

초년

30세

중년

50세

말년

- **안면 12궁**宮 　사람이 살아가는 데 오가는 긴요한 운명

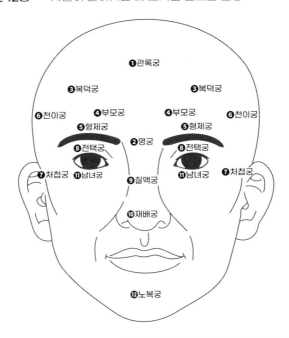

❶ 관록궁〔官祿宮〕	관록운, 귀인, 출세
❷ 명궁〔命宮〕	선천적 운명, 정신력, 학문 적·성취
❸ 복덕궁〔福德宮〕	금전운, 재테크
❹ 부모궁〔父母宮〕	부모와의 인연. 부모와의 생리사별
❺ 형제궁〔兄弟宮〕	형제의 다소, 친구 및 대인 관계
❻ 천이궁〔遷移宮〕	직장, 주택의 이동
❼ 처첩궁〔妻妾宮〕	배우자의 길흉, 가정사, 부부운, 애정
❽ 전택궁〔田宅宮〕	주택의 유무, 부모의 유산
❾ 질액궁〔疾厄宮〕	재난, 건강, 질환
❿ 재백궁〔財帛宮〕	평생의 재산운
⓫ 남녀궁〔男女宮〕	자녀의 다소와 정력, 자손·직원·종업원과의 관계
⓬ 노복궁〔奴僕宮〕	부하의 유무, 인생의 후반부
● 상모궁〔相貌宮〕	얼굴 전체의 운, 관상의 종합운

- 명궁 命宮
: 양미간을 일컫는 것으로, 콧등을 타고 올라가 눈썹 사이에 자리한 곳

얼굴의 가장 중심으로 치며, 사람의 운명 가늠하는 자리. 좋은 명궁은 은은한 광채가 나며, 평생 운이 좋다. 표준 명궁은 손가락 2개 정도의 폭이다.

운명, 학식, 성격, 직업을 판단 좁은 명궁은 가슴이 좁아서 신경질적이고, 도량이 좁다. 넓은 명궁은 호쾌하고, 낙관적이고, 도량이 넓다. 흉터나 검은 사마귀가 있다면 직업을 여러 번 바꾼다. 여자의 경우 흑점이 있으면 본남편과 생이별하는 수가 많다.

- 노복궁 奴僕宮
: 턱에서 광대뼈 사이

남을 부릴 것인지, 부림을 받을 것인지를 가늠. 적당히 도톰하고, 발그스레한 것이 좋다. 턱이 두꺼운 사람은 부하가 많고, 뾰족하면 부하의 인연이 적다. 이중 턱은 부하를 통솔하는 수령이 될 수 있다. 뾰족한 턱은 부하를 두기 어렵고 학자나 철학자가 적합하다. 턱이 넓고 풍부하면 처와 첩을 두고 자녀가 많다. 턱이 좋으면 만년에 활동력이 강해서 재운이 좋다. 흑점이 있다면 부하로 인하여 손해를 볼 수도 있다.

- 오관판단법
: 이목구비에 눈썹을 가한 것으로 귀를 채청관 採聽官 , 눈을 감찰관 監察官 , 입을 출납관 出納官 , 코를 심변관 審辨官 , 눈썹을 보수관 保壽官 이라 한다.

2) 눈

- 사교성, 친화, 하늘의 해와 달
- 마음의 창, 관상을 볼 때 50%
- 간에 피가 있으면 눈이 잘 보이고, 간에 열이 있으면 피가 말라 눈이 어두워진다.
- 눈은 가늘고 길며 흑백이 분명하고 광채가 있어야 성공할 상, 반대로 둥글고 탁하여 분명치 못하면 요사할 상이다.

큰 눈	사내답고, 박력, 추앙, 예능 관계나 손님 접대 분야, 성공, 가정 살림보다 외출을 좋아한다, 사랑도 쉽게 뜨거워지고 식는다.
작은 눈	소탈함, 끈기, 평생 변치 않는 친구, 말년 성공, 고지식, 배신하지 않는다, 큰 몸집에 작은 눈은 거물의 상
위로 치켜진 눈	굳건한 사람, 고지식, 성실, 정직한 인품 여자는 히스테리가, 질투심, 허영심이 많다.
삼각형 눈	간사, 음모, 남을 속여 돈을 벌고 태연함, 음탕한 경향
깊은 눈	세심하고 영리한 사람, 상업은 안 맞음, 끈기와 인내로 성공 자신의 노력에 비해 인정을 못 받음
튀어나온 눈	정력가, 결혼 운과 자녀운이 안 좋다, 눈치가 빠르다, 과부 상, 여자는 대가 차고 남자를 이긴다.
삼백안	검은 눈동자가 중앙에 위치하지 않는 사람, 처절한 느낌 성질이 격하고 모난 사람, 흉악한 범죄자, 나폴레옹 형
짝눈	파란이 많은 삶, 상대를 꿰뚫어 보고 육감이 좋다, 금전운

3) 눈썹

- 보수궁 保壽宮 또는 형제궁 兄弟宮
- 30대의 운명, 수명, 친구 협력자의 운
- 눈썹이 까맣고 단정하면 형제가 많고 덕이 있다.

- 눈썹의 털과 귀밑의 털이 길면 장수한다.
- 눈썹이 단정하면 사람도 단정하다.
- 눈썹 털이 희미하고 상스럽게 나면 고독하고 인덕이 없다.
- 눈썹 가운데에 점이 있으면 사람을 잘 사귄다.

긴 눈썹	부모, 형제 정이 깊다, 친절, 애정이 섬세하다. 여자의 경우 친정에 대한 정이 깊다. 소박한 형
짧은 눈썹	육친의 인연이 적다, 부모덕이 없다. 부모 생일별, 사별 궁합이 맞지 않고 가정이 불행하다, 눈썹이 짧아도 진하면 끈기가 있다.
짙은 눈썹	노력가, 이기주의, 지도자형, 색정에 빠지는 유형
옅은 눈썹	형제간 덕이 없음, 생각을 많이 하는 유형, 여자는 시집 풍습 에 신속히 익숙 순응형
짝 눈썹	두 어머니를 섬기는 유형

4) 코

- 운세의 중심
- 40대의 운명, 생활력이나 재운 활동력, 자존심과 자부심을 표출하는 부분
- 남성의 상징, 출세, 성공, 얼굴의 크기의 1/3이 표준
- 여자는 코가 안 좋으면 가정 운에 재앙이 오고 삼각관계나 염문(艶聞) 이 따라다닌다.

긴 코	융통성이 없다, 도덕성은 있으나 사교성이 없는 유형, 거만한 유형, 돈벌이가 신통치 않다.
짧은 코	융통성이 있다, 잘 벌고 잘 쓰는 유형, 게으른 근성
콧등이 고른 코	우아, 깨끗, 미적인 형, 음악, 미술가 여자는 고급스러운 취미, 경제력은 신통치 않다.

콧등 상부가 높은 코	용감함, 남의 위에 굴림, 투사형, 상업 계통은 안 맞음, 가정에서 주장이 강한 편
코끝만 높은 코	남의 마음을 읽고 예리한 직감력, 구상력이 풍부함, 발명·발전에 재능
매부리코	황금 숭배자, 세상을 돈과 연계, 시기를 타고 기회에 강함, 돈이라면 의리나 인정은 냉혈한 유형
개발코	겉치레나 형식에 구애가 없으며, 평범한 유형, 실속파
사자 코	대담한 성격, 경제력, 재능, 자수성가형, 현실주의적이며, 정력이 강함
곱게 조화된 작은 코	남의 존경을 받고 사업에 성공

5) 귀

- 많이 듣고, 지식이 풍부, 선천적인 운을 본다.
- 움직일 수 없고 표정이 없다.
- 웃어도 울어도 무표정

두툼한 넓은 귀	복스러운 유형, 체력, 사교성이 우수, 재벌형
얄팍하고 좁은 귀	재운이 없다.
크고 긴 귀	느긋하며 도량이 풍부, 장수상 부처님, 예수님
작은 귀	재치 풍부, 풍자가
딱딱한 귀	건강, 정력, 적극성
부드러운 귀	보수, 소극적, 예리한 센스, 예민한 스타일
귀지가 있는 귀	부처처럼 생겨 복귀에 속함, 금전운, 재벌가
귀지가 없는 귀	재운이 없고, 차가운 성격, 두뇌 우수, 낭비가 심하다.
외곽이 나온 귀	강한 개성, 고집쟁이
내곽이 들어간 귀	무사안일 유형, 사무적 재능

6) 입

- 입술만 생각해서는 안 된다.
  입 주위에 살 붙음부터 시작해서 이빨 입속까지 본다.
- 본능과 정욕 그리고 단순한 관능, 정조, 생활력
- 여성의 경우 크고 작은 입은 성기의 기능
- 지갑에 비유되어 재운, 입이 크면 생활력이 강하다.

큰 입	포용력, 행동력, 정치계, 경제계 거물, 역사상 위대한 인물 부귀와 장수, 여성의 경우 가정보다는 사회 활동가
작은 입	남에게 의지하거나 남의 사랑과 도움으로 살아가는 유형, 사업보다는 직장인 여자의 작은 입은 현모양처, 남자의 작은 입은 소심한 성격
앞으로 나온 입	거친 성격, 자아가 강함, 부모 또는 윗사람과 대립이 많다, 입이 헤프다.
두툼한 입	정욕이 강하다, 보랏빛 두툼한 입술은 건강도 좋고, 성격이 밝고, 풍부한 감수성 윗입술이 두툼한 사람은 남을 위해 일할 상, 애인에게 달콤한 사람
들어간 입	의지가 약하고, 행동력이 없다. 직장인형, 지적 능력과 두뇌는 좋은데 적극성이 없다. 여성은 모범적인 아내상
얇은 입술	산뜻한 사람, 여자는 독신주의자, 종교나 연구 혹은 취미 생활에 열을 쏟는 사람, 자녀운이 없다, 여자는 난산할 확률이 높고, 남자는 취미 생활로 아내마저 외면하는 유형
아랫입술이 튀어 나온 입	이기적, 타인과 융화되지 못함, 자기중심적, 부부관계가 좋지 않고, 남자는 좋은 여자를 얻지 못한다.

출세하는 샐러리맨 관상

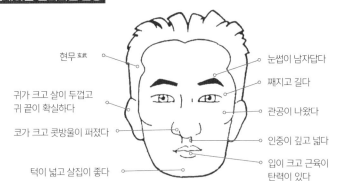

현무 玄武

귀가 크고 살이 두껍고
귀 끝이 확실하다

코가 크고 콧방울이 퍼졌다

턱이 넓고 살집이 좋다

눈썹이 남자답다

째지고 길다

관공이 나왔다

인중이 깊고 넓다

입이 크고 근육이
탄력이 있다

샐러리맨을 할 수 있는 관상

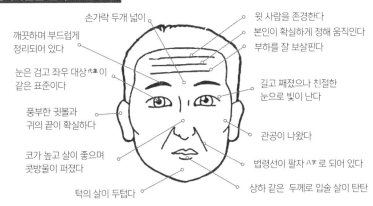

손가락 두개 넓이

깨끗하며 부드럽게
정리되어 있다

눈은 검고 좌우 대상 代象 이
같은 표준이다

풍부한 귓볼과
귀의 끝이 확실하다

코가 높고 살이 좋으며
콧방울이 퍼졌다

턱의 살이 두텁다

윗 사람을 존경한다
본인이 확실하게 정해 움직인다
부하를 잘 보살핀다

길고 째졌으나 친절한
눈으로 빛이 난다

관공이 나왔다

법령선이 팔자 八字 로 되어 있다

상하 같은 두께로 입술 살이 탄탄

기획 분야에서 성공하는 관상

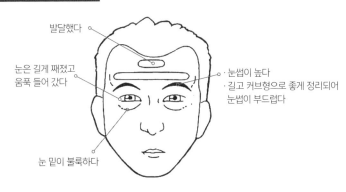

발달했다

눈은 길게 째졌고
움푹 들어 갔다

눈 밑이 불룩하다

·눈썹이 높다
·길고 커브형으로 좋게 정리되어
 눈썹이 부드럽다

47

커리어우먼으로 성공하는 여성의 관상

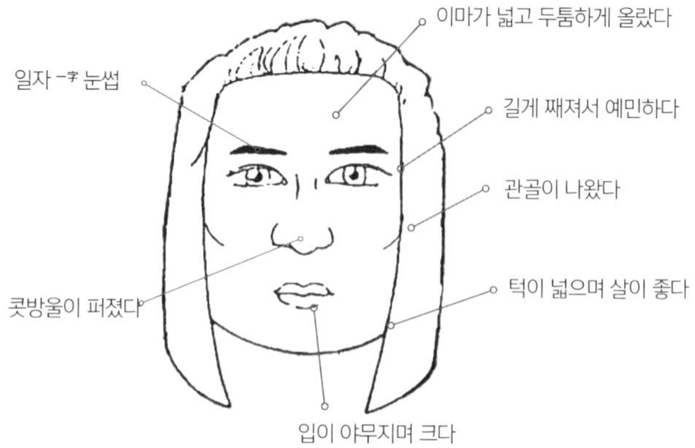
이마가 넓고 두툼하게 올랐다
일자 一字 눈썹
길게 째져서 예민하다
관골이 나왔다
콧방울이 퍼졌다
턱이 넓으며 살이 좋다
입이 야무지며 크다

경영자로 성공할 관상

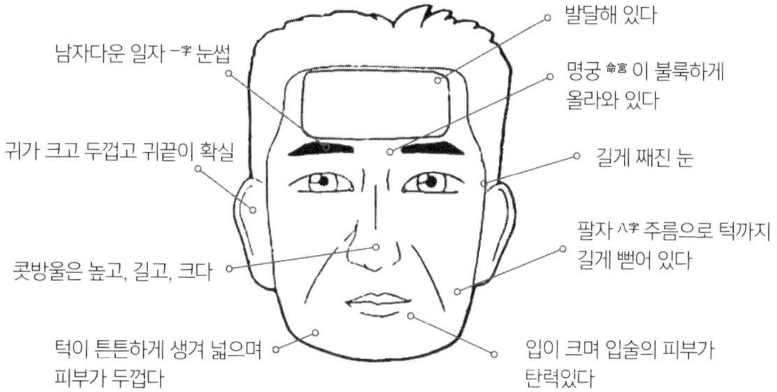
발달해 있다
남자다운 일자 一字 눈썹
명궁 命宮 이 불룩하게
올라와 있다
귀가 크고 두껍고 귀끝이 확실
길게 째진 눈
팔자 八字 주름으로 턱까지
길게 뻗어 있다
콧방울은 높고, 길고, 크다
턱이 튼튼하게 생겨 넓으며
피부가 두껍다
입이 크며 입술의 피부가
탄력있다

도박에 능한 관상

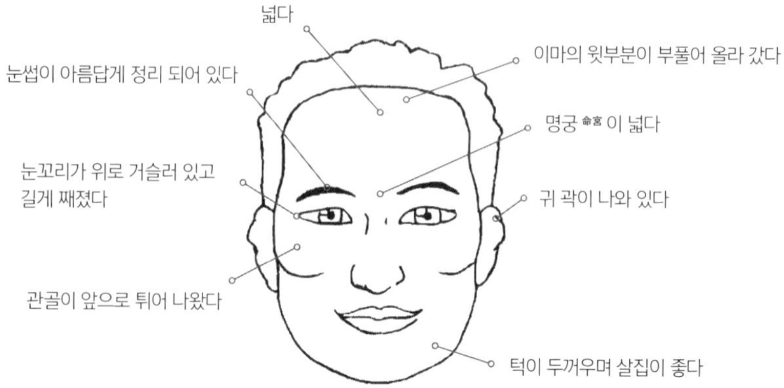
넓다
이마의 윗부분이 부풀어 올라 갔다
눈썹이 아름답게 정리 되어 있다
명궁 命宮 이 넓다
눈꼬리가 위로 거슬러 있고
길게 째졌다
귀 곽이 나와 있다
관골이 앞으로 튀어 나왔다
턱이 두꺼우며 살집이 좋다

명기 名器 를 가진 여성의 관상

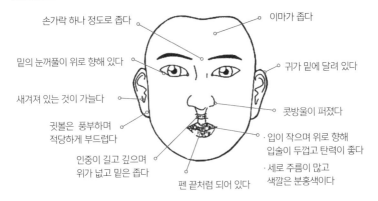

손가락 하나 정도로 좁다

밑의 눈꺼풀이 위로 향해 있다

새겨져 있는 것이 가늘다

귓볼은 풍부하며
적당하게 부드럽다

인중이 길고 깊으며
위가 넓고 밑은 좁다

펜 끝처럼 되어 있다

이마가 좁다

귀가 밑에 달려 있다

콧방울이 퍼졌다

· 입이 작으며 위로 향해
입술이 두껍고 탄력이 좋다

· 세로 주름이 많고
색깔은 분홍색이다

경리 회계 담당으로 성공하는 사람의 관상

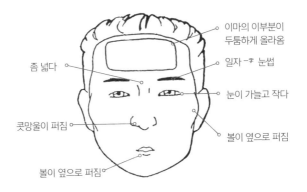

좀 넓다

콧망울이 퍼짐

볼이 옆으로 퍼짐

이마의 이부분이
두툼하게 올라옴

일자 -ㅋ 눈썹

눈이 가늘고 작다

볼이 옆으로 퍼짐

좋은 남편의 관상

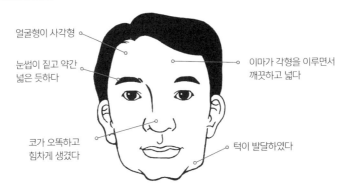

얼굴형이 사각형

눈썹이 짙고 약간
넓은 듯하다

코가 오똑하고
힘차게 생겼다

이마가 각형을 이루면서
깨끗하고 넓다

턱이 발달하였다

정치인의 관상

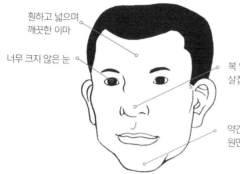

흰하고 넓으며
깨끗한 이마

너무 크지 않은 눈

복 있게 생긴 높고
살집이 풍부한 코

약간 각이 지거나
원만하게 둥근 턱

샐러리맨으로 성공하는 관상

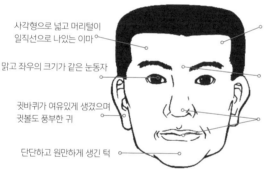

사각형으로 넓고 머리털이
일직선으로 나있는 이마

맑고 좌우의 크기가 같은 눈동자

귓바퀴가 여유있게 생겼으며
귓볼도 풍부한 귀

단단하고 원만하게 생긴 턱

이마 좌우 양쪽이 볼록하게 솟아
있고 머리털도 나와있는 얼굴

손가락 두개 정도가 드러가는
명궁의 넓이

단정한 입 매우새와 콧대가
반듯하고 넓직한 콧방울

성공하는 여성의 모범적인 관상

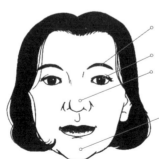

초승달 모양의 단정하고 짙은 눈썹

붉거나 탁하지 않은 맑은 눈동자

코날이 잘 서고 살집이 도톰한 코

둥그스름한 턱

50

5. 이런 관상은 이런 팔자로 산다

관상부위도 觀相部位圖 를 통해 그 사람이 어떠한 삶을 살지 예상해 볼 수 있다.

1) 이마

- **상정** 上停 **: A, B, 天中**

  넓으면 총명, 초년은 상사와 원만, 부모의 덕이 있고 좁으면 기업가, 실업가, 초년운이 없고 초년에 고생, 이마 튀어나온 사람, 추리력, 상상력, 예지력, 창조력, 선악의 판단력이 있다.

- **중정** 中停 **: B, C, 官祿**

  의지력, 인내력, 반항심이 강하다, 가운데 튀어나온 사람은 관청운, 기획, 계획, 판단력 우수, 빠른 출세가 빠르다.

- **하정** 下停 **: C, D, 天倉**

  애정, 말년의 생활력, 큰집에서 산다, 아래 부위가 튀어나온 사람 직관력, 관찰력, 결단력 재물복이 있다.

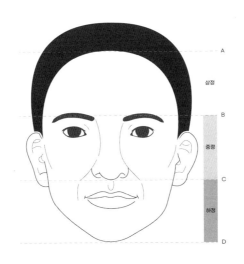

① 이마 세 주름

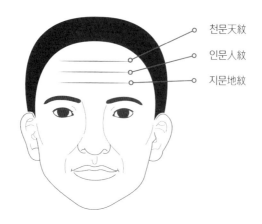

천문天紋
인문人紋
지문地紋

천문선 天紋線 지능, 부모, 상사에 대한 존경심, 주름이 깊고 선명하면 대
인관계 원만, 순조로운 출세

인문선 人紋線 건강, 능력, 의지, 실천력이 강하다.

지문선 地紋線 부하나 손아랫사람과 협력 및 인덕이 있다.

② 이마의 주름은 인생의 안정도安定度

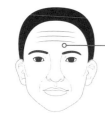

소극적 성격의 주름

주름살의 선이 삼선 三線 으로 되어있고 양 끝이 쳐
짐, 정직, 열심히 노력, 안정된 여생

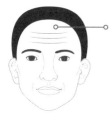

극적인 성격의 주름

양 끝이 위로 향함, 40세 이후에도 주름 없으면 인
간관계가 좋고 다복하다, 낙천적이다, 20세부터 주
름 많으면 쓸데없는 근심이 많은 성격이다.

③ 이마의 형태

각진 남성적인 이마

　자기중심적, 적극적, 고집이 세다.
　실무 처리능력 우수, 머리가 영리하다.
　여자의 경우 커리어우먼

가운데가 패이고 양옆으로 둥근 이마

정직 · 인내심 · 자상 · 정조관념
남자　소극적, 신경질적, 노력가, 인내심
여자　명석한 두뇌, 빠른 눈치, 질투심이 강하다.

'M' 자형 이마

풍부한 상상력 · 독창적 발상 · 독선적
운동을 잘하고, 예술, 음악, 기획에 재능이 있다.
여자　지적이고 이성적, 의지와 고집이 세다.

볼록 튀어나온 이마

　지혜롭다, 개성이 강하다, 활동적, 사교성, 인기가
　많다.

둥근 여성적인 이마

　성실하고 노력가, 경제력이 있다.

2) 인중

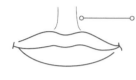

인중이 넓고 길고 깊은 사람
의지력, 인내력, 생명력이 강해 장수한다, 자식운,
부하운, 상사 형

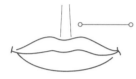

인중이 좁고 짧고 얕은 사람
변덕스러운 성격, 도덕성이 희박, 금전운 없음, 생
식기 미숙, 신경질적

인중이 짧고 윗입술이 위로 치켜 올라 간 사람
상대 불인정

인중에 흉터가 있거나 비뚤어진 사람
고생, 여성이라면 인중이 깊지도 얕지도 않은 편
이 좋다.

3) 턱

지력知力 · **정감**情感 · **의지력**意志力
턱의 골격이 굵거나 발달하고 살이 찐 사람은 토지운이나
가옥운이 있다.

턱이 균형 잡힌 사람 자기중심적, 고집이 셈

빈약한 턱 반항적, 고집 세고 이기적

넓은 턱 많은 토지와 큰 집 소유

턱에 검은 반점이 생기면 돌발적 사고 발생

턱에 흰빛을 띠면 부모, 형제, 친척에 불행

4) 각 부위의 명칭과 위치

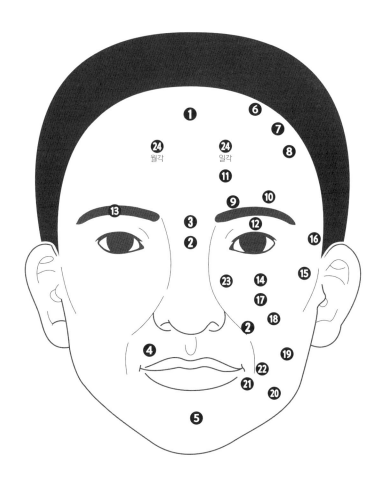

❶ 천중 天中 **과 천정** 天庭

천중 선조와 관련 있는 곳으로 귀인, 높은 관직, 흉터, 검은 점이 있다면
상사와 갈등이 있어 출세가 어렵다.

천정 일은 일의 성취 여부를 알 수 있는 곳으로 민간 기업의 출세가 빠름

❷ 산근 山根

산근이 넓은 사람

명랑, 낙천적, 협조심, 대중 속에서 리더

산근이 좁은 사람

예민, 신경질적, 도량이 좁다, 기미, 흉터, 죽은 사마귀가 있으면 흥망성쇠의 인생살이를 한다.

❸ 인당 印堂

인당이 넓은 사람

인품, 성격, 지도력이 있다, 시야가 넓고 도량이 크고 낙천적이다, 인당이 넓으면 건달이 될 수 있다, 무책임하다, 정조관념이 희박하다.

인당이 좁은 사람

시야가 좁고, 도량이 부족, 급한 성격, 의심과 질투심이 많다.

❹ 식록 食祿

식록이 넓고 깨끗하면 생활 능력, 포용력, 도량, 부하운이 있다. 여자는 남편이 죽으면 식록이 넓어지고 밑으로 쳐진다.

❺ 승장 承■

편식이 심하다.

❻ 분묘 墳墓

선조(先祖)와 관계

거무스레한 색은 돌발적인 좋지 않은 일

흰색은 자기, 부모, 형제, 친척이 불행하게 됨

❼ 변지 邊地

변지에 변화가 생기면 이동에 관계되는 일로 전직이나 이사수가 발생한다.

❽ 산림 山林

부동산으로 부를 축적한다.

❾ 질서 秩序

질서가 발달한 사람은 신용이 있고 관계가 폭넓은 친구를 의미한다.

❿ 복당 福堂

복당이 발달하면 돈복이 있다. 복당에 붉은빛이 돌면 사업 경영에 문제가
생길 수도 있다.

⓫ 천창 天倉

천창이 불룩 나온 사람은 정직하고 욕심이 없다. 이곳에 흉터가 있으면 고
생을 한다.

⓬ 전택궁 田宅宮

넓은 사람   낙천적, 주변 사람이 많고, 부모로부터 부동산 상속이 많다.

좁은 사람   자수성가, 노력가

⓭ 형제 兄弟

눈썹에 흉터 있으면 형제간의 우애가 없다. 기억력, 관찰력, 실행력 우수

⓮ 와잠 臥蠶 / **누당** 淚堂
마음의 온화/냉정

와잠이나 누당이 두툼하면 온화한 성격, 언어 쪽에 재능이 있다.
여성은 애정이 풍부

⓯ 명문 命門
선과 악

흉터, 기미, 점이 있으면 악한 마음을 가지고 있거나 단명한다. 붉은빛을 띠면 재난이 있을 운수이며, 흰빛을 띠면 죽을 운수이다.

⑯ 어미간문

이성 관계

어미간문 쪽에 흉터, 검은 반점, 얼룩이 있다면 결혼이 성사되기 어렵고 불행한 결혼 생활을 할 가능성이 크다.

흉터, 검은 반점, 얼룩이 결혼 후에 생기면 배우자의 외도 등으로 결혼 생활에 실패할 수 있다.

⑰ 관골 觀骨

인내력 · 투쟁력

광대뼈 나오고 피부가 두툼하며 살집이 있는 사람: 존경, 건강운, 지위, 권력, 재산운이 있음

광대뼈 살집 없고 피부가 얇은 사람: 정신력이 강함, 사교성이 없고, 변덕스러운 성격

⑱ 적도 賊盜

적도에 흉터나 결함 가진 사람은 도난을 행할 가능성이 있고, 흰빛이 돌면 도둑을 맞을 가능성이 있다.

⑲ 장벽 墻壁

장벽에 상처, 흉터, 기미가 있으면 소매치기를 당할 위험이 있다. 흰빛이 돌아도 소매치기를 당하기 쉽다.

⑳ 시골

외교적인 일, 영업, 사교성 직업이 천직이다.

㉑ **노복** 奴僕

포용력과 부하운이 있다.

㉒ **법령선** 法令線

법령선은 수명, 지도력, 직업운의 판단 기준이다.

'여덟 팔 八 ' 자 형태   독립심 · 도량 · 부하운 · 건강 · 장수

㉓ **선사향전** 仙舍香田

선사향전이 두툼하면 물질적인 욕심이 강함

㉔ **부친일각** 父親日角, **모친월각** 母親月角

부친일각과 모친월각의 위치가 같으면 부친의 은혜가 높으며, 월각보다 일
각이 더 높으면 부친의 덕이 없다.

5) **여성의 얼굴에 숨겨진 성격 및 비밀**

가슴 유방 의 크기와 탄력성을 알 수 있는 포인트

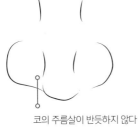

코의 주름살이 반듯하지 않다

코   콧방울이 크게 옆으로 퍼져 나와 있을수록
욕망이 크다. 콧방울의 살에 탄력이 있으면
살집이 풍부하고 유방이 단단하다.

볼   광대뼈에 살이 있고 팽팽한 여성은 가슴이 크
고 풍만하다.

눈

눈이 크고 튀어나온 여성은 성감 性感 이 발달되어 있다.

입과 입술

입술은 애정의 깊이를 나타내며 성기 性器 와 관계 깊다. 입술의 농담 濃談 , 대소 大小 , 후박 厚薄 , 탄력성, 모양새에 따라 성욕의 강약, 성기의 신축성과 관계가 있다. 입술이 도톰한 여성은 음부가 얇고 성감 性感 도 좋다. 음부가 얇아서 피하지방이 적고, 느낌이 빠르고 쾌감이 강함. 아랫입술에 세로 주름이 많은 여성은 성감이 발달하고 애액 愛液 도 많아 오르가슴에 빠르게 도달하고 성욕이 풍부하다.

입술의 색

입술 색은 여성기 女性器 의 색과 같다. 입술이 분홍색이면 여성기 女性器 도 분홍색이고 성감도 좋다.

입아귀

입아귀가 올라가고 살집이 좋은 사람은 여성기 女性器 가 위쪽에 있고 신축성도 좋다.

입술 폭

입술 폭이 크면 성기 性器 도 크고 성욕 강하다. 오므린 입의 폭이 좁으면 여성기 女性器 도 작고, 좁고 신축성이 좋다.

명궁命宮

명궁이 좁고 주걱턱 여성은 염낭 작은 주머니 이라 하여 명기 命器 , 윗입술과 한가운데 부분이 뾰족하고 살이 풍부하며, 음핵이 길게 발달해서 자극에 민감하게 반응한다.

혀

혀가 길면 음핵이 발달되어 성감이 좋고 요염하다.

치아

치아의 크기가 고르고 작은 이는 질구 膣口 에 주름이 많아 명기라고 한다.

귀

귀의 형태는 여성의 성기를 나타낸다. 귀 안에 움푹 파인 곳은 영성의 질 膣 과 같고 귓구멍, 즉 풍문의 입구가 표주박 형태인 여성은 질도 가늘고 깊게 조여 있다. 너무 좁으면 생식기의 발육 부진으로 임신이 어렵다. 귀가 코의 높이보다 아래에 붙으면 상부성기 上附性器 이고, 반대면 하부성기 下附性器 라 한다. 귓불이 크고 살진 여성은 정신력이나 정력이 강하며, 위장이 튼튼하고 생식 능력 우수하다.

콧등

콧등이 반듯하고 가늘고 긴 여성은 성감도 좋고 질액이 풍부하다.

산근山根

눈과 눈 사이인 산근에 세로 주름이 많으면 질 속에 주름이 청어알처럼 되어 있어 남성의 귀두를 자극하여 명기라 한다.

콧방울

콧방울이 옆으로 부풀어 있는 여성은 신체가 건강하고 끈기 있는 성격이며 정서적으로 부족함이 있고 폐활량이 크고 유방이 발달되어 있다.

인중人中

인중은 여성의 자궁을 나타내며, 골이 깊고 길면 자궁의 발달이 좋고 생명력도 강함. 인중이 만년필 펜 촉처럼 살진 여성은 질구가 좁고 깊으며 인중에 옆 주름이 많은 여성은 질 안에 주름이 많아 "지렁이 천 마리"라는 이름을 가진 명기의 하나임.

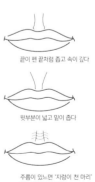

끝이 펜 끝처럼 좁고 속이 깊다

윗부분이 넓고 밑이 좁다

주름이 있느면 '지렁이 천 마리' 아는 이름을 가졌다

인당印堂

인당 또는 명궁이 넓은 여성은 성기가 크고 신축성은 없으나 개방적이고 밝다.

눈꺼풀

위 눈꺼풀이 삼중, 사중의 여성은 성관계에 능하고, 밑 눈꺼풀의 선이 확실하며 눈가의 선이 위로 치켜 올라가 있으면 성감과 반응이 좋다.

이마

이마가 넓으면 여성기가 밑쪽에 있고, 좁으면 위쪽에 있다.

턱

턱이 각지고 뼈가 나온 여성은 근육이 발달하여 여성기의 신축성이 좋다.

걸음걸이 및 발목

팔자걸음은 성기 주변의 질 근육이 강화되어 여성기의 신축성이 좋고, 발목이 가늘고 팽팽하며 무릎에서 허벅지 위로 올라갈수록 굵고 적당히 지방이 붙은 다리는 여성기의 신축성이 있어 명기 名器 다.

성관계를 좋아하는 여성

눈꺼풀 위쪽이 부풀어 있는 여성

귓불이 크고 통통한 여성

귀가 연분홍색 또는 붉은색인 여성

정조관념이 부족한 여성을 알아보는 포인트

곱슬머리
자유분방한 생활

표준보다 넓은 미간
성격 거칠고, 조심성이 없으며 여성기에 신축성 없다.

낮은 산근山根
기분파이며 자존심 없고 정조관념이 없다.

코 가운데가 움푹 파이고 콧구멍이 위로 향함
정조관념 없고 성 性 적으로 단정치 못하다.

눈꺼풀 밑에 많은 살
호색 好色 가이며 성적 욕망이 강하고 이성 관계 복잡하다.

보조개
정조관념 희박, 이성 관계 복잡함

눈꼬리 옆에 사마귀나 상처가 있는 여성
성기에도 사마귀가 있고 성관계를 다른 사람보다 배 이상으로 즐긴다.

작은 눈과 처진 눈꼬리, 눈꼬리에 주름

위아래 입술이 두껍고 입아귀가 야무지지 않은 여성

입술 윤곽이 확실치 않은 여성

인중人中에 옆에 주름이 있는 여성

특이한 성관계를 원하는 여성

콧대가 비뚤어져 있는 여성

특이한 체위의 성관계, 등뼈가 굽어 있다.

눈이 위로 치켜 올라간 여성

변태적인 성관계를 좋아하거나 승마 체위를 선호한다.

눈 밑에 사마귀 있는 여성

특별한 성관계를 원한다.

코가 계단형인 여성

자기주장 강하고 자기 위주로 성관계를 이끈다.

삼백안三白眼에 흰자위가 많아 보이는 여성

욕망이 강하여 만족함이 없다.

입술이 비뚤어진 여성

이상한 성관계를 원하거나 변태 체위나 동성애를 즐긴다.

남성의 유혹에 빠지기 쉬운 여성

눈이 큰 여성

눈꼬리에 어미문漁尾紋이라는 주름이 많은 여성

젊은 여성으로 이마에 두세 개의 주름이 있는 여성

미간이 특히 넓은 여성

작고 뽀족한 턱을 가지고 있거나 턱이 없는 여성

주체성과 의지가 부족하다.

코가 낮고 들창코인 여성

자존심이 없다.

인중이 짧은 여성

자존심과 조심성이 부족하다.

초승달 모양의 눈썹과 좁은 이마를 가진 여성

머리가 나쁘고 성격이 순수하다.

웃으면 윗잇몸이 보이는 여성

기 氣 가 강하고 정조관념 부족하다.

처녀성을 알 수 있는 포인트

- **얼굴**

  처녀　입술은 약간 붉은 색, 눈 밑에 부풀어 오른 살이 탄력이 있다.

  비非처녀　눈꼬리 옆 부분이 엷은 붉은 색, 눈꼬리 부분이 거무스름하다.
  인중에 엷은 사마귀 혹은 기미가 있거나 누당에 주름이 있다.

- **신체**

  비非처녀　목과 허리가 약간 굵어진다. 유두가 거무스름하게 변한다.

- **행동**

  좌석에서 다리를 오므리고 앉고 담배를 피운다.
  이성과의 대화에 부끄러움이 없다.

눈동자의 움직임으로부터 마음을 알 수 있는 포인트

눈동자의 움직임이 빠른 사람

직감적이고 타인의 마음을 신속히 읽는다.

눈동자의 움직임이 느린 사람

협조성이 부족하고 인간관계 나쁘며 자기 스타일로 산다.

눈동자의 초점이 안정되어 있지 않은 사람

신용이 불량하고 거짓말에 능통하다.

눈동자가 차분하지 못한 사람

정신적으로 불안하고 불평불만이 많으며 성격이 조급하다.

눈을 자주 빠르게 깜빡거리는 사람

감수성 예민하고 다소 신경질적이며 조급하고 서두르는 경향이 있다. 끈기와 인내력이 부족하다.

눈동자를 치켜올려 상대방을 보는 사람

마음속에 비밀을 감춘 소극적인 성격의 소유자이다.

눈을 아래로 깔고 상대방을 보는 사람

상대방을 업신여기고 타인에게 무관심하며 엉큼한 성격이다.

말투로 알아보는 성격

큰 음성으로 말하는 사람

거짓이 없고 정직하다. 지도력, 책임감, 신용도가 높다.

작은 음성으로 말하는 사람

세심한 성격을 가졌으며, 그렇기에 다소 신경질적이다. 음모를 꾸미거나 비밀이 많다.

고양이 같은 음성으로 말하는 사람

이중적이고 표리부동하다. 거짓말을 잘하기도 해서 위험한 성격이다.

너무 큰 소리로 말하는 사람

정신적으로 불안정하다. 개성이 강하고 자기주장이 센 성격이다.

무겁고 낮은 음성으로 속닥속닥 말하는 사람

생활에 찌든 사람일 가능성이 크며 기력과 체력, 생명력 약하다.

말이 빠른 사람

머리 회전이 빠르지만 경솔한 면이 있다.

입술을 내밀면서 말하는 사람

평소 불평불만이 많고, 잘못을 반성하기보다는 자기 위주로 생각하는 경향이 있다.

차분하게 말하는 사람

인내력과 신뢰감이 있다.

말하는 상대의 얼굴을 안 보고 말하는 사람

수줍음이 많고 겸손한 사람

우렁찬 목소리로 말하는 사람

표현력이 풍부하며 기분파다.

어려움에 처했을 때 상대방에게 양해를 구하면서 말하는 사람

심리 상태가 불안정하며 조급하다.

턱을 앞으로 내밀면서 말하는 사람

상대를 깔볼 때 과장하는 편이다.

턱을 안으로 당기듯이 말하는 사람

자신만만한 모습은 좋지만, 자신감이 과도하면 거만해 보일 수 있다.

말을 더듬거리며 하는 사람

성실하고 설득력 있으며 신용이 있다.

화를 내는 것처럼 말하는 사람

세심하고 내성적이며 변덕스럽다. 열등감이 강하고 사교성 없지만, 본심은
정직한 사람이다.

TIP 나의 명예운와 직장운을 알아본다.

턱　　턱이 둥글고 발달한 얼굴은 일생이 여유롭다.

이마　　이마가 훤하면 출셋길도 훤하다.

눈썹　　성격을 암시한다. 눈썹이 짙은 사람은 운동선수, 경찰, 군인형이다.

광대뼈와 뺨　　의지와 사회적인 덕을 나타내며 광대뼈가 어느 정도 솟아 있
　　　　　　　어야 성공할 가능성이 크며 뺨이 들어간 사람은 대인관계가
　　　　　　　나쁘다.

입술　　입술선이 뚜렷하고 약간 두툼한 모양이 좋다.

귀　　부처님 귀처럼 크고 두툼한 귀가 좋다.

TIP 이런 관상은 명예를 얻기 힘들다.

쉽게 놀라는 사람과는 큰일을 도모하기가 어렵다.

잘 웃지 않는 사람은 이기주의자다.

성큼성큼 약간 위로 보면서 걷는 사람 이런 경우 노총각이거나 노처녀일 확률도 높다.

미간이 좁고 눈썹이 희미한 사람

끊어진 눈썹

명궁 미간, 인당 에 깊은 세로 주름이 하나 또는 두 개 있는 사람

귀가 작고, 귓불이 약하며 귓바퀴가 들쭉날쭉한 사람

귀 윗부분이 뾰족한 사람

뻐드렁니면서 입을 뾰족하게 내밀며 말하는 사람

눈초리가 쳐지고 눈꺼풀이 늘어진 사람

눈빛이 맑지 않고 누런빛이 도는 사람 이런 경우 일확천금의 꿈을 꾸는 사람이기도 하다.

아래턱이 툭 튀어나온 주걱턱인 사람 이 경우 독불장군일 가능성이 있다.

볼에 살이 없어서 홀쭉한 사람 이 경우 서비스업에 종사하는 사람일 가능성이 있다.

코에 살집이 없거나 콧대가 휜 사람

코뼈가 계단처럼 이중, 삼중으로 요철을 이룬 사람 질투심과 자기주장이 강하기도 하다.

코끝이 뾰족한 사람 속 빈 강정일 수도 있다. [4]

---

4. 『돈과 명예를 한꺼번에 잡는 관상학』, 유화정, 예가, 2005 『관상을 알면 팔자가 보인다!』, 박일주, 좋은글, 1994 『얼굴을 보고 사람을 아는 법』, 이정환, 창작시대사, 2013

6. 면접관이 갖추어야 할 자질

1) 긍정적이고 배려가 있는 사람

- 자신과 주어진 환경을 긍정적으로 받아들이는 사람
- 어떤 상황이라도 긍정적인 방향으로 적극적으로 대응하는 사람
- 타인의 입장이나 감정을 긍정적인 관점에서 배려하는 사람

2) 계획성 있고 목표 의식을 지닌 사람

- 직장 생활이나 자신의 인생에 관해 미래지향적인 목표를 가지고 있는 사람
- 자신의 목표를 실현할 수 있는 구체적인 행동 계획들을 많이 가지고 있는 사람
- 자신의 미래에 대해 희망적인 사람

3) 사교적이고 협동적인 사람

- 자기만을 고집하지 않고 남과 함께 더불어 사는 자세로 대인관계를 소중히 생각하는 사람
- 전체의 화합과 인화 단결, 팀을 중시하는 사람
- 서로 믿고 의지하며 협조하는 자세로 생활하는 사람

4) 성실하고 책임감 있는 사람

- 모든 일에 나태하지 않고 성실한 자세로 부지런하게 일하는 사람
- 자발적이고 능동적으로 솔선수범하는 사람
- 어떤 경우든지 일이 잘 마무리되도록 끝까지 책임감 있게 행동하는 사람

5) 첫인사에 대한 판정

많은 면접관은 면접 직후 초기 단계에서 상대방에 대한 판정을 내린다. 특히 처음 4분 이내에 얻은 정보를 바탕으로 상대방을 범주화하여 판정을 내린다. 이처럼 면접 초기의 정보가 면접관에게 가장 큰 영향을 미치는 현상을, 초두효과 Primacy Effect 라고 부른다. 반대로 면접의 후반 정보가 가장 큰 영향을 미치는 현상을 최신효과 Recency Effect 라고 부른다. 두 효과 중 어느 것이 우세한지는 명확하지 않다. 어떤 면접관은 초두효과에 더 많은 영향을 받고 어떤 면접관은 최신효과에 더 영향을 받는다. 특히 부정적 정보에 관한 초두효과는 피면접자에게 비호의적인 결과를 가져온다. 즉, 피면접자가 면접 초기에 면접관에게 부정적인 인상을 주면 중반에 부정적인 인상을 주었을 때보다 나쁘게 평가될 가능성이 더크다. 또한, 면접관은 시간이 흐르면서 새로운 정보를 얻기보다는 먼저 내린 자신의 결정을 확인하고 지지하는 정보를 얻은 방향으로 질문하는 경향이 있다.

TIP 초두 최신 **효과 방지책**

피면접자에 대하여 지속적으로 관심을 기울이고 최종적인 판단은 면접이 종결된 이후로 미룬다.

6) 부정 -, + 적 정보의 효과

면접관들은 피면접자에 대한 정 + 적인 정보보다는 부 - 적인 정보를 기준으로 판단하는 경향이 있다.
즉, 많은 면접관은 눈앞에 서 있는 이 사람을 채용해야 하는 이유보다는 채용하지 말아야 할 이유를 찾는 경향이 있으며, 그러한 모습을 발견하는 즉시 해당 지원자를 떨어뜨린다. 왜냐하면 면접 결과에 대한 피드백은 훌륭한 수행 능력을 보이는 지원자보다는 문제를 일으킨 지원자에 의해 알려지기 때문이다.

7) 면접의 고정관념과 개인적인 성향

면접관은 각자의 경험으로부터 형성된 나름대로 평가 기준과 고정관념을 가지고 있다. 따라서 사전에 평가 기준을 합의해 두지 않으면 면접관들 사이에도 통일된 의견을 모으기 어렵다. 또한, 면접관의 개인적 성향도 면접자를 평가하는 데 영향을 미친다.

8) 시각적 단서의 영향

일반적으로 언어적 단서보다 외모, 예절, 복장, 몸짓 등의 비언어적 단서가 판단에 더 큰 영향을 미친다. '시각+청각'과 '청각 단서 조건' 간의 면접 평가 결과를 비교한 시험에서 두 조건의 평가가 일치하지 않았다.

9) 면접관과 피면접자의 행동이나 언어는 서로 영향을 미친다

면접은 다른 채용 절차와 달리 두 대상이 역동적으로 상호 작용하는 행위가 오간다. 면접관이 지원자를 판단할 뿐만 아니라 면접관의 언동, 태도, 면접 진행의 절차나 분위기에 의해서 기업이 평가되고 피면접자들이 기업에 대한 이미지를 형성한다.

10) 면접관은 피면접자에게 미치는 영향을 최소화한다

면접관은 지원자의 행동에 영향을 미치고 반대로 지원자의 행동은 면접관에게 영향을 미치기도 한다.

면접관이 '나도 그 말에 동의합니다.', '나는 그렇게 생각하지 않습니다.'라고 말하거나 비언어적 반응 **하품, 웃음, 찡그림, 고개 끄덕임** 을 하는 경우 지원자의 행동이나 응답에 영향을 미쳐서 지원자가 제대로 된 역량을 발휘하지 못할 수도 있다.

따라서 성공적인 면접을 치르기 위해서는 면접관이 자신들의 행동이 면접 결과에 미치는 영향을 최소화하도록 면접의 전체 과정에서 객관적인 입장으로 오직 평가에만 전념해야 한다.

11) 면접관과 피면접자 간의 유사성

면접관의 신념. 가치관. 태도. 생활 배경이 피면접자와 유사할수록 좋게 평가하는 경향이 있다. 왜냐하면, 대인 매력에 관한 이론에 따르면 사람은 자기와 유사한 사람을 좋아하는 경향이 있기 때문이다.

12) 대비효과

바로 직전에 면접한 사람과 대비해서 다른 사람에 대한 판단을 내리는 경향이 있다. 다른 지원자들과 비교를 하며 상대적으로 평가하지 말고 정해진 기준에 근거하여 절대적인 평가를 해야 한다.

13) 후광효과

피면접자의 한 가지 좋은 점 혹은 나쁜 점을 발견하면 나머지도 모두 좋게 또는 나쁘게 평가하는 경향이 있다. 각 평가 항목에 대해 독립적으로 평가하도록 한다.

14) 관대한 오류 엄격성

면접관에 따라 전반적으로 모든 지원자에게 후한 또는 박한 점수를 준다. 한 명의 지원자에 대해 여러 면접관의 점수가 합산되도록 한다.

15) 중앙집중 오류

지원자에 대한 판단이 어려울 때 모두 중앙에다 평가하는 경향이 있다. 피면접자에 대해 모든 평가 항목에서 중앙에 평정한 면접관의 평가 결과는 면접관의 최종 점수 합산에서 제외한다.

16) 인간의 수행에 대한 이해

① 면접에서 평가하고자 하는 평가 요소가 무엇인지를 명확히 하고 평가 요소에 대하여 면접관 사이에 어느 정도 일치된 의견 Consensus 을 형성한다. 즉, 회사에서 필요로 하는 바람직한 인재상을 이해하고 이에 근거하여 평가한다. 배제해야 할 사람은 어떤 사람인지를 분명히 한다.
② 면접에서 알 수 있는 것만을 평가한다.
   즉 능력보다는 태도 및 성품에 초점을 두고 평가한다.
③ 평가할 항목에서 어떤 응답에 좋은 평가를 할지 명확히 한다. 구조화된 면접을 실시한다.

④ 면접자가 범하기 쉬운 판단 오류의 종류와 오류가 일어나는 원인, 방지할 방법을 찾는다.

면접 진행 시 유의 사항

· 가능하면 '예', '아니오'로 대답할 가능성이 있는 유형의 질문은 삼간다.

· 가장 중심이 되는 질문은 면접관이 분담하여 질의하는 것이 좋다. 각자 맡은 중심 질문을 던지면 다른 면접관들은 관련된 주제에 꼬리를 물 듯 질의를 던지며 지원자의 성향을 파악한다. 지원자들은 면접 초반에는 긴장감으로 인해 방어적인 태도를 보이지만, 계속해서 파고드는 질문을 한다면 자신의 성격을 노출할 가능성이 크다.

· 되도록 지원자의 주변 정보는 배제하고, 있는 그대로 면접장 내에서 파악할 수 있는 자료로만 판단한다.

· 각 지원자의 최대 장점과 최대 약점이 무엇인지를 파악하도록 노력한다.

· 평가 항목에 대하여 평가할 때 되도록 독립적으로 평가하도록 노력한다.

· 면접관은 초지일관 객관적인 자세를 유지해야 한다. 즉, 피면접자의 응답에 대해 개인적 호감이나 불쾌함, 또는 찬성이나 반대를 표현하는 언어적, 비언어적 표출은 삼가는 것이 좋다.

· 면접에서 알아볼 수 있는 것만 질문하고 평가한다.

· 피면접자들이 면접에서 면접관에 의해 회사에 대한 인상을 형성한다는 것에 유념하여 좋은 기업 이미지를 주도록 노력한다.

면접관이 준비해야 할 사항

- **Knowledge** 지식

  회사 채용 전반에 대한 프로세스 이해 서류 전형, 인적 및 적성 사항, 면접
  채용 시 차별 금지 및 채용 절차의 공정성, 역량면접 BEI 설계 방법 이해

- **Skill** 기술

  구조화된 역량 검증 질문 기술, 관찰 기록 분석, 평정·합의하는 평가 기
  술, 면접 운영기술

- **Attitude** 태도

  지원자 존중 및 배려, 전문가적 행동 평가 오류 범하지 않기 , 우수 인재 선발
  에 대한 사명감 및 책임

면접관의 금기 사항

인상으로만 상대를 판단하거나 평가하는 것을 주의 후광효과, Halo Effect .
언변에 속지 말아야 한다. 본인의 기준에 근거하여 평가하지 말아야 한다.

면접관의 자세

- **면접 분위기 조성**

  응시자와 간단한 인사를 교환한다.
  자세를 바르게 하며, 턱을 괴거나 머리 긁거나 지루해하는 등 면접관의 품
  위에 손상이 가는 행동을 삼가야 한다.
  응시자의 이름이나 간단한 신상에 관한 질문을 하며, 응시자가 쉽고 유쾌
  하게 대답할 수 있는 분위기를 형성해야 한다.
  응시자가 자유롭게 자신의 생각을 이야기할 수 있도록 편안하게 분위기를
  형성해 주어야 한다.

- **면접관의 질문 태도**

  면접관의 질문을 응시자가 확실히 이해할 수 있도록 가능한 한 쉽고 명확한 단어를 사용해야 한다.

  면접관은 지나치게 많은 말을 해서는 안 된다.

  응시자의 인격을 모독하는 질문은 삼가야 한다.

  응시자가 질문을 확실히 들을 수 있도록 적당한 크기와 발음으로 질문하여야 한다.

  응시자 개인의 사적인 문제에 관한 질문은 삼가야 한다.

  응시자를 얕보는 투로 질문해서는 안 된다.

  면접관이 위압적이거나 권위적인 태도로 응시자에게 질문을 던지지 않도록 한다.

- **지원자의 발표를 듣는 태도**

  응시자가 말하는 내용에 대하여 긍정 또는 부정하는 의사 표시를 하지 않는다.

  면접관은 정중한 태도를 지녀야 하며 응시자가 말하는 것에 진지하게 관심을 보여 줘야 한다.

  응시자가 질문 내용을 다시 물어본다면 친절하게 질문을 반복해 준다.

  응시자보다 더 많은 말을 하지 않도록 한다.

  응시자의 이야기를 듣고 면접관들끼리 서로 이러쿵저러쿵 이야기하지 않도록 한다.

- **평가에 임하는 자세**

  면접관의 사적인 감정이나 태도가 평가에 반영되지 않도록 한다.

  가능한 한 표준화된 판단 기준에 근거하여 평가하도록 노력한다.

  매번 응시자가 해당 질문에 대해 답변한 내용에 근거하여 평가하도록 한다.

  현재 응시자를 이전 응시자와 비교하는 것은 되도록 삼가야 한다.

- **면접의 종결**

  "면접에 응시해 주셔서 감사합니다."라는 말과 함께 면접이 끝났음을 알린다.

  하고 싶은 이야기나 질문이 있는지 들어 본다.

  다른 응시자에게 질문 내용을 이야기하지 않도록 주의한다.

  '수고했다.'는 말과 함께 응시자를 퇴소시킨다.

2. 자기 관리 잘 하는 법

1. 인맥 관리에 시간을 투자하라

　　필자는 회사에 근무하면서 저녁 시간을 이용하여 인맥을 쌓기 위해 포항공과대학교 PAMTIP 과정, 동국대학교 AMP 과정, 울산과학기술대학교 UNIST 과정 최고경영자과정 을 수료하였다.

　이유는 이 사회를 혼자서는 살아갈 수 없다. 잘생겼든지 못생겼든지 지식이 많든지 적든지 혼자 힘으로 살아갈 수 없다. 누구나 누군가의 도움을 받고 또한 내가 능력이 된다면 상대방을 돕고 사는 게 이 사회의 순환고리다.

　3개 대학교의 최고경영자과정을 수강하면서 등록금과 시간이 문제이지만 무엇보다도 수강 중에 경제인, 대학교수, 전문위원, 교육감, 국회의원, 의사, 변호사, 검사, 부대장, 시장, 금융권 인사 등 다양한 분야의 전문가들을 만나고 그분들의 성공담과 강점을 듣고 이해하고 때로는 벤치마킹하여 내 것으로 만들고 어려운 일이 발생하였을 경우 전문가인 동기생들에게 부탁하면 전화 한 통화로 모든 게 해결된다. 발품을 팔지 않고 문제를 해결할 수 있어서 너무나 좋고 그게 인연이 되어 지금도 그분들과 모임을 갖고 있다. 물론 내가 도움을 드린 것보다는 도움을 받은 게 훨씬 많다.

　물론 최고경영자과정을 수강하면서 대학에서 얻지 못한 새로운 지식과 전문 강사를 서울에서 초빙하여 새로운 지식과 정보를 얻고 부부 특강 등의 강의를 통해 부부간의 갈등도 해소하고 부인의 고마움도 아는 기회가 되었다.

폭넓은 교류는 나에게 유머를 잃지 않게 하고 편견에 사로잡히지 않게 한다. 또한, 인생을 따뜻한 시선으로 바라보게 하고 공감대를 확장하고 그들의 정서를 흡수함으로써 사람이 빠지기 쉬운 사고의 경직을 방지해주는 것 같다. 지금이라도 망설이고 주저하는 사람이 있다면 가까운 지역의 대학 문을 두드려 최고경영자과정을 수강하기를 추천한다.

울산대학교 김재균 교수가 사석에서 이런 이야기를 한 적이 있다. A와 B라는 제자가 있었는데 동일학부에서 전공과목 이수 후 사회인이 되었는데 재학 시절 A는 공부를 잘하고 성적도 매우 우수하여 대기업에 취업이 될 것이라 믿었다고 한다. 그러나 운이 없어서인지 A는 대기업이 아닌 중소기업에 취업했다. 반면에 B는 학교 성적은 중간 정도였으나 졸업과 동시에 대기업에 취업하였다고 한다.

그리고 세월이 흘러 5년이 지난 후 두 명과 함께 식사하게 되었는데 두 사람의 인생관이 너무나 역전되어 있는 모습에 놀랐다고 한다. A는 중소기업에서 여러 종류의 일을 하게 되었고, 다방면으로 많은 전문지식을 습득했지만 기본적인 예의나 업무의 표준이 부족한 느낌을 받았고, 반면에 B는 대기업에서 표준화된 업무 프로세스와 전문적인 업무 교육을 통해 완전히 규격화된 모습으로 변해 있었다고 한다. 이런 모습을 보면서 김 교수께서는 왜 제자들이 대기업을 선호하는지를 알게 되었고, 인간관계 측면에서는 중소기업에 다니는 제자가 훨씬 인간미가 있었다고 하였다.

대기업은 한 종류의 업무를 주로 하게 되고 연봉도 높은 것도 사실이고 정기적으로 인성교육과 업무 교육을 실시하기 때문에 사람이 변한 것은 당연하다. 그렇다고 중소기업에 취업한 A라는 제자가 문제가 있다고 하는 것도 아니고 중소기업이 문제가 있다고 하는 것도 아니며 일단 두 명의 제자를 학교 시절과 사회인으로 살아가는 모습을 비교한 것뿐이다.

졸업 후 교수님을 찾아오는 사람들은 재학 시절 공부를 잘하는 학생보다 보통의 실력과 말썽꾸러기 아니면 종종 지각을 많이 하는 녀석들이 찾아와 넉살도 부리고 밥도 함께 먹자고 한다고 하셨다. 공부를 잘하고 일류 대학에 진학한 녀석들은 항상 무엇인가 부족하여 목말라하고 분초를 아끼느라 정신이 없다는 것이다. 그럴 때면 이해를 하면서도 서운하고 씁쓸한 마음이 든다고 하셨다. 특히나 명문 대학 졸업자 중에 학식과 지식은 풍부하지만, 인간성의 부족과 사람의 매력이 없고 사회에서 별로 환영받지 못하는 사람들이 제법 많다는 것이다. 즉, 자기가 제일 잘났고 잘 나간다는 식이다. 그러니 인간미가 없을 수밖에 다른 도리가 없다.

　대기업의 인사 담당자들도 성적이 좋은 사원 중에는 자신만 알고 동료에 대한 배려가 전혀 없는 사람이 많다고 한다. 즉, 사회성이 부족한 것이고 경쟁에서 이기는 습관이 몸에 배어서 그런 것이다. 우리는 대부분 사회생활을 하면서 잊고 지내는 분들이 종종 있다. 바쁘다는 핑계겠지만 직장 생활도 중요하고 사회생활도 중요하다. 가끔은 은사님들을 찾아뵙고 안부를 여쭙는 것도 삶의 지혜가 아닐까 생각을 해 본다.

　미국의 힐러리 로댐 클린턴은 자신의 자서전인 『살아 있는 역사』에 빌 클린턴 전 대통령과의 사랑 이야기, 영부인으로서 삶, 세계인이 주목하는 인맥 관리의 중요성을 기술하고 있다.

　영부인 시절에 배운 중요한 교훈 가운데 하나는 세계 무대에서의 외교 정책이 리더들끼리의 개인적인 관계에 의해서 결정된다는 것이다. 세계인의 삶을 바꿔 놓을 수 있는 중요한 정책들이 친분 관계에 의해 결정되는 것이다. 한편으로는 충격적인 일이지만 다른 한편으로 생각해 보면 지극히 당연한 일이고 세상의 모든 일은 인간의 마음을 거친 뒤에 최종적으로 결정된다는 것이다.

　독불장군은 성공할 수가 없다. 고독한 시간과의 싸움을 인내해야 하는 예술가라 할지라도 성공하기 위해서는 음과 양으로 도와주는 사람이, 물

심양면으로 도와주는 사람이 있어야 한다. 수많은 사람의 손을 거쳐서 일을 성사시켜야 하는 사업가라면 두말할 필요가 없다.

🔵 TIP 인맥 관리의 중요한 5가지

1. 정보의 습득

대인관계를 위해서 중요한 정보를 선정하거나 취합하면 많은 돈을 모을 수가 있다.

2. 원만한 직장 생활

인간관계 관리를 잘하면 직장 생활이 즐겁고 하루가 어떻게 지나는지를 모른다. 승진도 순조롭고 협력사와의 관계도 원만해져서 상호 간에 얼굴 붉힐 일이 없다.

3. 미래에 대한 투자

인생사 새옹지마라고 살다 보면 어려울 때가 있게 마련이다. 어려울 때 고민하지 말고 도움을 청하고. 곤경에 처한 친구도 손을 내밀면 일종의 보험이라고 생각하고 도와주자.

4. 헌신적인 이득을 위해

직장에서 성공하고 싶거나 사업해서 성공하고 싶다면 대인관계에 각별히 신경을 쓸 필요가 있다.

5. 행복한 삶

친구가 많은 사람이 삶에 대한 만족도가 높다. 현직에 있을 때는 물론이고 퇴직 이후에도 친구가 많은 사람이 그렇지 않은 사람보다 고독함이 적고 안정된 삶을 영위하고 오래 산다고 한다.

어느 교수님 이야기인데, 권위적인 태도라곤 찾아볼 수 없는 분이었다고 한다. 그분은 시간이 있을 때마다 학생들과 운동도 같이하고 대화를 많이 나누신다고 하셨다. 그분과 함께 출장을 가서 업무를 하고 있는데 핸드폰 벨이 계속 울리는 것이다. 얼른 받아 보시라고 했더니 금세 얼굴이 빨갛게 상기 되시는 게 아닌가. 통화 내용은 학생에게 온 전화로 지금 농구 게임을 하고 있는데 교수님이 안 계셔서 게임에서 지고 있다는 내용이었다. 이런 제자에 이런 스승이라면 우리의 삶이 정말로 멋지지 않겠는가?

누구나 이런 삶을 만들 수는 있다. 그러나 이런 것은 마음 밑바탕에서 진정으로 이해하고 배려하고 노력을 해야만 가능한 일이다. 말은 쉽지만 실천하기란 정말로 어려운 일이고 평생에 걸쳐 수행해야 하는 숙제다. 평범한 것 같지만 그 작은 마음의 씀씀이가 사람과의 관계에서 큰 위력을 발휘하고 그 사람을 더욱더 존경하고 높게 보이게 한다.

내가 먼저 상대방을 이해하고 배려하면 상대방도 나를 이해하고 고마워하는 마음이 생기기 마련이다 인지상정 아니겠는가? 그래서 서로에게 진정한 감동을 주고 끈끈한 인간관계가 인맥 형성에 크게 기여한다고 본다.

그러다 보니 다양한 사람들을 만나 부대끼며 많은 사람의 도움과 협력으로 일을 성사시켜내는 데는 지식이나 학력보다는 마음을 움직이는 능력이 더 중요한 것이다.

그리고 명문대 출신자가 모두 성공으로 이어지는 것은 아니고 대부분 개인의 실력으로 하는 연구소나 대학에서 학문에 전념하는 분들이 많다. 지방대학을 나와서도 좋은 평가를 받고 훌륭한 인재가 되어 성공한 사람도 많다. 이런 분들이야말로 인간미 넘치는 성공한 기업가가 아닐까 싶다.

성공한 사람들과 대화하다 보면 학식과 지식으로 포장되어 있지만, 왠지 자연스럽지 못한 뭔가 개운치 못한 경험을 가끔 보게 되고 이럴 때면 자기를 내세울 때는 뛰어나지만 상대방을 배려하는 마음이 부족한 사람들이 아닌가 싶다. 요즘 젊은 세대들의 이야기로는 재수 없다는 표현이 맞을 듯하다.

명문 대학을 졸업하고 재학 시절 노래방이나 운동 경기 한번 안 해 보고 사회로 진출한 학생은 대부분 해박한 이론과 전문지식의 달인일 수 있어도 가정 생활을 하면서 부인에 대한 배려가 부족하고 자신밖에 모르는 사람이 의외로 많다고 한다. 그러다 보니 이런 분들이 미인을 찾고 실력자를 찾아 결혼해도 결혼식장에서 소개는 좋을지 모르나 그 순간이 지나고 결혼 생활은 오래도록 지속하지 못하고 이혼을 하는 경우가 종종 있다. 이런 것을 보면 능력은 있으나 인간적인 매력이 없고 상대를 배려하는 마음이 없어서 그렇다고 본다. 사회적으로 성공한 사람도 가정이 평탄치 못하면 무슨 행복을 느낄 수가 있겠는가? 가정이 평안하지 못하면 자연히 사회생활도 지장을 받게 되는 것이고 마음도 평온할 수가 없다.

결론은 실력도 좋고 인간성이 좋은 사람이 인격을 갖추고 타인을 배려할 때 성공의 길로 갈 수 있다고 본다.

인맥의 중요성의 예를 들어 보겠다.

김우중 전 회장은 평범한 샐러리맨으로 사회생활을 시작했다. 하지만 그는 돈이 아닌, 물려받은 부친의 인연 덕을 봤다. 그가 자본금 500만 원으로 시작해 훗날 삼성과 어깨를 견주는 기업으로 대우그룹을 성장시키는 데에는 그의 아버지 김용하 전 제주도지사와 박정희 전 대통령의 관계가 다리가 됐다. 박 전 대통령은 김 전 지사의 대구사범학교 제자였다.

그 끈을 바탕으로 박 전 대통령은 김 전 회장이 사회생활을 시작할 때 멘토 역할을 했다. 박 전 대통령의 아들인 박지만 EG 회장이 지난 2019년 12월 11일 김 전 회장의 빈소를 찾아 김우중 전 회장은 아버지 박정희 대통령이 너무 좋아했던 기업인이라 자주 뵀다고 말했던 것도 그런 맥락이다. 정부의 수출 진흥 정책과 중화학공업 육성 정책에 힘입어 대우그룹이 외연을 확장했던 것도 익히 알려진 사실이다. 한강의 기적이라는 고속성장 속에서 김 전 회장의 공로를 말할 때, 정경유착의 고리를 그 빛에 감춰진 그림자로 꼽는 게 이런 이유다. 한국 경제 발전 초창기에 혜성같이 나타나 홀로 기업을 일군 개척자이지만 변화하는 시대 속에서도 시스템이 아니라 개인이 끝까지 기업을 끌고 나갔던 것이 문제였던 것 같다고 하였다.

여기서 우리는 선택할 수 있다. 아이러니하게도 생전 김 전 회장이 강조했던 "두려워 말고 새로운 길을 찾아라. 세계는 넓고 할 일은 많다."라는 말처럼 말이다. 그의 굴곡진 삶을 보면서 어느 입김에도 휘둘리지 않고 경영의 정도를 걷는 길을 배울지, 시스템이 아닌 관계에 의존한 정경유착이라는 지름길을 배울지 선택은 남아 있는 우리의 몫이다.

닿아 있는 인연 중에서 다국적 기업을 운영하는 사람이 있다. 그는 미국 유학 중 빨리 학위를 받고 사회에 진출하기보다는 학교 재학 중 학점의 취득을 최대한 늦추어 공부량을 줄이고 정치가 자녀. 대기업 자녀 등을 대상으로 인맥 형성에 노력한 결과 수많은 명함은 인맥을 형성하는 지도 역할을 했다. 명함을 주고받는 사람들에 관심과 정성을 기울였다. 한낱 종잇조각에 불과하지만, 가끔 궁금할 때쯤 전화로 안부를 묻고 기쁜 일이나 슬픈 일에 관심과 위로의 말을 전하기도 하며 인맥을 쌓아갔다.

또 하나 에피소드는 외판원 중 화재로 집을 몽땅 잃은 와중에도 고객 명부만을 들고나온 세일즈맨이 있었다는 것이다. 이것을 보고 주변의 지인들은 어처구니가 없다는 반응을 보였지만 그는 의기양양하게 말했다.

"천 개의 명함이 있으면 생활방식도 잃을 게 절대 없다."

인맥이 얼마나 중요한 것인가를 단편적으로 보여 주는 이야기이다. 그 명부는 오랜 시간과 공을 들인 소중한 자산이었던 것이다.

미국 하버드대학 MBA 경영학 석사 과정 출신의 CEO들에게 다음과 같은 설문을 하였다. "비즈니스에서 성공하기 위해 가장 중요한 조건은 무엇인가?"

이 질문에 '인간관계'라는 답변이 85%로 가장 높은 비율을 차지했다. 업무 능력이나 기술은 15%에 그쳤다.

인맥도 고려하여 사람을 사귈 때도 신중할 필요가 있다. 사기꾼이나 거짓말쟁이 등은 멀리해야 한다. 인간관계에서 무엇보다 중요한 것은 인품과 인성이다. 의리를 지키는 사람, 신뢰할 수 있는 사람과 꾸준한 관계를 유지하고 정성으로 관리해야만 진정으로 소중한 인맥이 형성되는 것이다. 그러니 부모들이 자녀를 명문 사립 유치원에 보내기 위해 새벽부터 줄을 서서 번호표를 받고, 특목고에 보내기 위해서 동분서주하고, 명문 대학에 보내기 위해 수많은 노력을 하는 것은 인생에 도움이 되는 인맥 형성이라는 주제와 일맥상통하는 부분이다. 명문 대학에 입학하여 주변의 좋은 인맥 관리, 사업, 결혼과 같은 일련의 과정은 정치인을 위해서가 아닐까 문득 생각하게 된다. 이렇듯 명문 대학에서 국회의원 자녀나 대기업 자녀들을 만나 자연스럽게 인맥을 형성한다면 그것은 미래에 대한 투자일 것이다. 그래서 인맥 관리가 중요하다는 것이다.

인맥 관리는 서로에게 진정한 감동을 주고 끈끈한 인간관계가 인맥 형성에 크게 기여하여 상호작용이 되면 상호 간에 도움의 바이러스가 형성된다. 인간관계가 직장 생활에 큰 영향을 미친다. 직장 내에 긴밀한 우정을 나누는 동료가 있으면 직장에 대한 만족도가 50% 상승한다. 그리고 그런 경우 앞으로 직장 생활이 더 행복해질 것을 예측한다.

갤럽 조사에서는 직장에 단짝이 있는 직원은 업무에 완전히 몰입할 가능성이 7배 이상 높은 것으로 나타났다.[5]

---

5. 『아는 사람의 힘 The Connector's Advantage 』, 미셸 레더맨, 유노북스, 2019

▶ 포항공과대학교 장학금전달   ▶ 동국대학교 발전기금 전달식

2. 마시멜로 15분의 인센티브

　　미국 스탠퍼드 대학의 월터 미쉘 박사는 이른바 마시멜로 실험
을 통해 놀라운 사실을 발견했다.

　마시멜로는 오래전 프랑스에서 마시멜로라는 식물의 뿌리에서 추출한
에센스에 설탕, 꿀, 시럽, 흰자, 천연 검 Gum 을 더해 만들었다는 약제를
의미한다. 마시멜로는 아이와 어른이 모두 좋아하는 달콤한 간식의 대명
사다.

　스탠퍼드대학에서 600명의 아이를 대상으로 아주 재미있는 실험 하나
를 했다. 연구원들은 실험 대상이 된 아이들을 각각 방에 혼자 있게 한 다
음, 마시멜로를 하나 주고 15분 동안 마시멜로를 먹지 않고 기다린다면 마
시멜로를 하나 더 주겠다고 약속했다.

　어떤 아이들은 마시멜로의 달콤함을 이기지 못하고 하나의 마시멜로를
먹었지만, 또 어떤 아이들은 2배의 달콤함을 위해 15분이라는 긴 시간을
참아냈다.

　10년 후 600명의 아이 중 일부를 찾아내어 그들의 사회 적응력을 살펴
보았더니, 15분을 참아낸 아이들이 15분을 참지 못한 아이들보다 스트레
스를 조절하고 통제하는 능력과 사회성이 뛰어난 청년으로 성장한 반면

15분을 견디지 못하고 마시멜로를 먹은 아이들은 자기감정을 주체하지 못하는 청년으로 성장하였음을 증명하게 되었다. 즉, 15분을 기다린 아이가 대인관계가 원만하고 학업 성취도도 뛰어나다는 것이다.

어렸을 때 이 실험에 참여했던 한 회사의 사장 조나단은 이 실험에서 느꼈던 교훈을 바탕으로 그의 성공을 일궈낸다. 그가 찾아낸 교훈은 바로 작은 인내와 기다림 하나하나가 성공의 밑바탕이 된다는 점과 계획과 계획을 통한 실천이 성공의 가장 중요한 과정이 된다는 것이다.

그는 하루하루 기분 내키는 대로 마시멜로를 먹고 사는 자신의 운전기사 찰리에게 그를 성공으로 이끈 방법들을 가르쳐 주기 시작한다. 조나단은 찰리에게 눈앞의 이익을 위해서 회사의 상품을 분할 판매하기보다는 힘들지만 한꺼번에 판매해 직접 수익 외에 부가이익을 얻어 내는 모습으로 순간의 유혹을 이긴다면 눈부신 성공을 볼 수 있다는 교훈을 가르쳐 주었다.

그리고 순간의 즐거움 때문에 아버지와 약속을 지키지 않은 아룬 간디와 그 잘못을 꾸중하기보다는 스스로 깨우치도록 한 그 아버지의 모습으로 감동을 통한 설득이 얼마나 가치 있는지를 보여 주었으며, 경기하기 전 항상 코트의 상태를 점검하던 농구선수 래리 버드와 남들이 하기 어려워하는 포지션을 도맡은 호르헤 포사다를 통하여 성공을 위한 의지와 실천이 얼마나 중요한지를 보여 주었다.

또, 이 사회는 먹고 먹히는 경쟁 사회라는 것을 인식하고 어떤 일을 결정하기 전 30초 더 생각하는 '30초 규칙'을 정해 성공을 이끈 조나단 자신의 이야기를 통해 앞서 나가려고 노력하지 않는 자는 누군가에게 잡아먹힐 수밖에 없다는 사실과 어떤 일을 결정할 때는 신중해야 한다는 교훈을 주었다.

찰리는 조나단의 말을 듣고 하루 벌어 하루 먹고 사는 자신이 여태까지 얼마나 무능하게 살아오고 있었는지를 절실하게 깨닫게 된다. 그리고 미래를 위해 돈을 모아 대학교에 가기로 계획을 하고 그 계획을 실천으로 옮겨 조나단의 운전기사에서 벗어나 대학교에 입학 허가를 받고 자신을 위해 살아가기 시작한다.

인내는 쓰지만 그 열매는 달콤하다는 사실을 하지만 알면서도 당장 눈앞의 유혹에 쉽게 굴복되기 마련이다. 우리가 제대로 알고 있는 것만 올바로 실천한다면 성공은 저 멀리 있는 것만은 아닐 것이다.

🅣🅘🅟 내 인생의 마시멜로 5단계 계획

1. 내가 변화하기 위해서는 무엇이 필요한가?

눈앞의 마시멜로를 먹어치우지 않으려면 무엇을 어떻게 바꾸어야 하는지 생각해 보라.

2. 나의 장점과 단점은 무엇인가?

내가 잘하는 것은 무엇이고 개선해야 할 점은 무엇인지 객관적으로 판단하라.

3. 궁극적으로 이루려는 목표는 무엇인가?

적어도 다섯 가지 목표를 순서대로 정하라. 그리고 목표에 도달하기 위해서 해야 할 일을 적어라.

4. 목표를 달성하기 위한 계획이 있는가?

목표를 위한 계획을 세워라. 계획이 없으면 목표를 달성할 수 없다.

5. 계획을 행동으로 옮기기 위해서는 어떻게 해야 하는가?

사소한 것이더라도 구체적으로 정리하라.

미국 캘리포니아 황금광 시대에 자신의 전 재산을 투입하여 광산을 구매한 남자가 있었다.

그는 수개월 동안 광산을 팠지만 아무것도 발견하지 못하였다. 마침내 그의 인내는 한계에 도달하였고 낙심하여 황금 찾는 것을 포기하고 그 광산을 다른 사람에게 헐값에 팔았다. 몇 년 뒤 광산의 새 주인은 광산에 황금이 있는지 찾아보았다. 이들은 이전의 광부가 굴을 파다 버리고 간 녹슨 곡괭이와 랜턴 등이 있는 장소를 발견하였다. 그들은 땅을 파기 시작하였고 얼마 안 되어 황금을 발견할 수 있었다. 이들은 단지 15cm만 더 팠을 뿐이다. 즉 예전의 광부가 인내를 갖고 15cm만 더 팠더라면 황금을 발견할 수 있었을 텐데….

우리의 삶에서도 이처럼 너무도 일찌감치 쉽게 포기하고 절망하는 모습을 자주 보게 된다. 우리는 실패의 기미만 보이면 그냥 포기하고 절망한다. 안타까운 일이 아닐 수 없다. 자신의 생각과 감정을 조절하고 이를 통합하여 말이나 행동으로 표현하는 능력을 길러야겠다. 나의 행복과 성공은 의지력에 달려 있다. 꿈꾸는 일이 있거든 당장 지금 추진하자, 대담함 속에는 재능의 힘과 기대가 깃들어 있다. 어떠한 일도 당장 이루어지는 것은 없다. 불굴의 집념으로 목표를 향해 전진하자.

2020년 인도에서 법인장으로 근무할 당시, 현지에서 만난 후배이자 한국에 진출한 모 회사의 오부장이 있었는데 이공계 출신이 아닌데도 불구하고 인도에서 생산·기술적인 아이디어가 많아 공장의 레이아웃을 변경하여 투입되는 인원을 대폭 줄이고 생산성은 배로 증가시키는 역할을 많이 하였다고 한다. 그분은 한국에서 근무할 당시 회사에 노조를 설립하고 노조 활동을 극심하게 하는 위원장 역할을 하여 회사에 상당한 손실을 입힌 것 같다. 그 이후 회사의 노조를 없애고 상급단체의 압력을 많이 받았다고 회상하면서 현재 56세로 적지 않는 나이인데 직급은 부장이며 연봉은 상무·이사급의 연봉을 받고 있다고 하였다. 그러면서 상급자는 자기의 노력과 아이디어로 성과를 내어 본사 보고 후 매년 승진을 거듭하지만 자기는 승진을 못 한다고 속상해하였다.

그래서 필자는 이렇게 이야기하였다. 이왕 노동운동을 하기로 마음먹었으니 최소 민주노총이나 한국노총 같은 상급단체의 위원장을 목표로 삼았다면 지금쯤 정치권에 발을 들여 국회의원이 되었을지도 모를 일이라고 말이다. 결과적으로 생각해 보면 첫 단추가 잘못 끼워졌고 노동운동에 발을 넣지 말았어야 했다. 한 번의 실수는 영원히 족적에 기록으로 남아 지울 수 없고 그 기록을 아예 만들지 말아야 직장 생활을 오래 그리고 제대로 할 수 있다고 조언하였다. 젊은 나이에 범했던 한 번의 실수가 직장 생활을 하는 동안 씻을 수 없는 오점으로 남아서 발목 잡을 생각을 하니 한편 마음이 아프고 안되었다는 생각도 든다. 이후로 그는 매년 승진 시즌마다 스트레스를 많이 받았고, 그로 인해 잦은 폭음을 일삼아 몇 번이나 병원 신세를 졌다고 한다.

그러나 어찌하겠는가. 그는 지금 기술에 대한 능력을 인정받아 회사로부터 상무급 연봉을 받고 있으니 그것을 그나마 위안으로 삼고, 남들에게 보여줄 직위는 덮어 두고 인내해야 하지 않겠는가? 지금의 상황을 바꿀 수 없다면 열등감에서 탈출해야 하고 태도 Attitude 를 180도 바꿔야 한다.

마시멜로 이야기처럼 그는 15분을 참지 못한 어린이와 같은 결과를 낳은 것이다. 마시멜로 시험에 참여한 어린이들처럼 15분만 참았다면 더 많은 보상을 받았겠지만, 15분이라는 벽을 넘지 못했기 때문에 인센티브를 받지 못한 것이다. 오 부장처럼 노조 활동이 승진에 장애가 될 줄 미리 알았더라면 처음부터 관리자의 길을 묵묵히 걸었을 것이고, 황금 광산에서도 15m만 더 팠더라면 지금의 이런 아픔과 손실은 없었을 것이다.

15분을 **못 참은** 아이
싸움에 말려듦
성적이 비교적 떨어짐
충동적인 성격

15분을 **참은** 아이
SAT 평균점수 높음
작업적 성취도 성공적
문제해결능력 우수
계획수행능력 우수

3. 큰 숲을 보고 일하자

1) 벽돌공의 일화

　　한 철학자가 건축 공사장에서 한창 동일한 일을 하는 인부 세 명에게 "지금 무엇을 하고 있나요?"라고 물었다. 첫 번째 "인부는 벽돌을 쌓고 있습니다."라고 대답하였다. 두 번째 인부는 "벽을 쌓고 있어요."라고 대답했으며, 세 번째 인부는 생기 넘치는 표정을 지으며 "성당을 짓고 있어요."라고 대답하였다. 이 세 명의 인부 대답을 듣고 철학자는 세 명의 미래를 다음과 같이 정리하였다.

첫 번째 대답한 인부는 눈앞에 벽돌만 보고 있으므로 한평생 벽돌만 쌓다가 인생이 끝날 것이며, 두 번째 인부는 벽의 크기만큼 보았으니 제조 공장의 공장장이나 기술자까지는 발전할 가능성이 있고, 세 번째 안부는 엄청난 잠재력을 가지고 크게 성공할 것이라고 예언하였다. 그는 아직 완성되지 않은 성당을 미리 보았기 때문이다. 우리는 눈앞의 것을 보는 것은 누구나 할 수 있다. 그러나 우리가 필요한 것은 전체를 보는 안목이다. 물론 그 자체를 이루는 하나하나는 중요한 요소이다. 하지만 눈앞에 있는 것에만 급급하다 보면 완성된 전체 모습을 그려 볼 수가 없다.

수목원의 나무는 누구나 볼 줄 안다. 그러나 나무를 본 사람 모두가 숲을 볼 줄 아는 것은 아니다. 첫 번째나 두 번째 인부들에게 벽돌과 벽은 큰 의미를 만들어 내지 못했다. 그렇기 때문에 그들은 단지 벽돌 쌓는 일에만 집중할 뿐이다. 반면 세 번째 인부에게 성당은 그가 완성해야 할 최종 목표이자 많은 사람을 위한 결과물이다. 그래서 그는 기쁘게 그 일을 할 수가 있다. 이렇듯 통합적 관점은 우리의 생각과 정서를 엮어 행동으로 나타내기 위하여 중요한 구실을 한다. 통합 능력은 머리와 뇌의 기능과 관련이 있다.

2) **철강왕 카네기의 일화**

　　세계 제일의 경영자이자 엄청난 부호로 이름을 알린 철강왕 카네기의 일화다. 카네기의 사무실 한편 화장실 벽에는 어울리지 않고 볼품없는 한 폭의 그림이 걸려 있다. 그것은 유명한 화가의 그림도 아니고 그렇다고 그림 솜씨가 뛰어난 작품도 아니었다. 그림 속에는 그저 커다란 나룻배에 노 하나가 아무렇게나 놓여 있을 뿐이다. 그러나 카네기는 이 그림을 보물처럼 소중하게 아꼈다고 한다. 이유는 무엇일까?

카네기는 춥고 배고팠던 청년 시절에 그 그림을 만났다. 그리고 그 그림 속 나룻배 밑에 화가가 적어 놓은 다음 글귀를 읽고 희망을 꿈꾸었다고 한다. "반드시 밀물은 들어오리라. 그날 나는 바다로 나가리라." 카네기는 이 글귀를 읽고 밀물이 밀려올 날을 기다렸다. 비록 춥고 배고픈 나날이 연속이었지만 그 글귀는 카네기가 시련을 극복하는 데 원동력이 되어 주었다. 그리고 마침내 세계적인 부호가 된 카네기는 자신에게 용기를 심어준 나룻배 그림을 고가에 구매하여 화장실 벽에 걸어놓은 것이었다.

"우리에게도 카네기처럼 반드시 밀물이 밀려올 것이다."라고 마음속에 커다란 꿈을 꾸고 확신을 가져야겠다. 바다로 나아갈 준비를 하자. 바로 지금부터! 배움에는 평생이 걸린다. 어디를 가나 좋은 스승이 있지만 어떻게 살아가야 할지를 제대로 배우려면 평생이 걸린다. 역사를 장식한 수많은 위인도 삶을 마감하는 순간까지 제대로 사는 법을 배우지 못했다고 고백하며 세상을 하직했다.

　　어느 날 갑자기 찾아오는 인생의 마지막 날까지 배우기를
　　게을리하지 마라.

　　　　　　　　　　　　　　　　　　　　　　　- 세네카

자신의 전문지식을 극대화하여 준비되면 때를 기다렸다가 목적하는 바를 달성하는 기회로 삼아야겠다. 벽돌을 쌓으면서 완성된 성당을 생각하고, 어려운 시절 나룻배를 띄우기 위해서는 벽에 걸린 그림을 보며 밀물이 들어오기만을 오래도록 손꼽아 기다리는 카네기의 지혜가 돋보이는 대목이다. 노력도 하지 않고 때를 기다리거나 감나무 밑에서 감이 떨어지기만 기다렸다가는 아무것도 할 수 없다.

4. 스트레스Stress 해소법

스트레스의 어원은 팽팽하다 Tight , 좁다 Narrow 는 뜻을 가진 라틴어의 'Strictus' 또는 'Stringere'라는 말에서 유래되었다. 이러한 어원은 스트레스를 경험할 때 느끼는 답답한 느낌, 근육의 긴장 등을 잘 반영하고 있다. 후에 스트레스란 개념이 환경에서 오는 어려움, 경제적 곤란 등을 의미하였고, 18세기에 이르러 물리학이나 공학에서 전문적으로 스트레스 개념을 사용하였다. 현대적 의미에서의 스트레스는 캐나다의 내분비학자인 1936년 한스 셀리에가 의학적인 개념으로 사용하면서 일반화되어 지금까지 사용되고 있다.

물리학에서 본 스트레스란 본래 개체에 가해지는 압력이나 물리적 힘을 의미한다. 의학적 견지에서의 스트레스란 물리학적 개념이 도입되면서 외부의 압력이나 힘에 대한 인체의 압박감이나 근육 긴장 Muscle Tension 과 같은 신체 반응으로 다시 말해 정신 Psyche 과 신체 Soma 간에 상호작용을 포함하는 흥분 상태라고 정의한다. 스트레스를 개체에 부담을 주는 외적 사건이나 자극으로 보는가 하면, 스트레스 인자에 대한 개체의 반응으로 보기도 하고 또는 개체와 환경 간의 상호작용에 의해서 개체가 위협받는 상태라고 일컫기도 한다.

스트레스라고 할 때 스트레스 원Stressor 과 스트레스 반응을 혼동해서 사용하는 경우가 있다. 스트레스 원은 생리·심리적 반응을 일으키는 원인으로서의 일이나 사건이다. 스트레스 반응은 스트레스 원에 의해 나타난 결과이다. 스트레스 원에는 부정적 및 긍정적 생활 사건 모두가 포함되나 부정적인 생활 사건과 관련된 스트레스만을 지칭할 때에는 고통 Distress 이란 용어로 표현하며 가족의 사망, 실직, 사업 실패 등이 있다. 긍정적 생활 사건들은 즐거움 Eustress 을 가져다주는 것들로 승진, 결혼, 휴가 등으로 오히려 정신적 부담을 가중하여 건강을 위협할 수 있다. 그렇다고 스트레스가 전혀 없는 것이 반드시 건강에 좋은 것도 아니다. 권태가 한없이 무기력하게 만들 수도 있다. 따라서 적절한 스트레스가 생활에 활력을 불어넣어 자신감을 심어 주고 생산성과 창의력을 높여 줄 수 있는 긍정적 효과도 있다. 이처럼 건강을 위협하지 않고 긍정적인 효과를 극대화할 수 있는 스트레스를 최적의 스트레스라고 한다.

1) **직장** 직무 및 조직과 관련한 스트레스 원

과제의 특성상 일이 지나치게 복잡하거나 지나치게 단조로움

역할 갈등이 있거나 역할이 모호함

산업의 조직 문화와 풍토 **집단주의/개인주의** . 우리나라의 집단주의 문화에서는 개인과 조직 간의 도덕적 관계, 동료나 상사와의 관계, 개인 목표에 우선하는 집단의 목표 등을 중요하게 여긴다.

직장에서 스트레스 일으키는 우리 자신에게 있는 비현실적 믿음

자신의 업무는 100% 완벽하게 수행해야 한다.

모든 동료와 잘 지내야 한다.

절대로 상사와 충돌하는 일은 없어야 한다.

후배 직원에게 항상 존경받을 수 있어야 한다.

2) **가정**

가족은 많은 외부의 위협으로부터 우리를 보호해 주는 울타리 역할을 하고 있다. 이는 혼자 사는 사람들이 정신적, 신체적으로 질병에 걸릴 확률이 높다는 연구 결과를 봐도 잘 알 수 있다.

가정은 서로 사랑을 나누고, 고립감을 없애 주며, 소속감을 제공하고, 관심 있게 보살펴 주는 누군가가 있다는 데에 대한 믿음을 준다.

가정 내의 스트레스 원으로는 부부갈등 및 싸움, 이혼, 가정폭력 **아동학대 등**, 가정 경제 문제 **가장의 실직 등**, 부모-자녀 갈등, 종교 갈등 등

TIP 결혼 생활에서 더 큰 행복을 찾기 위한 몇 가지 방법

상대방에게 인신공격하지 마라.
상황이 안 좋을 때는 둘 사이의 가장 좋았던 시절을 생각하라.
감정이 격할수록 조금 참았다가 표현한다.

---

3) **학업**

학교가 중요한 이유는 발달과정에서 가장 중요한 시기로 인격을 포함하는 모든 것이 새롭게 형성되는 시기인 아동기와 청소년기의 대부분을 그곳에서 보내게 되기 때문이다. 물론 가정 역할도 중요하지만, 산업화·도시화로 인해 가정 교육 기능이 점차 약해지고 학교 역할이 더 중요하게 되었다.

우리나라의 열악한 교육환경, 입시 위주의 교육, 잦은 시험, 과도한 경쟁으로 인한 압박, 체벌에 대한 불안 등은 학생들에게 중요한 스트레스 원으로 작용하고 있다.

4) 대인관계

인간이 추구하는 자극은 대부분 타인과의 친밀한 인간관계를 통해서 얻어진다. 부모나 대리모에게서 적절한, 세심한 관심을 받지 못한 아이들은 박탈감을 느끼며 이런 아동은 성장호르몬 Growth Hormone 의 형성과 분비가 감소하여 성장과 발달 Growth&Development 지연 Retardation 이 온다.

스트레스와 질병과의 관계

한국의 한 연구조사에서 내과계 입원 환자의 71%가 스트레스로 인해 발병되었거나 기존의 신체적 질병이 악화되었다고 밝혀졌다. 심리적 인자로서의 스트레스가 신체 질병과 밀접한 관련이 있다는 것은 이미 많은 연구에서 밝혀졌으나 스트레스 원으로서의 정신·사회적 인자들이 어떤 기전을 통해서 신체적 질병에 영향을 미치는가 하는 점은 아직 확실히 밝혀지지 않았다.

TIP 스트레스 해소법

- **심호흡하라**

  마음을 가라앉히는 데 심호흡이 효과가 있다는 것은 대부분 알 것이다. 심호흡은 '날숨' 내쉬는 숨 을 의식하는 것으로, 스트레스를 해소하는 효과가 있는 부교감 신경계가 활성화하며 심박 수도 떨어진다.

- **손을 따뜻하게 하라**

  불안을 느끼고 위험으로부터 몸을 지키기 위한 반응으로 더 큰 근육으로 혈액이 흘러간다. 그 결과 손가락의 혈액 순환이 나빠져 손이 차가워진다. 반대로 손을 따뜻하게 하면 뇌는 '불안 요소가 사라졌다'고 착각해 스트레스를 낮추는 것으로 이어진다.

- **감사했던 기억을 떠올려라**

  스트레스를 강하게 느낄 때는 대개 자신에 관한 생각에 사로잡혀 있다. 그럴 때는 감사했던 기억을 떠올려라. 아니면 자신이 보고 느꼈던 아름다운 경치나 꽃과 같은 작은 사물을 떠올려도 좋다.

- **적은 돈을 기부하라**

  미국 하버드대와 브리티시컬럼비아대학 등이 공동으로 시행한 연구에 따르면 같은 5달러짜리 지폐로 자신의 간식을 산 사람보다 기부한 사람 쪽의 기분이 더 많이 개선되는 것으로 나타났다.

- **웃긴 영상을 봐라**

  개나 고양이와 같은 동물 중 웃긴 영상을 보고 웃는 것으로, '행복호르몬'으로 불리는 엔도르핀이 분비돼 스트레스 호르몬의 분비가 억제되는 것으로 알려졌다. 또한, 동물이나 아기 등 귀여운 것을 보면 집중력이 높아질 수 있다는 것이 일본 히로시마대 연구로 밝혀지고 있다.

- **손을 써라**

  스트레스가 증가하는 경우는 대개 머릿속에서 다양한 생각이 뒤섞인다. 그 상태에 압도되지 않도록 하려면 다른 일에 의식을 집중하는 방식이 효과적이다. 스크랩북을 만들거나 뜨개질을 하는 등 뭔가 손으로 할 수 있는 일이 스트레스 해소에 도움을 줄 것이다.

- **자연을 접하라**

  멀리 나가는 것도 좋지만, 단지 뒤뜰에 나가 햇볕을 쬐거나 공원을 산책하는 것만으로도 스트레스 수준을 낮출 수 있다. 나갈 여유가 없다면 방이나 책상 위에 화분을 두는 것만으로도 스트레스가 경감된다.

- **기분이 좋아지는 행동을 하라**

  음악을 듣거나 샤워를 하고 혹은 좋아하는 색깔에 둘러싸이는 등 감각적으로 자신의 기분이 좋아지는 것을 생각하면 뇌에서 엔도르핀이 분비해 스트레스 홍수를 막을 수 있다.

- **향기의 도움을 받아라**

  레몬이나 오렌지 등의 감귤류의 향기는 기분을 올리는 작용이 있으며 장미나 바다 냄새, 비 냄새 등은 마음을 안정시키는 작용이 있다. 손수건 등에 자신을 진정할 수 있는 아로마 오일이나 향수를 조금 떨어뜨려 스트레스를 느낄 때 맡아 보면 좋을 것이다.

- **웃으면 좋은 일이 생긴다**

  미국 하버드 의과대학 연구 결과에 따르면 웃음은 암세포를 없애는 자연 살해 세포의 활동을 촉진하여 암 치료와 예방에 도움을 준다고 한다.

  웃음 연구가인 홀덴 씨에 따르면 1분 동안 크게 웃으면 10분 동안 에어로빅이나 조깅, 혹은 자전거 타는 것만큼 근육이 이완되고 피가 잘 돌게 되며 체내에서 자연적으로 분비되는 면역 세포도 증가한다고 한다.
  미국의 빌 메모리얼 병원에는 이런 글이 적혀 있다고 한다.
  "하루에 15초 정도 웃으면 이틀을 더 오래 산다."
  스트레스 해소법을 실천하고 웃음을 생활화하여 만병의 근원인 스트레스를 날려 버리고 건강한 삶을 살도록 하자.

5. 목표 관리, 어떻게 할 것인가

독일의 대문호인 괴테는 대작만을 쓰려고 하지 말라고 했다. 대작만 쓰려다가 결국 아무것도 쓰지 못하게 된다는 것이다. 최고에 오른 사람들이 처음부터 최고의 자리에 있었던 것은 아니고 밑바닥부터 시작해서 한 단계 한 단계 꾸준히 오르기 시작하여 중간 위치에 다다르고 거기서 오르기를 반복하여 마침내 높은 곳에 도달하게 된 것이다. 다만 그들이 다 올라서 높은 곳에 이르러 있을 때 보게 된 사람들은 그들이 쉽게 그곳에 오른 줄로 생각한다.

그러나 목표 관리는 구체적이고 세밀하게 계획을 세워야 한다. 속도에 맞추어 목표를 정확히 설정해야 한다. 그런 다음에 내가 쉽게 할 수 있는 것으로 구체적이고 세밀하게 계획을 세워 실천해야 한다. 그 계획을 실천하고 목표에 이르게 되면 자신에 대한 믿음이 생기기 때문에 할 수 있다는 자신감을 갖게 된다. 목표를 세우고 한 단계 한 단계 오른다면 그것이 습관이 되고 조금씩 목표에 이르게 된다. 최고점에 오르려면 계획된 계단을 한 단계씩 꾸준하게 오르는 과정이 필요하다는 것을 명심하고 오늘 지금 당장 실천에 들어가야 한다. 머뭇거릴 시간이 없다.

일본 최고의 경영컨설턴트인 간다 마사노리는 "만 명이 넘는 CEO들에게 성공 노하우를 전수하는 컨설턴트로서 미래로부터 역산해서 현재의 행동을 결정한다는 99%의 인간은 현재를 보면서 미래가 어떻게 될지를 예측하고 1%의 인간은 미래를 내다보면서 현재 어떻게 행동해야 할지를 생각한다. 물론 후자에 속하는 1%의 인간만이 성공한다. 그리고 대부분 인간은 1%의 인간을 이해하기 어렵다."라고 말한다.

1%의 인간은 미래에 이룰 모습을 생각하면서 오늘을 살아간다고 한다. 곧 자신이 목표로 하고 상상하는 것들을 이루기 위하여 지금 이 자리에서 내가 무엇을 해야 할지 생각하고 움직인다는 것이다.

- **Specific**

  구체적이고 명확해야 한다.

  목표는 뚜렷할수록 달성 가능성이 커진다고 한다. 예를 들면 나는 올해 안으로 체중을 5kg 감량하겠다거나, 올해 안에 금연한다든가, 3년 후에 내 집을 마련해야 한다는 식으로 구체적이고 명확한 목표를 설정해야 달성이 쉬워진다.

- **Measurable**

  오감을 통하여 측정 가능해야 목표 달성을 위한 지속적인 노력은 변화 정도가 오감을 통하여 선명하게 관찰되는 것을 필요로 한다. 영어 회화 실력을 향상하기보다는 하루에 영어 단어 열 개를 한 달에 3백 개 외우기가 달성할 가능성이 훨씬 크다.

- **Action Oriented**

  목표는 생각만 하기보다는 직접 실행해야 한다. 예를 들면 '선행을 꾸준히 하겠다.'보다는 최소 한 달에 1회 복지 시설에 방문해서 그날 하루는 봉사 활동을 하겠다고 생각해야 실행에 옮기기 쉽다.

- **Realistic**

  커다란 목표를 달성하려면 반드시 실현 가능성이 있는 단계를 나누고 점진적으로 공략해야 한다. 예를 들어 흡연자들에게 '지금 당장 담배를 끊어야 한다.'보다는 '오늘 하루만이라도 담배에 손을 대지 말자.'라는 설득력이 있는 목표를 수립하라.

- **Timely**

  시간 배정을 적절히 하고 즉시 실천하라. 성공으로 목표를 달성하려면 시간을 적절하게 배분하고 즉각적인 실천이 뒤따라야 한다.

  예를 들면 '나는 건강을 위하여 하루에 30분 또는 1시간 이상 아침 혹은 저녁에 조깅 Jogging 을 하겠다.' 또는 '1일 1만 보를 꾸준하게 걷겠다.'라는 계획을 수립하고 지속적인 시간투자와 행동이 필요하다.

나가모리 사장은 한국이 잘 되려면 온실에서 자란 사람들이 아니라 흙탕물 먹으며 고난을 이겨내는 창업자가 많아야 한다고 말했다.

"선택지가 많아야 하는데 한국에 선택지가 극단적으로 좁아요. 대학에서 공부 열심히 해서 입사하는 데가 삼성, 현대, LG뿐이라면 세상이 재미없지 않나요? 대기업에 입사하는 사람은 만족해도 대기업에 입사하지 못한 사람들은 희망이 없어요. 한국이 정말로 기술 강국이 되려면 중소기업, 벤처기업도 대기업처럼 클 수 있는 나라가 되어야 합니다. 그래서 대기업에 취업하지 못한 젊은이들에게도 기회를 주는 나라가 되어야 합니다."

정곡을 찌른 그의 말에 뜨끔함을 감출 수가 없었었다. 우리나라에도 기존 1세대 창업가를 뛰어넘는 새로운 도전 정신의 창업가가 나와야 한다, 즉 혼을 가진 인재와 벤처기업가들이 많이 탄생해야 한다. 그렇지 않으면 우리에게 꿈이 없다. 사람을 아끼고 사랑할 줄 아는 조직이 성과가 높다. 목표를 수립하는 것은 쉽다. 그러나 그 목표를 달성하는 것은 정말 피나는 노력과 각오가 없으면 불가능하다. 작심삼일이 되지 말고 꾸준하게 실천해서 성과를 내는 그런 관리자가 되었으면 좋겠다.

6. 보고서 작성법

보고서 작성이 왜 필요하고 어째서 잘 작성해야 하는지를 먼저 살펴보기로 하자.

1980년대만 해도 컴퓨터가 보급되지 않아서 대부분 문서를 수기로 작성하던 때였다. 문서의 표지도 규격이 없어서 현재 생산되어 문방구에서 판매하고 있는 파일 하나만 소개해 보겠다.

관리 번호, 작성 연도, 보존 기간, 분류 번호, 제목, 팀명 등을 수기로 작성하였는데 문서를 만들고 파일 박스에 꽂아 놓으면 타이틀이 들쑥날쑥하여 미관상 좋지 않았다. 그렇기에 현재 문방구에서 판매하는 파일 모양을 템플릿 Template 처럼 연필로 그려서 높이와 크기, 제목의 글씨 크기까지 표준화하여 사용하였다. 지금으로서는 상상조차 할 수 없는 일이었다 **지금은 모든 게 표준화되고 인쇄되어 판매하고 있다**.

전쟁의 시작은 포성이 아니라 정보 수집인 것처럼 보고서의 시작도 보고 지시를 받는 순간이 아니라 회사에 출근한 그 순간부터 항상 보고서를 작성하고 있다고 생각해야 한다. 특히 보고서를 작성하기 위해서는 방향이나 가설 설정을 하기 위해 상황을 파악하는 것이 중요하다.

상황 파악은 상대 적의 무전을 감청하는 것처럼 평소에 은밀히 시행하고 있어야 한다. 보고서의 기본은 자신이 속한 회사의 인터넷에 접속하면 보통 그룹웨어가 설치되어 있기 때문에 공용 보고서 양식을 숙지하는 것이 가장 중요하다. 보고서 작성에 절대적인 기준은 없으나 회사마다 업무 매뉴얼이 있고 또한 업무 매뉴얼 안에 회사에서 사용하는 서식들이 모두 ISO International Organization For Standardization 기준에 의한 표준화하여 문서번호로 정해져 있는 게 일반적이다.

좋은 보고서를 작성하기 위해서는 상사가 좋아하는 타입의 보고서를 파악하는 것이 결재받는 데 도움이 된다. 결재권자에게 보고서를 제출하기 전에 글씨의 크기는 적당한지, 오타는 없는지, 사내 양식은 잘 지켰는지, 중요한 내용에 강조 표시를 했는지 등을 전체적으로 다시 한번 점검하는 과정이 필요하다.

보고서는 읽는 사람이 자연스럽게 내용을 수긍할 수 있도록 적절한 형식을 갖추어 내용을 전개해야 한다. 보고서 유형에 따라 다를 수는 있지만 제목, 개요, 본론, 말미의 형식을 갖추는 것이 일반적이라고 볼 수 있다.

- **제목**

  제목만으로 보고서의 성격, 전체 내용을 알 수 있도록 작성하며 가능한 한 줄로 짧게 작성하며, 핵심적인 사항을 표현해야 한다.

- **개요**

  전체적인 내용을 개략적으로 요약하거나 보고서 작성의 배경과 목적, 경위 등을 서술한다.

- **본론**

  현 실태 및 문제점, 과거 사례와 대안 분석, 전망 등 필요한 내용을 작성하되, 중요도가 높은 사항을 먼저 기술한다.

- **말미**

  결론 및 대안 제시, 건의 사항, 향후 조치 사항 등을 기술하며 필요시 궁금한 사항은 참고 자료를 첨부하여 확인 가능토록 하여야 한다.

보고서는 실천 가능하고 구체성 있는 방안을 제시하여 보고 받는 사람이 실질적으로 활용할 수 있도록 해야 한다. 특히, 보고자의 공명심이나 경쟁심에 따라 수요자의 판단을 흐리는 보고서가 작성되지 않도록 하기 위해서는 관련 부서 및 이해 관계자의 다양한 의견, 과거 유사 사례 등을 종합 정리해야 한다.

상부지침을 받아 작성하는 보고서의 경우, 지침에 충실하게 작성하되 이견이 있을 때는 타당한 이유를 기록하여 보고해야 한다. 공개 보고서가 아니라고 하더라도 보고서 내용이 좋으면 홍보를 위해 공개하거나 우연히 공개되는 수도 있으므로 보고서 자체를 홍보 자료라 생각하고 작성하는 습관을 들여야 한다.

사실 필자는 서연이화에 본부장으로 재직 시 작성했던 품의서와 보고서가 표준이 되고 전사적으로 벤치마킹 대상이 되기도 하였다.

제목과 결론만 보아도 모든 것을 알도록 핵심이 간추려진 보고서야말로 가장 표준적이면서도 잘 쓴 보고서라는 평가를 받는다. 또한, 보고서를 잘 쓰는 것도 중요하지만 무엇보다도 중요한 것은 보고 일정을 지키는 것이다. 기업의 활동 무대인 시장은 총칼만 없다뿐이지 유사전쟁터와 같아서 타이밍이 매우 중요하다. 그렇기에 아무리 멋진 내용의 보고서라 할지라도 기한을 지키지 못하면 아무 소용이 없다.

보고서를 작성하는 일반적인 과정

Contact	Concept					Communication		
보고 지시	의도 분석	가설 설정	자료 수집	가설 분석 및 결론	검증	시나리오	카피	레이아웃

그러면 여기서 결재권자의 의중을 잘못 파악하여 실패한 사례를 보기로 하자.

일본 해군은 미국 진주만을 기습 공격하기로 한다. 1941년 12월 7일 일본군의 함대 사령관은 야마모토 이소로쿠 제독이었다, 그는 일본 해군 사관학교 졸업 후 미국 하버드대에 유학했고 미국 대사관 무관으로 근무한 경력이 있어 미국의 저력을 제일 잘 알고 있었다, 그래서 장기전으로는 도저히 미국을 이길 수 없다고 판단하고 단기전을 치르기로 결심했다.

진주만의 해군을 궤멸시키면 1~2년 동안은 미국 해군이 태평양에서 활동할 수가 없었다. 이 힘의 공백이 있는 동안 태평양의 섬들과 오스트레일리아를 점령하면 태평양에서 전략 거점을 잃은 미국은 반격이 불가능하여 화평협상을 할 수밖에 없으리라 생각했다.

일본의 대미 전쟁의 숨은 목적은 미국 본토 점령이 아니었고 진주만 공격 시 1순위 목표는 항공모함, 2순위는 전함, 3순위는 항만 시설 및 유류 저장고, 4순위는 비행장의 항공기였다. 공습은 1, 2차로 나누어 진행했고 전함 8척을 포함하여 22척의 함선을 대파하고 7대의 항공기를 제외한 331대를 파괴했다. 숫자만 놓고 보면 대성공이었다. 그런데 2차 공습에 참여한 조종사들은 남아 있는 시설물 파괴를 위하여 3차 공습을 진행해야 한다고 주장하였다.

그러나 나구모는 3차 공습을 할지 철수를 할지 고민하다가 철수하기로 결정하였다. 만약 하와이의 지원 시설이 파괴되면 미국 해군은 샌프란시스코와 샌디에이고에서 출항할 수밖에 없고 함정의 항속거리와 보급 문제를 생각하면 미국 해군의 활동 반경은 축소되었을 것이다.

그러나 피해를 입지 않는 선박 수리 시설과 유류 저장 시설 그리고 막강한 미국의 생산력 덕분에 미국 해군은 6개월 만에 다시 태평양으로 나왔다.

만약에 지원 시설과 유류 저장 시설을 파괴했다면 미국 해군은 1년 가까이 태평양에서 작전을 실행하기란 불가능했을 것이다. 태평양에서 힘의 공백이 길어져 그동안 일본군이 중부 태평양을 완전히 점령할 수 있었을 것이다.

그러면 중부 태평양 전투는 미국 입장에서는 힘든 전투가 될 수밖에 없었을 것이고 일본은 원래 목적대로 미국과 평화 협정을 맺든가 미국 해군과 재교전을 하더라도 훨씬 더 유리한 위치에 있었을 것이다.

역사가들 사이에서는 나구모의 조기 퇴각에 대하여 의견이 분분하지만 체스터 나에츠는 그의 회고록에서 나구모의 결정은 잘못된 것이라고 정리하였다.

나구모는 나구모대로 공습 현장의 지휘관은 지휘관대로 상관인 야마모토의 숨은 속뜻을 이해하지 못했다. '야마모토가 미국과 평화 협정을 맺는 과정에서 유리한 고지를 선점하기 위해 시간을 벌 전쟁을 수행해야 한다고 설명했으면 되지 않나?'라고 생각할 수도 있다. 하지만 당시 일본의 국내 분위기상 보안과 사기 진작 때문에 그것은 아마도 곤란했을 것이다.

이것은 상관의 속마음을 잘못 읽어서 화근을 남긴 사례가 되었다. 잘못 수집된 정보는 회사에든 국가에든 커다란 재산상의 손해와 인명 손해를 보게 만든다.

이와 같이 보고 목적에 적합한 보고서를 작성하기 위해서는 배경과 목적을 분명히 하여야 한다. 즉, 내가 하고 싶은 얘기를 적는 게 아니고 보고 받는 상사에게 가치 있는 내용이 보고되어야 한다. 대부분의 신입사원 혹은 초임 간부들은 자기 기준에 맞추어 보고서를 작성하는 경우가 많다. 상사가 보고를 받고 부하 사원이 무슨 목적으로 이 보고서를 작성하게 되었는지 궁금해서는 실패의 보고서인 것이다. 보고서는 작성하게 된 배경과 목적을 분명히 밝히고 내용을 전개해야 한다.

보고서 양식과 작성 방법이 자신이 없을 경우는 잘 작성된 보고서를 미리 보고 비슷한 유형의 보고서를 만들 줄 알아야 한다. 논리 전개의 흐름이나 해당 회사에서 통용되는 일반적인 서식, 보고서 양식에 부합하기에 상사가 내용을 읽기 편하고 결정을 쉽게 할 수 있도록 작성되어야 한다. 글자 간격, 줄 간격, 글씨의 크기, 상하좌우 여백 등의 요소가 상사에게 이미 검증된 것이기에 불필요한 지적을 당할 위험을 줄이도록 한다.

컴퓨터를 통해 보고서를 작성하기 전에 작은 포스트잇에 논리를 전개하는 큰 줄기를 적고 그 밑에 키워드를 적어둔 뒤 본격적으로 문서를 작성하는 것을 적극적으로 추천한다. 이런 방법을 사용한다면 작성하는 데 시간도 절약되고 내용이 엉뚱한 주제로 빠지는 일도 막아 준다. 마치 여행을 출발하기에 앞서 자동차의 내비게이션에 목적지를 입력하여 지도를 보고 운전하는 것과 같은 이치라고 생각하면 되겠다.

기업의 가장 큰 재산은 불가능한 것을 가능한 쪽으로 전환하는 사람이다. 현대그룹의 창업자 정주영 회장은 항상 현장에서 안 된다고 이야기하는 직원들을 향해 "너, 해봤어?"라고 질문을 던지곤 했다고 한다. 안 되는 문제가 있다면 해결 방안을 찾고 추진하는 것은 자기 계발에 도움이 되고 곧 고객 창출로 이어진다. 이것이 바로 창조 경영이라고 할 수 있다.

국내 대기업들이 공통으로 내놓는 제로 PPT의 주목적은 불필요한 시간 낭비를 줄이고 보고의 효율성을 높일 수 있다는 것이다. PPT는 시각적 요소의 비중이 큰 프로그램이다 보니 깔끔하고 예쁜 보고서를 만들기 위해서 필요한 것보다 과하게 시간을 투자하는 경향이 있다. 이러한 점을 방지하기 위해 제로 PPT를 실천해 정작 중요한 일을 할 수 있는 소중한 시간을 놓치지 않겠다는 의미로 해석할 수 있겠다.

최고의 보고서는 이해가 빠르고 수치화된 보고서가 필요하다. 위에서 언급한 것처럼 이해하기 좋은 보고서가 최고의 보고서다. 표현이 쉽다고 해서 보고서의 가치가 폄하되는 것이 아니고 전문용어가 난무하고 한자나 영어를 많이 섞어 쓴다고 가치가 높아지는 것도 아니다.

현대차의 정몽구 전 회장은 보고서에 영어를 그대로 사용하는 것보다 우리말로 풀어서 쓰도록 지시한 적도 있다. 차분한 논리 전개를 위해서는 작성하는 사람이 내용을 정확하고 완벽히 파악해야 한다. 작성자가 내용을 제대로 이해하지 못한 상태에서 작성한 보고서는 뒤로 갈수록 내용이 어려워지고 나중에는 스스로 무슨 얘기를 하고 싶은지 혼란을 겪으며, 소설 같은 결론을 내리게 된다. 원래 유능한 선생님은 초등학생이 쉽게 이해하도록 가르친다고 한다.

숫자가 들어가거나 추이를 보여 줘야 하는 부분은 시각적으로 도표나 그래프로 처리하는 것이 좋지만, 한 페이지에 한 개 이상의 그림이 들어가면 오히려 역효과를 낼 수 있으니 적절한 수준에 그쳐야 한다. 또한, 반듯한 포맷과 깔끔한 구성은 설득력을 높인다. 이왕이면 여러모로 잘 작성되고 내용도 충실한 보고서가 금상첨화이지 않겠는가.

앞에서도 나열하였지만 보고서는 타이밍이다. 직접 경험한 바에 의하면 현대자동차는 모든 걸 신속하게 일사천리로 진행하는 것을 좋아하는 분위기다. 예를 들면 아침에 상사가 지시하고 내일까지 보고하기로 약속을 했는데도 당일 퇴근 시간에 보고서 작성은 아직 멀었느냐 물어보곤 했다. 그러다 보니 추가 근무를 해서라도 빨리 보고서를 작성했던 기억이 난다.

100점짜리 보고서를 한 박자 늦게 보고하는 것보다는 90점짜리 보고서를 약속한 기한 이전에 보고하는 것이 매우 중요하고 좋은 결과를 가져올 가능성이 크다. 납기에 관한 보고서라면 더더욱 시간이 중요하고, Start Rush의 원칙으로 수명 납기의 반 정도 시점에 80%를 완성하여 1차 보고를 하고, 보완이 필요한 부분을 피드백 받는 것이 매우 중요하다.

숫자가 삽입된 보고서

분류	목적
사장에게 보고된 자료	사장 의도 파악
가공되지 않는 숫자 자료	분석용
다른 팀이 가공한 숫자 자료	분석용
조사 기관의 숫자 자료	분석 및 보고서 결론 뒷받침
신문 인터넷 숫자 자료	분석 및 보고서 결론 뒷받침
관련 팀의 전략 자료	사장의 의도 파악 및 실행 계획 수립에 참조

또 하나의 사례를 살펴보기로 하자.

현대건설 출신인 기업가 이명박 시장은 기업에서 시간의 중요성을 알았기에 기업체 방식으로 신속 정확한 의사 전달을 원하였던 것 같다.

"보고서가 왜 이렇게 양이 많아. 이건 낭비야. 정책 효과랑 부작용에 대해서만 요약해 오면 되는데 왜 핵심을 보고하지 못하나?"

A4용지 10장에 서론, 본론, 결론 형식의 보고서를 들고 온 직원에게 질책하였다고 한다. 이후 이명박 시장에게 올라가는 보고서는 A4용지 두세 장 분량으로 줄어들었다고 한다 중앙일보 2008년 1월 16일 자 기사.

사실 우리가 학교 다닐 때를 돌이켜 보면 책을 읽고 독후감을 쓰는 것도 어쩌면 보고서의 기본을 배우기 위함이 아닌가 궁금해지는 시점이다. 대학 졸업 후 자기소개서나 전문 경영 서적을 읽고 300페이지 이상의 글을 A4용지 한두 장으로 요약하듯 보고서 작성도 마찬가지가 아닐까 생각한다. 그렇다고 보고서의 자료 분석을 미흡하거나 대충하라고 하는 의미는 아니고 분석은 독수리 눈처럼 예리하게 하되, 보고서 요약본은 받아 보는 사람이 이해하기 쉽게 정리하는 게 좋다는 의미다.

TIP 보고서의 유형

- **좋은 보고서**

  자세한 숫자나 도표 그래프 자료가 삽입된 보고서
  경쟁사 동종 업체의 분석 자료가 들어 있는 보고서
  유사 업체에 관한 자료가 있는 보고서

- **나쁜 보고서**

  작성자의 주관이 없는 보고서
  상세 실천계획이 없는 보고서
  콘셉트의 도출과 카피를 쓰는 실력 부족 보고서

- **경영층이 싫어하는 보고서**

  기대보다 늦게 올라오는 보고서
  결론이 부정적인 보고서
  전략적 의사결정이 없는 보고서
  실행 계획이 없는 보고서

▶ 1987년 품의서

표지의 내용은 간단명료하지만, 첨부에는 15매의 상세한 자료들이 기술되어 있고 본 품의서는 60억 원 투자비로 정세영 회장님의 결재까지 받은 품의서 사본이다. 그 당시 결재자만 합의 포함 10명이 넘는다. 지금은 이렇게 결재 칸이 많은 보고서는 없을 것이다. 본부장이 작성한 것을 사장, 회장이 결재한다.

7. 실패를 성공의 기회로

1914년 12월 미국 뉴저지에 있는 발명왕인 토머스 에디슨의 실험실에 커다란 화재가 발생하였다. 이 사고로 수백만 달러 이상의 실험 도구들과 에디슨이 일생을 바쳐 기록한 실험 일지들이 불에 타고 말았다. 에디슨은 자신의 모든 꿈과 희망이 잿더미로 변한 실험실을 보며 다음과 같이 말했다고 한다.

"재앙이 반드시 나쁜 것은 아니군. 내 모든 실수를 한꺼번에 가져가 버렸으니 말이야. 67살에 다시 시작할 수 있게 해 주니 감사할 뿐."

자신에게 닥친 불행에도 불구하고 여전히 의욕적이고 목표지향적인 자세를 유지한 에디슨을 보면서 우리는 배울 게 너무 많다.

링컨 대통령은 영예를 누리기까지 무수한 실패를 거듭하였고 1816년 가족파산, 1831년 사업 실패, 1832년 주 의회 의원 낙선, 1833년 사업 재실패, 1834년 약혼녀 사망, 1836년 신경쇠약으로 병원 입원, 1843년 1848년 하원 의원 두 차례 낙선. 이렇게 실패할 때마다 그에게는 절망의 유혹이 닥쳤고 두려움이 엄습하였다.

그는 굴하지 않았고 마침내 실패를 극복하고 1860년 미국 15대 대통령에 당선되었다. 보통 사람 같으면 이 정도의 낙선과 실패를 거듭하면 포기하기 마련인데 링컨 대통령은 무엇인가 일반인과는 다른 DNA가 몸에 존재하던 모양이다. 실패를 겸허히 받아들이고 두려움을 마음속에 삭인 채 전진을 선택하느냐, 아니면 이대로 멈춰서 퇴보하느냐는 자신에게 달려 있다.

처칠 수상의 옥스퍼드대학 졸업식 축사 내용을 소개한다. 그는 위엄 있는 차림으로 담배를 물고 졸업식장에 나타났다. 처칠은 열광적인 환영을 받으며 천천히 모자와 담배를 연단에 내려놓았다. 청중들은 그의 근사한 축사를 기대하였다. 처칠이 입을 열었다. "포기하지 마라 Never Give up ." 그는 힘 있는 목소리로 첫마디를 했다. 청중들은 다음 말을 기대하였다.

"절대로, 절대로, 절대로, 포기하지 말라 Never, Never, Never, Never, Never, Never, Give up ." 처칠은 다시 한번 이렇게 외쳤다. 일곱 번의 "Never Give up." 그것이 축사의 전부였다.

처칠은 팔삭둥이 조산아로 태어나 말을 더듬었다. 학습장애인으로 학교에서 꼴찌를 했고, 큰 체격과 쾌활한 성격 때문에 건방지고 교만하다는 오해를 받았으며, 초등학교 학적 기록부에는 '희망이 없는 아이'로 기록되어 있다. 중학교 때는 영어에서 낙제 점수를 받아 3년이나 유급하였다. 결국 캠브리지나 옥스퍼드대학에 입학할 수 없어 육군사관학교에 입학하였다.

정치인 입문 후 첫 선거에 낙선하여 기자 생활을 하다가 재도전하여 당선되었다. 노동당에서 21년간 의정 생활하는 동안 사회개혁을 주도했던 그는 성취보다는 실패와 패배를 더 많이 겪었고, 당적을 보수당으로 바꾸어 출마했으나 역시 첫 선거에서 낙선하였다. 하지만 그는 졸업 연설 내용대로 언어장애를 극복하고 포기하지 않고 열심히 노력해서 노벨문학상 수상자가 될 수 있었다. 제2차 세계대전 당시 수상이었던 그는 영국 의회 연설에서 "피와 흙과 눈물과 땀 이외에 내가 국민에게 줄 것은 아무것도 없습니다."라고 말했으며, 또 다른 연설에서는 "국기를 내리고 항복하는 일은 절대 없을 것입니다. 대양에서 싸우고 해안에서도 싸울 것입니다. 절대 항복하지 않을 것입니다."라고 말했다. 처칠은 절대 포기하지 않고 전세를 역전 시켜 결국 세계대전을 승리로 이끄는 데 일조해 영웅이 되었다.

포기하지 않으면 어떠한 어려움이 닥쳐도 다시 일어설 수 있다는 교훈을 알려준 처칠을 보면서 쉽게 포기하지 말고 목표 달성을 위해 꾸준하게 노력하여야 하겠다.

200명의 자수성가한 부자들을 조사한 결과 부자 중 늦잠 자는 사람은 없다. 대부분 아침 5시에 일어나 눈을 뜨자마자 운동을 하거나 신문을 보거나 이메일을 보고 하루 계획을 세우는 등 아침 시간을 유용하게 보낸다고 한다. 사실 부지런하지 않으면 어떠한 것도 이룰 수 없다. 시간은 우리 모두에게 똑같이 공평하게 주어진다. 그러나 시간을 헛되이 보내고 나면 시간이 지난 후 할 수 있는 것은 아무것도 없다.

담배를 즐기는 사람이나 음주를 즐기는 사람도 많이 있을 것이다. 이들은 한결같이 새해가 되면 새로운 다짐을 하나씩 한다. 금연하고, 술을 줄이고, 운동하겠노라고. 그러나 그 계획은 작심삼일로 끝나고 만다. 우리는 계획은 수립을 잘하지만 실천은 대부분이 하지 못하고 실패하는 것 같다. 에디슨의 실험실 화재, 링컨 대통령의 거듭된 선거 실패, 처칠의 반복된 실패 등 좌절을 딛고 실패를 교훈 삼아 성공하신 분들의 경험을 반전의 기회로 삼아 우리 모두 성공의 길로 전진해야 하지 않을까.

8. 과장 시절 골프를 배우다

　　　　나는 70년대 말 현대자동차에 입사하여 부품구매 개발 업무와 부품 원가 가격 결정 업무 그리고 품질 관리 및 품질 기획 업무를 하였다.

　70년대 말과 80년대는 현대차가 매년 급성장하였던 시기로, 매년 직원 채용도 동시에 이루어졌고 그만큼 해야 할 업무도 많았다. 그러던 중 1980년 후반에 과장으로 승진하게 되었고, 그때 우리 팀 부장은 나에게 강력하게 골프를 배우라고 권유하였다.

　그 당시 과장급들이 골프를 치는 사람은 없었고 단지 부장급 이상이 주로 골프를 즐겨 하였다. 지금이야 골프가 대중화되고 대기업 과장급 이상이면 모두 골프를 즐기고, 여자 골퍼도 많아졌고, 실내 골프연습장과 게임장도 많아졌다. 80년대 과장급 급여로는 골프를 할 수도 없었지만, 상사인 부장을 지켜보니까 일요일이면 골프로 사교 모임을 하는 것 같았다. 나는 부장의 권유에 못 이겨 결국 골프채를 무리해서 장만하였다.

　골프채를 준비하고 보니 그게 끝이 아니고 골프연습장 비용과 그린피, 골프복 등 만만찮은 비용이 들기 시작하였다. 필드를 나갈 경우는 골프장 그린피와 캐디피 등을 합하면 비회원인 경우 지금도 최소 20만 원 이상의 비용이 소요된다. 꽤나 돈이 많이 드는 스포츠라고 생각을 했다. 그래도 부장이 시키는 일이라서 할 수 없이 골프에 입문하게 되었고 초기에는 열심히 퇴근 후 골프연습장을 다녔다. 그 당시 부장급은 지금으로 보면 전무급 정도의 힘을 가지고 있었다고 생각이 든다. 우리 부장은 그 당시 80대의 골프 실력을 가지고 있었고, 주말마다 골프장을 다니는 골프 마니아였다. 나는 골프연습장을 다니며 열심히 배우긴 하였으나 실제로 골프장 Field 에 나가는 일은 없었다. 어쩌다 골프장 예약을 했는데 갑자기 누군가 개인 사정으로 빠지게 되어 결원이 생기는 경우 운 좋게 나가볼 수 있었다.

다른 선약이 있어도 그 당시는 개인의 일보다는 회사와 조직의 일이 우선시 했던 때라서 거절을 못 하고 따라다녔다. 그리고 골프 입문 후 2개월이 지난 어느 일요일. 그날도 1명이 펑크를 내서 내가 대타로 골프장에 가게 된 날이었다. 처음 입문한 곳은 경남 양산시에 있는 '통도컨트리클럽'이라는 곳이었다. 처음 나가는 필드라서 골프장 도착 전까지는 즐겁고 소풍을 기다리는 아이들처럼 설렜다. 첫 티업을 하는데 왜 그렇게 많은 갤러리가 뒤에서 보고 있는지. 연습장에서는 볼도 어느 정도 맞고 거리도 평균 이상으로 나갔는데, 긴장도 되고 많은 사람이 지켜보고 있다는 생각을 하니 온몸이 경직되어 팔과 손에 힘이 가득 실리고 연습장에서의 모습은 찾을 수가 없었다. 드라이버가 100m 정도밖에 안 나가고 그것도 자주 오른쪽 슬라이스 과 왼쪽 훅 을 왔다 갔다 즉, 온탕과 냉탕을 왔다 갔다 하는 그런 분위기였다. 죽고 싶고, 창피하기도 했는데 전반 9홀이 지나고 후반이 시작되면서 조금씩 스윙도 제 궤도를 찾고 스탠스도 바로 잡으며 나아지기 시작하여 아무튼 110개 정도의 공을 치고 공도 많이 잃어버리기도 하였다. 그날은 운동을 하기보다는 골프의 에티켓을 배운 하루가 아니었나 생각이 든다. 볼을 잘 못 치는 사람은 계속 잘 치는 사람과 속도를 맞추어야 한다. 그렇기에 볼을 잘 친 사람은 첫 번째 스윙 이후에 여유 있게 걷지만, 그렇지 못한 사람은 한 번에 갈 거리를 두 번 또는 세 번을 거쳐야 했기에 뛰는 수밖에 없었다. 이렇게 여유 없이 뛰니까 호흡 불안과 마음이 불안정하여 볼은 더 맞지 않았다.

　그렇게 머리를 올리고 난 후 생각해 보니 골프라는 게 분명 좋은 스포츠인 것 맞지만 시간과 돈을 투자하지 않고는 할 수 없는 운동이라는 생각이 들었다. 골프는 푸른 잔디 위에서 최소 4~5시간을 걷고 함께 대화해야 한다. 또한, 운동이 끝나면 함께 샤워하고 식사까지 하기에 비즈니스를 하는 사람에게는 안성맞춤인 운동일 것이다. 참고로 머리를 올리는 날 알게 되었는데 골프에 그렇게도 많은 규칙이 있는 줄 처음 알았다.

그렇게 골프에 입문 후 부장급들 사이에 소문이 나서 일요일 빠지는 사람이 있으면 대타로 자주 불렸다.

한번은 여름으로 기억이 되는데 경주에 있는 '보문컨트리클럽'에 갔는데 그 당시는 초기에 골퍼 1인당 1 캐디였으나, 시간이 조금 지나더니 어느 순간 2인당 1 캐디로 변경되었다. 아마도 인건비를 절감하기 위한 조치였을 것이다.

그날 운동을 한 후 부장은 회식 때마다 캐디가 류 과장만 따라다니고 자기에게는 소홀했다는 얘기를 자주 농담으로 하면서 류 과장과 골프장 갈 기회가 있으면 동행하지 말라는 농담을 하곤 했다.

내가 골프 얘기를 하는 것은 골프를 잘 쳐서도 아니고 젊은 나이에 일찍이 배워 두니까 부장급들과 자주 어울릴 수 있었고 그게 소통과 인맥으로 관리가 되어 회사 업무를 하면서 많은 도움이 되었다는 것을 이야기하고자 한 것이다 사실 여러 팀의 부장들과 소통하면서 업무 협조도 많이 받았던 것으로 기억한다. 물론 남보다 일찍 출근하고 열심히 업무를 하다 보니 주변의 동료들로부터 부러움을 사기도 하였다. 그래서인지 지방 대학 출신이었지만 사원에서 부장까지 승진하는 데 별다른 무리를 느끼지 못했다.

여기에서 시사하는 바는 무엇이든지 일찍이 다른 사람보다 먼저 배워서 실천하면은 사회생활에 도움이 된다는 것이다.

▶ 일본 명치촌

그뿐만 아니라 현대자동차는 70~80년대에 일본의 미쓰비시사와 기술 제휴를 맺고 있어서 일본어가 필수적으로 필요하였고 많은 기술을 일본에서 배워 왔다. 나는 대학에서 부전공으로 독일어를 배웠는데 입사하고 보니 독일어는 필요 없고, 일본어가 필요하여 아침 일찍 다른 직원보다 한 시간 빠르게 회사에 출근하여 연수원에서 시행하는 일본어 강좌를 6개월 정도 수강하였고, 그때 『표준일본어 **박성원 저** 』1권과 2권을 6개월 만에 섭렵했다. 일본어 회화가 가능해지자 미쓰비시사와 도요타, 닛산자동차 등 다른 동료 직원보다 훨씬 많은 출장 기회를 잡을 수 있었다. 아마도 100회 이상 일본 출장을 다녔던 것 같다.

그리고 일본 출장 시 여유 시간이 생기면 혼자 출장지 주변의 명소와 관광지를 찾아 여행하면서 견문도 넓히고 역사도 공부하는 시간을 가졌다. 그뿐만 아니라 과장 고참 시절에는 연수원에서 5시 퇴근 후 자동차 정비 교육을 무료로 실시하여 주었다. 자동차 회사에 다니면서 정작 자동차에 대해서 아는 게 없어 자동차에 대해 배우고자 연수원에서 실시하는 자동차 정비 공부[6]도 열심히 듣고 엔진 및 미션 분해·조립 실습에도 참여하여 3개월 만에 마스터 후 자동차에 대해서 어느 정도 지식을 가지게 되었다. 또한, 자동차에 대해서 누구의 앞에서든지 설명할 수 있는 자신감이 생겼다. 더불어 정비사 자격증 시험에 응시하여 정비사 자격증까지 취득할 수 있었다.

그리고 정몽구 회장이 1999년 현대자동차에 부임하면서 전 관리자에게 자동차를 익히고 배우라면서 조립 라인 현장 실습하도록 지시했다. 그러나 나는 이미 자동차 자격증이 있어 면제되는 행운도 안았다. 남보다 먼 곳을 바라보며 노력한 나에게 행운이 찾아온 것이다.

---

6. 엔진의 분해·조립과 시동 걸기 미션의 분해·조립 등 자동차의 심장을 공부하고 고장 진단, 중고차와 신차의 판별 방법을 확인하는 등의 과정을 말한다.

지금에 와서 생각해 보면 그 당시 꽤 나름대로 꿈과 야망이 있어 열성적으로 모든 것을 공부하고 배우는 것에 집중했던 것 같다.

일본인들이 많이 기르는 관상어 중에 '고이'라는 잉어가 있다. 이 잉어는 작은 어항에 가두어 기르면 5~8cm밖에 자라지 않는다. 그러나 아주 커다란 수족관이나 연못에 넣어 기르면 15~25cm까지 자란다. 그리고 강물에 방류하여 기르면 최대 90~120cm까지 자란다고 한다. 고이는 자기가 활동하는 세계의 크기에 따라 피라미가 되기도 있고 커다란 물고기가 되기도 한다.

우리의 생각은 고이가 처한 환경과 같다. 우리가 더 큰 생각을 품고 더 큰 꿈을 꾸면 더 크게 자랄 수 있다. 생각의 크기는 제한을 받지 않는다. 나는 직장 생활을 하면서도 꾸준하게 노력하고 배우는 것을 게을리하지 않았다. 그 결과 자동차와 자동차 부품 관련 전문지식으로 국내외 기업체에서 사회생활을 40여 년간 할 수 있었다. 대기업에서는 열심히 노력하고 공부하려는 의지만 있다면 크게 비용 들이지 않아도 커다란 지식을 자기 것으로 만들 수 있고 더불어 능력도 인정받을 수 있다.

현재 대한민국의 국민 스포츠라고 해도 과언이 아닌 골프에 대해서 알아보고자 한다. 지금은 보편적으로 널리 알려져 남녀노소 많은 사람이 즐기는 운동이고 PGA, LPGA, KLPGA 등 스포츠 방송도 자주 방영되고 있다. 특히 한국 여자 골퍼 중 박세리 선수를 비롯하여 박인비, 고진영, 김세영, 박성현 등은 세계 1위라는 정상에 오르기도 하였다. 2020년 10월 기준으로 메이저 대회인 LPGA에서 최다 우승을 한 선수 중 우리나라 선수가 10위권 안에 4명이나 포함되어 있다. 그들은 세계 골프 역사를 다시 쓰고 있다. 골프가 이미 대중화되었기 때문에 기본 매너를 익혀 두면 언젠가는 요긴하게 사용할 날이 있을 것이다.

3. 사회생활 현명하게 하는 법

1. 군 생활에서 사회를 배우다

　　나는 70년대 후반에 육군으로 입대했다. 함께 군대에 가면 좋은 곳으로 자대 배치를 해 주겠다는 선배의 꼬임에 넘어가 함께 훈련소에서 군대 생활을 시작하게 되었다.

　그러나 훈련소에서 훈련이 끝나고 선배와 나는 각자 다른 자대에서 군대 생활을 하게 되었다. 나는 훈련소 훈련 중 사격 및 기타 평가 점수에서 타의 추종을 불허하리만큼 우수한 성적을 거두어 수료식에서 사단장의 표창을 받고 최우수 훈련생으로 뽑혔다.

　그렇게 훈련소 생활이 끝나고 자대 배치를 받은 곳은 인천의 모 여단사령부였다. 4개 부처와 아래 여러 대대를 두고 있었는데 인사, 정보, 작전, 군수처 중에서 군수처에 배치되었다. 군대를 다녀온 사람이라면 잘 알고 있겠지만 군수처는 군대 내의 모든 군수 물자를 취급하는 곳으로 병사들이 먹는 부식에서부터 병기, 차량, 피복, 탄약, 기름 등 취급을 안 하는 게 없는 곳이다. 내가 군수처에서 근무할 당시에는 PC가 없어서 모든 행정 업무가 수작업으로 이루어졌다. 자대 배치를 받은 후 나는 신상명세서를 작성하였는데 아마도 글씨를 예쁘게 잘 썼기 때문이지 않을까 하는 생각이 든다.

　그곳에서 6개월간 행정 업무를 수행하던 중 여단장님의 사무실 당번병 비서 이 제대하게 되어 후임 당번병을 선발하게 되었다. 4개 부처에서 1명씩 추천을 받아 여단장과 면접을 통해 선발하게 되었는데, 당시 빽도 없었던 내가 선발되어 신기했던 기억이 난다. 그때 사진을 보니 내 모습도 20대에는 잘 생겼던 것 같다 175cm, 60kg쯤 예상.

당번병이 해야 하는 일 중 가장 중요한 것은 귀를 닫고 입을 봉하는 것이다. 여단장실에서 일어나는 모든 말들이 밖으로 새어 나가지 않도록 비밀을 유지하는 것이다. 처음 사무실에 도착하여 배운 게 주임 상사로부터 커피 끓이는 법, 커피잔 갖다 놓는 법, 권총 분해 및 조립, 타자로 매주 병사들 조·중·석식 식단 구성표 작성하여 배포하는 것, 전화 받는 예절, 참모들 회의 소집 등이었다. 그때는 군대 내에 여군이 없어 모든 것을 남자 병사들이 도맡아 해야 했다.

그렇게 당번병이 되고 첫 구정과 추석을 맞이하게 되는데 여단장께서 소장, 중장, 대장 등 선배분들에게 강화도 인삼을 선물하시는 걸 보게 되었다. 강화도 인삼이 그렇게 큰 줄은 군대에서 처음 알았다. 와이셔츠 박스에 인삼 3개와 바위 이끼를 넣으면 아주 근사하고 고급스러운 선물이 되고, 여기에 예쁜 포장지로 포장을 하면 더할 나위 없이 백화점 선물세트보다 고급스럽게 보였다. 그렇게 참모장 당번병과 나는 밤을 새워 선물을 포장하였는데, 지금 백화점에서 점원들이 하는 것보다 더 빠르고 예쁘게 포장을 잘한다.

군대에서 당번병을 하며 앞으로 내가 사회생활을 하게 되면 이런 점은 생활의 지침서로 사용하겠다는 다짐을 하게 된다.

첫째　예의범절을 배우고

둘째　선후배와 상사를 챙기는 법을 배우고

셋째　지역 사회의 사령관으로서 직역 주민과 유대 관계 및 각 기관장과의 관계를 형성하고

넷째　모든 병사를 챙기고 각 부대를 통솔 및 지휘하며

다섯째　냉철한 두뇌와 미래를 내다보는 현명한 판단력을 기를 것

매년 연말이 되면 신문 지상에 오르는 기사 중 올해의 자동차 판매왕이나 보험 설계사 최다 매출 여왕 등 성공담을 유심히 읽어 보면 자기만의 노하우로 고객을 챙긴다. 그렇지 않고 판매왕과 보험왕은 절대 될 수가 없다. 노력 없이 달성할 수 있는 것은 아무것도 없다는 진리를 알게 되고 그분들의 성공담을 기본으로 공부하고 메모하고 노력하는 모습을 배우게 된다. 군 복무 중 배운 지혜는 내가 사회생활을 하는 데 초석이 되었고 나도 그렇게 최고가 되기 위해 노력하고 공부하며 성공하신 분들을 따라하기 위해 최선을 다면서 사회생활을 하게 된다. 그러나 지금은 사회가 투명해지고 「김영란법」이 제정되면서 선물 문화와 상납문화 자체가 사라지고 없다.

그렇게 시간이 흐르고 나도 어느새 병장을 계급을 달게 되고 제대를 3개월 앞두게 된다. 시골 출신으로 가정의 배경도 없고, 가진 것이라고는 학교에서 배운 지식과 젊은 패기가 전부였다. 집안의 장남인 나는 걱정을 할 수밖에 없었고, 빠른 취업을 위해 제대하기 전부터 일반상식과 전공분야 등의 공부를 시작하였다. 그때 마침 후임병이 빨리 내정되어 공부하는 데는 많은 도움이 되었다. 취업 공부를 열심히 하던 중 제대 1개월 앞두고 여단장님께서 영등포에 있는 애경그룹 장영신 회장에게 추천서를 넣어 줄 테니 애경유지에 입사를 하라고 권유하셨다. 그러나 내 전공이 금속공학이었기에 애경과는 맞지 않다는 단순한 생각을 했다. 그 당시 애경은 세제와 비누 등 생활필수품을 생산하는 회사로 주로 고분자공학이나 화학공학을 전공한 사람이 입사하는 곳이라고 생각했기 때문이다. 그렇게 여단장님의 추천을 거절하고 중앙지 신문에 현대자동차 대졸 신입사원 광고를 접하게 되었다. 군대에서 서류를 제출하여 서류 합격 소식을 들었고 필기시험과 면접, 신체검사를 통해 입사하게 된다.

면접 과정에서 군대 보직이 비서직이었다는 걸 알게 된 인사 담당자가 홍보실에서 근무하는 게 어떻겠냐는 제의를 했다. 그러나 나는 전공을 고집하여 결국 홍보실 배치를 받지 않았고 자동차 부품개발 업무를 하게 된다. 지금 생각해 보면 어떤 회사든 다양한 전공자가 필요하다는 것을 현대차에 입사한 후에 알게 되었다. 부품개발 업무도 금속공학과는 크게 관련이 없었다. 대학은 사회생활을 하기 위해 기본을 배우는 것이고 기업체에서는 어느 팀의 어떤 업무를 맡겨도 할 수 있는 만능인재가 되어야 한다. 지금 생각해 보면 그 당시 어려서 아무것도 모르고 바보 같은 생각을 하였던 것 같다. 사실 내 전공을 찾아가려면 포스코가 가장 적합한 기업이었는데 말이다.

이렇게 군대 생활 3년 동안 나는 배운 게 너무도 많았다. 기본 예법과 상사와 선배에게 예절을 지키는 법, 참모들 간에 협업하는 것, 지역 유지들과의 관계를 유지하는 것, 병사들을 지휘하고 통제하는 것, 기업체 및 여러 단체로부터 기증되는 위문품을 전달하는 것까지. 나는 군대 생활 3년이 결코 헛되지 않았다고 생각한다. 내 생에 정말 많은 것을 알려준 스승과도 같은 경험을 하게 되어 사회생활을 하는 동안 산 교육지침서가 되었다. 지금도 나는 그때 배운 예법이 몸에 배어 후배들이나 부하직원들이 내 앞에서 철없이 무례하게 행동할 때는 과감하게 지적하고 시정하라고 한다. 예를 들면 담배를 피우고 담배 냄새가 나는 상태로 곧장 결재서류를 가지고 온다든가, 전날 과음으로 숙취가 덜 풀린 상태에서 입에서 악취를 풍기며 결재서류를 가지고 오면 혼쭐을 낸다.

결론은 병역의 의무를 기피하겠다고 발버둥 치신 분들도 간혹 있으나 군대 생활도 잘 이용하면 배울 게 많다. 또한, 취업의 문이 좁은 것이 사실이지만 미리미리 공부하고 스펙을 쌓아

준비한다면 취업의 문이 열리지 않는다는 법도 없다. 사회에서는 나보다 나이가 어린 사람에게 얼차려를 받을 수가 없다. 군대는 계급사회고 복종을 생명으로 여기기에 오로지 군대에서만 체험할 수 있다. 선배나 동료들도 잘 만나 동료애를 맺는다면 제대 후 사회에서도 도움을 주고받는 사이가 될 수 있다. 세월이 지나고 사회 생활하느라 바빠서 찾지도 생각지도 못했던, 그 당시 함께 복무하였던 박광욱 후임병 S 대학 재학 을 찾아보려고 노력을 하였으나 아직은 못 찾고 있다. 훌륭한 인재로 성장하였을 후임병, 언젠가는 꼭 한번 보고 싶다.

2. 노동조합의 해산으로 올해의 협력사 상을 받다

이원컴포텍주식회사는 코스닥 상장사로 현대자동차 전주 공장과 기아자동차 광주 공장, 두산중공업에 버스와 트럭, 굴삭기용 시트를 개발하여 생산 후 공급하는 1차 협력사이다. 승용차 부품을 생산하는 협력사가 아니다 보니 다품종 소량 생산을 하고 있으며 잦은 금형과 지그류를 교체하며 생산한다. 그러다 보니 생산성도 떨어지고 승용차 생산 협력사만큼 수익도 발생하지 않고 고생하는 것만큼 보람을 찾을 수가 없었다. 대수가 적게 생산되는데도 불구하고 부품의 단가 결정은 승용차와 동일한 원가 기준서로 계산하기 때문에 어려움이 더 많고, 승용차는 5년마다 풀 모델을 체인지하기 때문에 단가를 현재 시점에 맞게 책정할 수가 있다. 예를 들면 매년 임금이나 전력비 자재비는 상승하는데 상용차는 5년마다 모델 체인지 없이 차를 10년씩 생산하다 보니 10년 전 단가로는 회사 경영이 사실 불가능할 정도이다. 회사에 이익이 발생치 않으니 직원들 사기도 떨어지고, 회사에 있는 기계장치도 노후하여 무엇인가 변화가 필요한데 모든 여건이 쉽지 않은 게 사실이다. 따라서 회사의 새로운 돌파구를 찾기 위해 현대상용차 구매팀과 서울 양재동 본사 구매본부를 찾아다니면 애로 사항을 하소연했지만, 실무자들이 결정할 사항이 아니고 버스나 트럭이 승용차만큼 팔리는 것도 아니고 수요가 한정된 시장에 얽매여 있다 보니 이해는 간다.

돌파구를 찾기 위해 침체된 회사의 조직 분위기 쇄신 차, 직원들과의 단합 대회를 추진했다. 산행을 함께하며 땀도 흘리고 산행 후에는 시원한 막걸리 한 사발에 사이다를 섞어서 마시며 다시 한번 의기를 투합했다. 직원들과 한마음이 정립되고 정리, 정돈, 청소, 마이머신 등의 활동을 추진한 결과, 회사가 조금씩 개선되고 나아지는 걸 느꼈다. 그러나 2015년 10월 12일 청천벽력 같은 금속노조가 회사에 설립이 되면서 고생의 길을 걷게 되었다. 그 당시 회사는 훈련소가 있는 논산의 소도시에 있었고 회사의 규모는 매출 420억 원에 직원 140여 명이 가족처럼 화목하게 일을 하고 있을 때였다.

갑자기 회사에 노동조합이 설립되었다는 신고서를 접수하고 노동조합 관련한 전문지식이 없었던 터라 우왕좌왕할 수밖에 없었다. 주변 회사인 알루코주식회사에서는 자기 회사에 노동조합이 설립될까 봐 전전긍긍하면서 우리 회사를 매일 예의 주시하였다.

우리 회사의 생산 시스템은 컨베이어벨트 위에서 컨베이어가 돌아가면 제 자리에서 자기가 담당한 공정에서 볼트나 너트를 조립하면 끝나는 단순 생산방식이라서 전체 직원 중 여직원이 30% 정도에 달하였고 특히 여직원들은 근속 연수가 20년 정도 되어 장기근속자가 많았다. 그 당시 급여 수준은 논산 지역의 기업체 평균을 상회하는 급여를 지급하고 있었기에 거래 은행인 기업은행에서도 의아하게 생각을 하고 있었고 관리직 직원들도 노조의 설립은 정말로 큰 충격이었다. 급여가 생산직군 기준 최저시급이 5,580원 2014년 5,210원 에 100~200원을 더 지급하고 있었고 별도로 상여금이 600%를 지급하여 급여에 대한 불만은 생각조차 할 수가 없었다. 주변의 회사들은 주·야간 작업을 하여야만 우리와 비슷한 급여를 받았기 때문이다.

　노동조합이 설립되고 나니 그다음 날부터 노조위원장으로 선출된 김효정 위원장은 하루에 세 번씩 내 방에 방문하면서 노조 사무실과 회의실 집기류, 책상, 의자, PC, 전화기, 서랍장, 에어컨 등 많은 것을 설치해 달라고 요구하기 시작하였다. 뿐만 아니고 전임자의 인정을 요구하며 강요와 집착을 일삼았고, 사람이 일할 수 없도록 하였다. 「노동조합 및 노동관계조정법」 제24조에 의거, "근로자는 단체협약으로 정하거나 사용자의 동의가 있는 경우에는 근로계약 소정의 근로를 제공하지 아니하고 노동조합의 업무에 종사할 수 있다."라고 규정되어 있다. 전임자란 바로 이를 말하는 것이었다.

　회사에서는 15년 11월은 2016년의 사업계획을 구상하고 올해의 실적을 종합하여 성과의 부진한 부분을 점검하는 시기로 예산도 확보된 게 없었다. 하여 16년도에 예산을 반영하여 내년 초에 사무실 및 회의실 건립을 검토하겠다고 하였으나 막무가내였다. 하는 수 없어 전임자는 1명을 인정하였으나 전임자가 선정되고 난 후 대의원 선출과 직무별 부장급을 선임하여 조직적으로 회사에 요구 사항이 많아지고, 고함과 욕설에 가까운 말로 회사를 압박하면서 회사 간부들의 입에서 말실수가 나오기를 기다리는 듯 시비를 걸어 왔다.

　이렇게 밀고 당기면서 15년도가 저물게 되고 16년 새해가 밝자마자 충남지부에서 승합차에 설치된 확성기를 빌려와서 아침, 점심, 저녁 시간에 큰소리로 틀고 사무실로 스피커가 향하도록 설치 후 법으로 정한 소음의 크기를 초과하면서 업무를 방해하기 시작하였다. 그때 여직원 중 한 명은 임신 중이었던 것으로 기억하는데 소음으로 인해 스트레스가 심하다는 민원을 넣으며 소음을 법규 이내로 낮추어 달라고 요청하였으나 받아들여지지 않았다.

특히 점심시간에 손님이 방문하여 식사를 위해 함께 정문을 나가려고 하면 나갈 수 없도록 가로막았다. 결국, 어쩔 수 없이 손을 쓸 수밖에 없는 상황이 오는데 자칫 잘못하여 여직원의 몸에 닿기라도 하면 성희롱으로 고발하겠다는 협박을 받기도 했다. 그럴 때는 등 뒤로 뒷짐을 진 채로 밀고 나갈 수밖에 없었다.

그렇게 3개월가량 지났을까 2016년 1월 5일, 이번에는 「노동조합 및 노동관계조정법」의 제30조 교섭 등의 원칙에 의거 제1항 "노동조합과 사용자 단체는 신의에 따라 성실히 교섭하고 단체협약을 체결하여야 하며 그 권한을 남용하여서는 안 된다."라는 규정과 제2항 "노동조합과 사용자 또는 사용자 단체는 정당한 이유 없이 교섭 또는 단체 협약의 체결을 거부하거나 해태하여서는 아니 된다."라는 규정을 근거로 단체협약 138개 항을 요구해 왔다. 그러나 소규모의 중소기업에서는 감당할 수 없을 정도의 복리후생을 요구하고 장기근속자의 해외여행과 경비 부담, 애경사 발생 시 요청 사항까지 어마어마하였다. 또한, 여름 휴가 시 바닷가에 휴양소 설치를 요구하기도 하였다. 단체협약서의 주요 내용은 노조 사무실 및 회의실 집기류 설치, 급여 200% 인상 **당시 급여 평균 3,300만 원** , 600% 정도 지급되던 상여금을 800%까지 인상할 것을 요구하였다. 모두 계산하면 연간 20억 원이 소요되었다. 그뿐만 아니라, 복지 부분에 대한 개선 단체협상안의 138개 항을 대기업 수준으로 요구하였다.

당시 회사는 2013년도에 중국 사천과 터키 부르사에 현대자동차와 동반 진출을 하였으나 목표대비 10%밖에 생산하지 못해 고정비도 감당하기 힘들었다. 그 결과로 터키에 있는 공장에서는 15년도까지 36억 원의 손실이 발생하였고 중국 공장은 10억 원 정도의 손실을 받은 상태였다. 해외 공장의 누적 적자로 회사 운영이 불가하여 현대자동차에 공문을 발송하고 손실금액 보상을 요청하였으나 그게 하루아침에 보상을 받을 수 있는 상황은 아니었다. 게다가 진출할 당시 기획을 맡았던 담당자는 모두 퇴사를 했거나 타부서로 전보가 된 상황이었다. 회사의 사정을 노조에 설명하고 조회 시간마다 설명했지만, 들으려고 하지 않았다. 그들은 회사의 경영난조는 노조의 잘못이 아니라 경영진의 잘못이니 현대자동차와의 사정은 알아서 하라는 식이었다.

이번에는 단체협상안을 만들어 가지고 왔다. 회사에서는 단체협상을 기피했다는 이유로 노동청에 신고가 되는 게 두려워 1월 20일부터 협상에 참여하기 시작했다. 우리 회사의 일을 회사와 노조 당사자 간에 해결하는 게 아니고 상급단체 충남지부 부회장이 협상장에 들어와 회사 사정은 무관하게 조합원들의 요구를 대기업 수준으로 해달라고 강력하게 요청하였다. 당연히 협상은 불가능한 일이었다. 일주일에 2번씩 만나 협상을 진행하였으나 내용을 읽고 듣는 정도로 고함이 난무하면서 그렇게 3개월이라는 시간을 끌었다.

단체협약서의 내용 중 회사가 들어줄 수 있는 것은 하나도 없었고 인정을 할 수도 없었다. 그렇게 단체협상이 끝나갈 무렵 회사에서도 회사안을 만들어 노조 측에 전달하고 이번에는 회사안으로 협상을 진행하자고 요청하였다. 그러나 노조 측에서는 끊임없이 거부하였고 결국 회사안을 검토할 것을 설득하는 데에 또다시 2개월이라는 시간이 끌렸다. 이때가 15년 5월쯤 되었다. 단체 협상이 결렬되고 나니 이번에는 임금인상안을 만들어 제시면서 또다시 노조 5명과 상급단체 1명이 협상에 참여하였고, 그러다 보니 생산 현장은 작업자 5명이 빠져 목표 생산 수치를 달성할 수 없었다.

이렇게 임금인상안도 노조가 원하는 대로 진행이 되지 않자 노조에서는 충남지방 노동위원회에 조정을 신청하였다.

노조가 제시한 조건은 기본급을 150,000원 **시급 616원** 으로 하고 임금협상 및 단체협약의 임금성과 관련된 내용은 기본급으로 갈음하라는 것이었다. 또한, 금전적인 내용 외에는 단체 협상으로 계속 진행하라는 요구를 해 왔다. 용접 및 발포라인 외주화는 원복을 요구하였으나, 회사에서 제시한 단체협상안에 서명한다면 기본급 109,575원과 타결금 50만 원을 지급하겠다고 제의하였다. 그러나 노조 측은 회사의 제안을 받아들이지 않았다. 그러자 회사에서는 법의 테두리 안에서 자구책으로 용접과 발포라인 외주화를 시행하였고 원복 불가로 설명하였다.

그 이후 조정위원회 중재안은 노측에서 제시한 15만 원 인상은 민주노총 전체 사업장과 비교하면 60% 정도로 합리적으로 제시한 금액이며, 상여금을 포함한 금전적인 내용을 기본급 인상으로 갈음한다고 하니 회사에서도 정부에서 고시한 최저시급만 고집할 게 아니라 전향적인 금액을 제시하도록 요청하였다. 양측에서 제시한 금액의 차이가 크지 않고 조정의 여지가 남아 있으므로 조정을 연장하며 2016년 3월 21일 15시에 3차 조정을 하기로 하였으나, 그 이상의 결론은 도출하지 못하였다.

그 무렵 노조 측은 태업을 계속 이어갔고 주간에 생산 라인에서 노동법을 지킨다는 명분으로 자리는 지키되, 생산물량을 50%로 줄여서 생산하기 시작했다. 협력사에서 입고되는 양품을 품질 문제로 트집을 잡아 문제 부품으로는 생산할 수 없다고 우기면서 일부러 저조한 실적을 기록하였다. 당일 계획대비 부족한 50%의 생산 수량은 관리자들이 밤을 새워 생산하여 고객사의 결품을 막기에 이르렀다. 관리자가 주간에는 자기 업무를 하고, 야간에는 생산을 지원한다는 게 여간 어려운 일이 아니었고, 시간이 흐르자 관리자도 지쳐만 갔다. 여기저기서 불만이 터져 나오는 것은 당연한 수순이었다. 결국, 회사는 생산 현장을 17시에 종료하고 잔업 비용을 관리자에게 지급하기로 약속하며 관리자들을 독려할 수밖에 없었다.

하루하루가 피를 말리는 듯한 시간이었다. 단체협상에서 노조안과 회사안을 모두 읽었고 임금 인상 요구안도 모두 읽었으나 소득이 없자, 이번에는 대전 노동청에 임금인상 조율을 요청해서 3회에 거쳐 조정위원회에 출석하여 조정 시간을 가졌으나 나는 회사 사정이 좋지 않아 절대로 노조안을 받아들일 수 없다고 버텼다. 회사에서는 우선 전임자 한 명만 인정하기로 했고, 사무실, 회의실, 단체협상, 임금협상 등 나머지 협상 사항은 모두 결렬되고 말았다. 노조에서는 악이 극에 달할 정도로 올라서 눈에 보이는 게 없는 것 같았다.

이번에는 상급단체를 회사로 끌어들여 150여 명이 집회를 열기도 하였고 논산 지역에 노동조합이 있는 회사에서 지원을 나오기도 하여 아수라장이 되었다. 노산경찰서 정보과에 혹시 발생할 불상사를 대비하여 경찰배치를 공문으로 요청하였고, 경찰서에서 나와서 감시와 상황을 점검하였으나 조합원 수가 적은 관계로 불미스러운 사고는 발생하지 않았다.

사람들은 대부분 노조가 약자라고 생각하는데 나는 절대로 그렇지 않다고 생각한다. 노동법이 있고 법 테두리 안에서 노동조합 활동이 이루어져야 하지만, 그들은 항상 법을 어기고 회사를 일방적으로 밀어붙이기 일쑤였다.

법으로 정한 확성기 소음은 70dB이지만, 그들은 항상 90dB 이상으로 확성기를 사용했다. 집회 신고 또한 업무 종료 후 회사 정문 밖에서 하겠다고 작성해 놓고 작업 종료 전에 회사 안에서 집회를 시작하는 바람에 관리자와 상급단체 간의 몸싸움은 끊일 날이 없었다.

이렇게 집회는 매일 반복 되었고 노조 간부들은 회사 안에 텐트를 치고 먹고 자기를 계속하면서 회사를 압박하였으나 우리 관리자는 절대로 밀릴 수 없었다. 회사 내에서 숙식하는 직원들이 식당의 가스를 잘못 사용하여 화재가 일어날 위험도 있고, 전기장판을 사용하면서 합선에 의한 화재도 우려되었기에 회사 쪽에서는 퇴근 후에 수도, 전기, 가스를 모두 잠그는 방식으로 되받아쳤다. 양쪽이 계속해서 평행선만 긋는 상황이었다. 누군가는 결단을 내려야만 했다.

논산 2공장에서 작업하던 용접제품은 1공장 사내에서 생산하였는데, 이 제품이 없으면 후공정 업무가 불가능하였기에 아산에 서원산업이라는 전문 업체를 선정했다. 노조원들이 회사 내에서 숙박하는 모습이 보이지 않는 어느 날 007작전에 돌입하여 새벽 2시에 관리자 전원을 호출하여 회사에 집결시키고 발포 금형 **알루미늄 재질** 900개를 모두 5톤 트럭 9대를 불러서 금형 전체를 아산시에 있는 협력사로 외주를 주었다. 그와 더불어 생산 대수가 제일 많은 차종의 조립 라인을 별도로 추가 제작하여 봉동의 외주업체에서 위탁 생산할 수 있도록 조치하였다

다음날 회사에 출근한 노조원들은 아연실색하였고 다음 단계로 생산 라인에 있으면서 태업을 시작하였다. 자리는 지키고 생산 대수를 50%로 감산하는 것이다. 작업 라인에 이탈은 하지 않았으니 시급에 의한 급여는 지급된다는 사실을 알고 행동에 돌입하였고, 평일 야간 연장 작업과 주말 특근은 계속 거부하였다. 결국, 관리자와 필자까지도 작업장에 투입되어 제품을 생산하였고, 고객사에 결품은 막을 수 있었다. 또한, 회사는 변호사를 선임하여 지금까지 불법을 일삼아 온 노조 간부들을 대상으로 고소·고발을 하기 시작하였다.

2016년 5월 4일 인사위원회를 개최하여 김효정 노조위원장 6월 20일 **30일 전 통보해야 함** 부로 해고, 전현일 정직 2개월, 김수현 정직 2개월, 이미자 정직 3개월, 김병훈 정직 2개월의 징계를 강행하였다. 그리고 논산시 각종 단체에 회사가 처한 현실을 문서로 호소하였다 **상공회의소, 논산시청, 각종 시민단체, 회사 정문으로 출근 직원들에게 호소문 전달 등**.

많은 시간이 흐르면서 노조의 요구가 받아들여지지 않고 노조의 뜻대로 되지 않자 잔업과 특근을 거부하여 발생한 급여 손실로 정기적금, 학원비, 관리비 등 생활에 문제가 발생한 노조원들이 한명 두명씩 노조를 탈퇴하기 시작하였고 1년이 지난 2016년 11월 노조 위원장은 필자에게 사과

문을 벽보에 붙이고 「노동조합 및 노동관계조정법」 제28조 3항 총회 또는 대의원 회의를 통해 노조 해산 결정을 하고 결국 해산에 이르렀다. 노조의 해산을 노동청과 상급단체에 신고하면서 1년 1개월의 뜨거운 논쟁이 막을 내리게 되었다. 「노동조합 및 노동관계조정법」 제28조 3항 "총회 또는 대의원 회의를 통해 노조 해산 결정을 할 수 있다."라는 규정에 의거하여 노조는 결국 해산에 이르렀다.

그 결과 2017년 1월 17일 현대자동차 협력사 춘계 제주세미나에서 정몽구 회장으로부터 1차 협력사 중 노조 설립 후 해산된 회사는 우리 회사가 유일하고 하여 노사협력부문 표창장과 포상금을 받기도 하였다

필자는 노조가 설립되고 노조대응과 단체협상, 임금협상, 확성기에 의한 유언비어와 욕설 등으로 몸이 만신창이가 되었다. 그 결과 머리카락이 모두 빠지는 탈모 현상이 발생하여 울산의 공업탑 로터리 근처에 있는 유명한 탈모 병원까지 다니며 탈모 치료까지 받아야 했다.

노조가 설립되고 해산되기까지의 애로 사항은 글로 다 표현할 수는 없다. 직원들을 압박하고, 급여를 탈취하고, 상여금을 미지급하고, 많은 이익이 발생하였는데도 불구하고 직원들에게 이익을 분배하지 않는 회사가 있다면 당연히 생산직원들의 보호를 위해 노동조합이 필요하다고 본다. 그런데 요즘은 그런 회사도, 오너도 없다고 생각한다. 1988년 민주화 이전에는 혹시 있을 수도 있었으나 지금은 세상이 투명해져서 그렇지는 않을 것이다. 가끔 신문에 오르내리는 악덕 오너 중 회삿돈으로 부동산 투기를 하는 사람들이 있기는 하나 그것은 깨끗한 물을 흐리는 일부 미꾸라지라고 생각한다.

정부에서도 기업들이 새로운 사업을 자유롭게 창업할 수 있도록 제도와 분위기를 쇄신하고 노동개혁을 체계적으로 추진해 기업들이 청년을 채용할 수 있는 기회를 넓혀 주고, 노동계의 일방적인 요구도 변해서 유연한 노동 정책이 자리를 잡아갔으면 좋겠다. 또한, 중소기업에서 특허나

노하우가 있어 타 회사가 넘볼 수 없는 기술력을 보유하고 있다면 이익이 상대적으로 많이 발생할 수도 있으나, 많은 대기업이 경쟁 입찰을 통해 기술력과 품질이 확보되고 단가를 낮게 제출한 회사를 선정하기 때문에 매출 대비 영업이익이 3% 발생하면 평균적인 회사로 생각한다.

나는 노동조합이 생기고 많은 생각을 했다. 불편, 갈등, 변화를 있는 그대로 받아들이고 인정할 수 없지만 때로는 극복해야 할 과제가 대표이사의 임무가 아닌가 생각을 한다. 급변화하는 상황에 자신과 조직을 적응시키는 능력이 탁월한 대표이사는 불편, 갈등, 변화를 인정하는 법을 배우게 하는 것 같다. 불편하고 짜증스러움을 느끼지 않는다면 배우고 있지 않거나 빨리 변화하고 있지 않은 것이라 생각한다. 조직을 이끌 때 불편한 상황에 놓이는 것이 실제로 일종의 타개해야 할 목표라 생각을 한다. 그러한 역경을 극복해야 하는 게 대표이사가 할 일이다.

인간은 고난을 겪으면 더욱 강해진다고 한다. 자연은 인간이 고난을 겪으면 더 강해지도록 설계를 한 모양이다. 만약 문제가 없어서 열심히 노력할 필요가 없다면 인간은 뇌세포를 사용하지 않아 약화되고 퇴화될 것이기 때문이다. 단련하지 않으면 다리나 팔이 근육이 없어지고 약해지는 것처럼. 신은 인간의 신체나 머리를 잘 쓰지 않고 관리하지 않는 사람에게 벌을 내릴 것 같다.

그 이후 회사는 충남 논산에서 전북 정읍시로 이전하게 되었는데 정읍 공장 위치는 내장산 자락에 있고 6,300평의 대지 위에 건평 3,300평 규모의 첨단 설비로 공장을 신축하여 이전하게 되었다. 이전 후 정읍 공장은 규모나 환경 면에서 매우 친화적인 분위기로 거듭나게 되었고. 현장직 직원들은 조 반장을 제외하고는 모두 정읍시에서 신규 채용하여 지역 사회 고용창출에 이바지하고 가족 같은 분위기에서 일할 수 있게 되었다.

HYUNDAI
MOTOR GROUP

올해의 협력사
Supplier Of The Year, 2016

노사협력부문

이원컴포텍주식회사
대표이사 류 일 주

귀사는 남다른 노력과 투철한 사명감으로 노사협력을 통한 생산성
향상에 매진하여 현대·기아자동차의 경쟁력 강화에 기여한 공이
지대하므로 올해의 협력사로 선정하며 이 패를 드립니다.

2017. 1. 13

현 대 자 동 차 그 룹
회장 정 몽 구

▶ 현대차 노사협력부문 표창장

우리기업 최고 **최고의 상용자동차 자동차 시트 생산 전문기업 ㈜이원컴포텍**

충남 논산에서 올해 정읍으로 본사 이전....직원 90%가 정읍시민

정읍의 백년을 책임질 '곳간'으로 기대를 모으고 있는 곳이 있으니, 바로 신정동 일원이다. 이 곳에는 3개 국책연구기관 (한국원자력연구원첨단방사선 연구소, 한국생명 공학연구 전북분원, 안전성 평가연구소전북본부)과 관련 연구시설, 이와 연계 조성된 첨단과학산업단지가 들어와 있다. 이를 기반으로 전북연구개발특구로 지정돼 있기도 하다.

㈜이원컴포텍(대표 류일주, 이하 이원컴포텍)은 세계적인 품질의 상용자동차 시트 생산 전문기업으로, '살맛나는 첨단경제도시 정읍'을 이끌어 가고 있는 첨단과학산업단지에 자리하고 있다. 9월 28일 찾은 현장은 '무언가를 만들어 내는 공장'이라고 믿기 어려울 정도로 조용하고 깨끗했다. 공장을 둘러싸고 있는 내장산과 용산호 등 주변 경관이 빼어나고 쾌적한 이유도 컸지만 모든 공정이 최첨단 자동화시스템으로 이루어지기 때문이라는 설명이다.

이원컴포텍은 지난 1994년 충남 논산에 출발했다. 시작은 크지 않았으나 현재는 자본금 71억원, 연간 매출에 500억원을 넘나드는 기업으로 성장했다. ㈜이원컴포텍(대표 류일주)은 현대지동차 전주공장과 기아자동차 광주공장에 자동차부품(자동차 시트)을 납품하고 있다. 트럭과 버스, 굴삭기 등의 기능부품(Suspension)이 요구되는 시트부품 독자제작으로 국산화에 성공했다. 특히 신기술 개발에 주력해 Spring Suspension Seat, Air Multi-Function Seat, Premium Seat 등을 생산함으로써 고객 만족을 충족시킴은 물론 두터운 신뢰를 쌓아가고 있다.

이를 기반으로 이원컴포텍은 세계적인 기업으로 성장해가고 있다. 2012년에는 중국법인, 2014년에는 터키법인도 실립해 중국과 라오스, 터키에 제품을 공급 중이다. 특히 올해 논산에서 본사를 정읍(정읍시 신정동 첨단과학산업단지 1507-1 외 5필지)으로 이전, 주목받고 있기도 하다. 올해 현재 기준 매출액은 500억원 규모로, 지역경제 활성화에 크게 기여하고 있다. 뿐만 아니라 직원 120명 중 90%가 정읍시민들로, 지역민들에게 탄탄한

일자리를 제공하고 있기도 하다. 특히 일자리 제공 뿐 아니라 지역 사회 유능한 인재 발굴에도 적극 나서고 있다. 터키와중국 등 해외공장 연수를 통해 도전 정신을 일깨움은 물론 글로벌 인재로 발돋움할 수 있도록 지원하고 있다고 한다.

직원들을 위한 투자도 돋보인다. 쾌적한 작업환경 뿐만 아니라 학자금 지급과 통근버스 운행, 각종 휴가비와 명절 선물비 지급, 장기 근속자 종합검진과 기숙사 운영, 자녀 학자금,경조사비와 동호회 운영비 지원 등을 통해 탄탄한 직원복지 시스템을 구축하고 있다.

류대표는 "내장산과 용산호 등 공장 주변 환경이 아름답고 쾌적할 뿐만 아니라 첨단방산선연구소를 비롯한 3개 국책연구기관과 연계시설이 강취 줘 있어 기업하기 좋은 곳이다" 며 "이러한 입지를 기반으로 앞으로 정읍 경제 발전과 지역민들에게 일자리를 제공하는데 더 많은 노력을 기울여 나가겠다"고 밝혔다. 또 "기업 활동에 각종 인허가 규제 등 불합리한 기업규제를 발굴하고 해결하는데 정읍시가 더 많은 관심을 갖고 해결하는데 앞장서 달라"는 말도 덧붙였다.

기획예산실(☎063.539-5082)

▶ 전북일보 기사

3. 취미 생활을 봉사활동으로 발전시키다

　　봉사활동이란 국가나 사회 또는 남을 위하여 자신을 돌보지 아니하고 힘을 바쳐 애쓰고 노력하는 모든 활동을 말한다. 봉사활동 자체는 시간이나 돈이 많아야 하는 것도 아니고 재미로 하는 것도 아니다. 한 사람의 생각을 여럿이 모아 함께 하는 게 효과도 있고 보람도 있다. 물론 개인적으로 자수성가하여 성공한 기업체 회장 같은 경우는 그 사람의 위치에서 할 수 있는 봉사를 하면 되는 것이고 여기서는 보통 일반적인 사람들이 할 수 있는 봉사활동과 내 이야기를 해 보려고 한다. 어떠한 일을 하는 데 있어서 적절한 시기는 없는 것 같다.

　기회는 일반적으로 돈이라고 이야기하는 사람이 많다. 하지만 기회는 오는 것이 아니라 만들어 가는 것이다. 기회가 지나가는 것이기 때문에 준비한 사람만이 그것을 잡을 수가 있다. 꿈과 비전을 가진 사람, 열정과 지혜를 가진 사람만이 그 기회를 잡기 위해 준비한다. 기회는 정체된 상태에서는 만날 수 없다. 계속해서 무엇인가를 시도하고 또 시도할 때 비로소 찾아오는 것이다. 때로는 그 시기가 실패로 결론이 날 수도 있으나 그때마다 실패를 기회로 삼아 배우고 긴장을 놓지 말아야 하는 이유다. 기회는 항상 지나가면서도 다가오는 것이다. 인생을 살다 보면 3번 정도 돈을 많이 벌거나 신분을 바꿀 기회가 온다고 한다. 기회를 잘 잡아서 성공하는 사람이 있는 반면에 기회가 와도 기회가 온줄 모르고 그냥 지나치는 사람도 있다. 기업에 합격 통보서나 승진, 연애, 결혼도 마찬가지다. 자기 자신의 실력도 모르고 경쟁이 치열한 대기업에 응시한다든가 천생배필이 될 사람이 다가와도 모르고 기회를 놓치는 사람도 많다.

　직장에서의 승진 기회도 꼭 한 번만 있는 것은 아니다. 입사 동기는 조기 승진한 반면에 본인은 승진 연한이 지난 후 승진하는 경우가 있는데, 이런 경우는 무슨 수를 써서라도 만회할 기회를 스스로 만들어야 한다. 실력을 쌓고 전문지식을 증대시키고 상사와 좋은 유대 관계를 맺고 하는 게 모두 기회를 포착할 수 있는 시기를 만드는 것이다. 부동산도 살면서 3번의 기회가 찾아온다고 한다. 그런데 그것을 잘 준비하여 적절한 시기를 잘 잡은 사람은 성공하고 그렇지 못한 사람은 실패하게 된다. 우리가 어떤 목적을 설정하고 준비를 철저히 한다면 그 시기가 왔을 때 심사숙고하여 실행에 옮겨야 성공할 수 있다.

과거를 돌이켜 본다면 수능 시험을 잘 보고 그 결과에 따라서 어느 대학을 입학하느냐에 따라 인생이 바뀔 수 있다. 적성을 고려하여 자기가 제일 잘하는 분야에 지원하면 그만큼 성공 확률도 높은데 현실적으로 그렇게 하지 못한 경우도 종종 있다. 왜냐하면 부모 세대가 그렇게 살아왔기 때문이다. 그들은 좋은 대학에 입학해야 졸업 후 성공할 수 있다고 믿는다.

사람이 세상을 살아가면서 찾아오는 기회를 잡지 못하고 그 기회를 놓치면 다른 사람과의 격차가 더욱 벌어진다. 부동산이든 주식이든 투자할 기회가 왔을 때 그 기회를 놓치고 투자하지 않으면 부자가 되기 어렵고 기회를 내 것으로 만들려면 기회를 포착하는 타이밍과 현명한 판단, 신중한 결정이 뒤따라야 한다. 로또 복권에 투자도 하지 않는 사람이 로또 당첨자를 부러워하는 것은 바보 같은 짓이다. 직장 생활의 초년생도 5년 계획과 10년 계획을 수립하여 종잣돈을 미리 만들어야 부동산이나 주식 등에 투자할 수 있지 그렇지 않은 사람에게는 어떠한 기회도 오지 않는다.

필자와 잘 아는 지인 한 분의 사례를 소개해 보려고 한다. 그분이 직장 생활을 26년 정도 할 무렵 직장 생활도 안정되고 직급도 상승하여 퇴근 후 시간적인 여유가 많은 시기에 음주를 매우 즐겼다. 그는 퇴근 후 매일같이 시내의 소주방과 유흥업소에 들렀다. 세월이 흘러 그 친구는 몸이 많이 쇠약해졌고 결과적으로 남은 게 아무것도 없었다. 필자는 나이 들고 퇴직 후에도 할 수 있는 취미로 악기 하나는 연주할 수 있어야겠다고 생각했다. 비록 악보 **콩나물**를 접한 지도 오래되어 처음부터 모든 것을 다시

배워야 했으나 용기 내어 음악 학원에 등록하고 거금을 들여 악기를 구입한 뒤 열심히 악기 연주를 배웠다. 그렇게 3개월의 시간이 조금 지나서는 악보도 읽고, 반주기를 따라서 노래를 연주할 수 있게 되니 신기하기도 하고 나 자신이 대견해지면서 하늘을 날 것만 같은 기분이었다. 또한, 취미가 같은 지인을 만나게 되고 남녀노소 구분하지 않고 50여 명이 동호회 앙상블을 만들어 함께 연주 봉사활동을 하게 되었다. 단지 취미활동으로 배우던 것이 범위가 커지면서 연주 봉사까지 할 수 있으니 얼마나 대견하고 자랑스러운 일인지 모른다.

지금 생각해도 가슴 벅찬 일이고 잘 선택한 취미라 생각한다. 연주가 가능해질 무렵에는 개인용 반주기와 앰프, 스피커를 세트로 구입하였다 **약 2천만 원 상당**. 집에서도 가끔 조용하게 연주를 하고 동호회원끼리 연주회와 취임식, 결혼식, 야외 음악회에 참석하여 연주한 다음 수고비를 받아서 모은 돈으로 복지관과 양로원에 쌀이나 라면 같은 식재료를 기부하기도 했다. 가끔 여름철 바닷가에 무대를 설치하고 열대야를 피해 밖으로 나온 시민들에게 연주 봉사를 하기도 했다. 정말 보람된 일이었다.

이것이 아무것도 아닌 것 같지만 60대 중반이 넘어서 생각해 보면 친구들이 할 일 없이 공원에 가서 빈둥거리거나 장기, 고스톱을 하며 허송세월로 보내는 데 반해 필자는 취미를 가지고 있고 동호회원이 있어 좋고 다른 친구가 할 수 없는 연주를 하게 되니 행복하고 어깨가 으쓱해지기도 한다. 지금도 음악 학원에 다니면서 시간 있을 때마다 손이 굳지 않도록 연습을 한다. 이유는 간단하다. "하루 연습을 안 하면 나 자신이 알고, 이틀 연습을 안 하면 비평가들이 알고, 사흘 연습을 안 하면 청중이 모두 안다.”라고 한다.

세계적인 피아니스트인 블라디미르 호로비츠가 한 말이다. 비록 그에 미치는 실력은 아니지만, 같이 악기를 다루는 사람으로서 정말 공감이 되는 말이다. 연습을 게을리하면 손가락이 잘 안 움직이니 소리가 제대로 나올 수 없고 듣는 사람이 괴롭다. 그러니 작은 습관이라도 만들어 꾸준히 연습하고 노력해야 마음이 즐겁다. 손가락 운동을 많이 하면 치매 예방에도 도움이 된다고 하니 모두 하나쯤 다룰 수 있는 악기를 만들어 보도록 하자.

이렇게 조그마한 습관을 계속하다 보면 그 습관이 성장하여 큰 습관으로 발전하게 된다. 오늘 안 하면 내일도 하기 어려운 게 습관이다. 운동도 마찬가지라는 생각이 든다. 운동을 계획하고, 신발을 사고, 운동복을 구입하고 의기양양하게 계획대로 모든 게 잘될 것 같았는데 비가 내린다고 쉬어 버리면 그다음 날에 괜히 늦장을 부리는 것이다. 인간의 의지는 참 나약하기 그지없다. 보통 사람들은 이렇게 자기합리화를 하며 살아왔을 것이다. 계획한 것을 오늘 실천하지 못하면 내일도 모레도 영원히 못 하는 게 현실이다. 목표를 정하였으면 비가 오나, 눈이 오나, 바람이 부나 계획을 밀어붙이고 실천해야 결과를 맺을 수 있다. 기회는 항상 곁에 있는데 기회를 잡을 준비가 된 사람과 안된 사람의 차이는 하늘과 땅 사이만큼 커다란 것이다.

자원봉사 自願奉仕 라는 뜻은 한자로는 ‘자기 스스로 원하여서 받들고 섬긴다.’라는 뜻이다. 사회 또는 공공의 이익을 위한 일을 자기의 의지로 행하는 것을 말한다. 자원봉사 활동은 단순히 돕는 것이 아니라 받드는 것으로서 다른 사람의 인격을 존중하면서 자발적으로 도움을 주는 행동을 말한다.

시대별로 차이는 있을 수 있으나 과거에는 주로 어려운 환경의 이웃을 섬기고 돕는 행위로 자원봉사를 이해하였다. 그러나 오늘날에는 돌봄과 연대의 정신을 통해 사회적 문제를 해결하는 활동으로 이해한다. 넓은 의미의 자원봉사는 지역 사회 문제나 국가의 공익사업에 자발적으로 참여해 공동체 문제를 함께 참여하고 해결하는 활동으로 이해된다. 그리고 이를 통해 다른 사람을 돕고자 하는 욕구를 충족하면서 삶의 의미를 찾고 자아를 실현할 수도 있다.

필자는 취미 생활을 통해 취미가 같은 많은 사람을 만났고 그들과 연주를 하고 호흡하면서 먼 훗날 내가 사회생활을 접고 하는 일이 없을 때를 대비하여 사회복지사 자격증을 취득하기로 마음먹고 열심히 공부하여 자격증을 획득하였다. 자격증을 보유하여 복지관 관장이 된다면 동호회 회원들을 자주 복지관에 초대하여 어르신들에게 신선한 음악을 전해드릴 수 있기 때문이었다. 그러나, 마음먹은 것만큼 복지관 관장이 되는 것은 어려울 것 같다. 젊고 능력 있는 관장들이 많기 때문이다.

어떻게 되었든 필자는 취미 생활로 시작한 연주로 색소폰 오케스트라 앙상블을 만들어 취미 생활도 즐기고 봉사를 할 수 있으니 이 얼마나 일석이조로 보람된 일인가? 여러분도 마음만 먹지 말고 지금이라도 학원에 등록하여 자신이 하고 싶은 취미를 선택하고 발견해서 실천해 보기를 적극적으로 권장해 본다.

1) **무료 급식 및 위문 방문**

2008. 12. 22.	창포 복지회관 무료 급식
2009. 09. 02.	경주 대학원생 초청 무료 급식 및 회사 견학
2009. 07. 25.	학산 종합복지회관 무료 급식
	참사랑교회 위문, 포항 사랑실천의 집 위문
	해군 6전단 위문

2) **색소폰 연주회**

2008. 08. 12.	선린병원 환자 위문 연주
10. 21.	부조장터 축제 지역주민을 위한 연주
10. 24.	포항 어린이집 연주
10. 25.	행복한 교회 주민 초청 연주
2009. 05. 02.	청하중학교 학생 및 학부모를 위한 연주
05. 30.	환호 해맞이 공원 연주
07. 03.	대이동 주민을 위한 연주
07. 05.	해도공원 한여름 밤 연주
08. 20.	독도 사랑 100일 연주
08. 08.	영덕 달빛축제 연주
08. 13.	울진 세계 친환경 농업엑스포 연주
08. 28.	포스코 가족을 위한 연주
10. 10.	부조장터 축제 연주
10. 14.	포항 아스티발 연주
10. 27.	창포 복지회관 연주
12. 23.	안전 지킴이 운동본부 연주
2010. 05. 01.	안전 지킴이 학부모 연수 연주
07. 10.	환호 해맞이 공원 연주
09. 04.	청하중학교 교직원 및 학부모를 위한 연주
2011. 05. 14.	청소년 교육 공동체 연주
07. 23.	흥해 흡민을 위한 한 여름밤 연주
07. 25.	해도공원 한여름 밤 연주

봉사활동 사진

4. 유머는 위대한 결과를 낳는다

　　　　서양인들은 대부분 한국 사람을 처음 대하면 모두가 한결같이 인상을 쓰고 표정이 무표정에 굳어 있다고 하며 그들의 눈에 보이는 한국인은 자신이나 주변에 커다란 사고가 발생한 것처럼 보인다고 한다. 반면에 서양인들은 항상 웃음을 생활화하고 편한 복장에 웃고 커피를 마시면서 매우 자연스럽게 대화하는 모습과 비교를 많이 한다. 이들은 어려서부터 부모로부터 자연스러운 스킨십과 표현, 표정을 보고 자란 것도 있겠으나 학교에서도 자연스럽게 토론하고 상대를 존중하는 기본적인 교육을 받고 자라서 그럴 것이라고 모두가 생각한다. 반면에 한국인들은 유교 문화에 젖어 있고, 교육을 근엄하고 무게 있게 받은 탓도 있으며, 경쟁이 생활에 배어 있기 때문은 아닐까 생각해 본다.

　밀레니엄 세대들이 배우자를 선택할 때 최우선시하는 항목이 유머 감각과 재치 있는 센스, 능력 있는 전문지식과 상대를 배려하는 마음 순이라고 한다. 조직 문화도 팀장이 엄숙하고 권위적이면서 근엄하면 부하직원이 창의력을 발휘하지 못한다. 자유로운 토론을 할 수 없다면 유연한 결과물을 창출할 수가 없다. 직장 내 분위기가 즐겁고 자연스러우면 업무의 효율도 오르고 실적도 향상된다.

　유머는 우리들의 몸에 엔도르핀을 분비시켜 피로를 감소시키고 행복과 즐거움을 선사한다. 10분 동안 웃으면 헬스장에서 노 젓는 기구로 100번 운동하는 효과가 있다고 하며 체온이 상승하고 혈압이 낮아진다고 한다. 유머를 생활화하려면 관련 책을 읽고, 먼저 웃으며 상대에게 호감이 가도록 하여야 한다. 주변에 무슨 상황이 닥치든 긍정적으로 받아들이고 즐거움을 만들어 낼 줄 알아야 한다.

　필자 회사의 직원 중 연구소장으로 근무하는 최훈희 상무가 있었는데, 어느 날 고객사에 문상을 가게 되었다. 마침 전날 저녁에 초등학생인 막내 딸이 아빠의 발톱에 매니큐어를 바르고 그 위에 고양이가 웃는 모습을 그렸다고 한다. 그런데 문상 중 절을 하는데 그만 엄지발가락이 양말을 뚫고 나온 것이다. 그는 능청스럽게 고양이가 답답해서 밖으로 나올 줄도 몰랐다고 이야기하여 주변 분들에게 한바탕 웃음을 선사하였다고 한다. 이처럼 당황스러운 분위기에서 재치 있게 분위기를 반전시킴으로써 주변이 잠시나마 밝아졌을 것이다.

유머 감각을 키우려면 많은 서적과 그 분야에 관심을 갖고 늘 조그마한 문장 하나라도 자기 것으로 만들어서 기억해야 한다. 소설가 새커리는 "훌륭한 유머는 사람이 사회생활에서 입을 수 있는 가장 훌륭한 의복의 하나다."라고 하였다.

윈스턴 처칠은 9년간 총리직을 유지하며 영국 정치사상 역사적으로 가장 위대하다고 여겨지는 정치인 중 한 명이다. 그는 제2차 세계대전을 승리로 이끈 리더십을 가진 것은 물론이고, 연설 시 청중을 사로잡는 유머가 남달라 유머의 달인이라고까지 한다. 160cm의 단신에 뚱뚱하고 대머리였지만 용모를 비꼬는 의원들에게 "갓 태어난 아기들은 모두 나처럼 생겼답니다."라고 재치 있게 응수하였다.

한번은 의회에 지각하여 의원들의 비난이 거세자 여유 있게 대답했다고 한다. "미안합니다. 그러나 나처럼 예쁜 아내를 데리고 사는 사람이라면 제시간에 참석하기가 쉽지 않을 겁니다."라고 말해서 의회에 있던 사람들이 전부 폭소를 터뜨렸다고 한다. 밥 돌 전 미국 상원의원은 그의 저서 『대통령의 위트 Great Presidential Wit 』에서 지도자로서 통치력과 유머 감각 이 두 가지를 모두 과시한 지도자라고 평가하였다.

밥 돌은 역대 미국 대통령의 유머 감각을 순위로 매겼는데, 1위는 링컨 대통령이며 가장 위대하고 재미있는 대통령이라고 치하하였다. 링컨은 라이벌이었던 스티븐 더글러스가 링컨을 향해 두 얼굴의 사나이라고 공격했을 때 청중을 향해 "여러분의 판단에 맡기겠습니다. 만일 저에게 또 다른 얼굴이 있다면 지금 이 얼굴을 하고 있을 것이라고 생각하십니까?" 라고 말했다. 링컨은 전쟁으로 나라가 만신창이가 된 암흑기에도 "나는 울면 안 되기 때문에 웃는다."라고 말했다. 링컨은 유머의 힘을 누구보다 잘 이해하고 있었던 대통령이었다.

2위는 레이건 대통령이다. 그는 배우로서 타이밍에 결코 어긋난 법이 없었으며 1981년 정신분열자의 총에 맞아 병원으로 이송 도중에도 "예전처럼 영화배우였다면 총알을 잘 피할 수 있었을 텐데."라며 유머를 잃지 않았다고 전해진다. 또한, 간호사들이 자신의 몸에 손을 대자 대뜸 부인인 낸시의 허락을 받았느냐고 물었고, 수술실에 들어와서 의사에게는 "당신들 모두가 나와 같은 공화당원이었으면 정말 좋겠소."라고 말했다고 한다. 이런 위트는 국민을 안심시키는 묘약이 되었을 것이다.

레이건의 지지율은 그 당시 80%에 육박하였으며 그다음 해에 지지율이 30%까지 내려가자 걱정하는 참모들에게 "총을 한 번 더 맞으면 된다."는 위로의 농담을 하였다고 전해진다. 생과 사의 기로에서도 능청스럽게 유머를 잃지 않는 미국 지도자들이 부러울 따름이다.

3위는 미국 제32대 프랭클린 루스벨트 대통령은 미국 역사상 유일무이한 4선 대통령이며 미국의 대공항과 세계대전을 승리로 이끈 평가를 받고 있다.

부인 엘리너 여사가 한 교도소를 방문하기로 한날 이른 아침에 남편을 깨우지 않으려고 조용히 백악관을 나섰다. 뒤늦게 일어난 루스벨트가 비서에게 "엘리너가 왜 보이지 않지?" 비서가 대답하기를 "교도소에 가셨습니다." 그러자 루스벨트가 되물었다. "근데 혐의가 뭐지?"라고 말이다.

제2차 세계대전 중에 델마 톰슨이라는 부인은 남편을 따라 캘리포니아주 모하비 Mohave 사막에 있는 육군훈련소로 오게 되었다. 그녀는 남편이 훈련에 나가면 통나무집에 달랑 혼자 남았다. 그곳은 섭씨 45도를 오르내리는 지독한 무더위가 기승을 부리는 곳이었고, 바람에 날리는 모래가 음식에 섞이기 일쑤였다. 주변 사람들이라곤 멕시코인과 인디언뿐 영어가 전혀 통하지 않았다. 그녀의 마음은 상심 그 자체였다. 그녀는 이곳에서 도저히 살 수 없다며 차라리 형무소가 낫겠다고 친정아버지에게 편지를 보냈다. 그러나 친정아버지의 편지 답장에는 다음과 같은 달랑 두 줄만 적혀 있었다.

"감옥 문 창살 사이로 내다보는 두 사람. 한 사람은 흙을 보고, 한 사람은 별을 본다."

이 편지에서 톰슨 부인은 충격을 받았다. 그리고 이 두 줄의 글이 그녀의 인생을 바꾸어 놓았다. 그녀는 곧 그곳의 낯선 이웃들과 친구가 됨은 물론 대자연을 깊이 관찰 연구한 끝에 『빛나는 성벽』이라는 책을 출판하기까지 했다. 생각을 바꿈으로써 불행의 포로에서 일약 베스트셀러 작가로 변신할 수 있었다. 흙탕을 보고 절망하며 살 것인가? 아니면 별을 보며 희망을 꽃 피울 것인가? 이것은 선택의 문제다. 나아가 우리는 일상의 하찮아 보이는 것들 속에서 보이지 않는 가치를 볼 줄 알아야 한다. 행복한 인생을 살고 성공하기 위해서는 진흙 속에 숨겨진 진주를 찾아내는 안목이 있어야 한다

포드자동차를 설립한 헨리 포드 Henry Ford 는 혁신적인 방법으로 세계적인 자동차 기업을 일군 신화적인 인물이다. 어느 날 미국의 일간지 시카고 트리분 Chicago Tribune 이 기사 한 편을 내보냈는데 포드는 무식한 사람이라고 써 버린 것이다. 그것을 본 포드는 소송을 걸었다. 그것이 사실이라면 증명해 보이라고 말이다. 드디어 재판이 열렸고 포드는 그의 지적 능력 검증을 위해 여러 질문을 받았다. "남북전쟁이 일어난 시기는?", "해당 업적을 남긴 대통령의 이름은?" 등 수많은 질문이 계속되었고, 정규교육을 받지 못한 포드는 그런 질문들을 단번에 잘라 버리면서 이렇게 말

하였다.

"나는 그런 질문에 대한 답은 알지 못하오. 하지만 답을 할 수 있는 사람을 5분 안에 찾아낼 수 있소. 나는 쓸모없는 사실들을 저장하기 위해서가 아니라 생각하기 위해서 나의 머리를 사용하오."

이 말 한마디로 문제를 제기한 트리뷴 일간지와 재판관에게 한 방을 먹인 것이다. 지금 시대에 중요한 것은 지식을 머릿속에 얼마나 많이 저장하느냐가 아니라 세상에 넘쳐흐르는 지식이나 정보를 어떻게 선택하여 적절하게 사용하느냐이다.

긍정적인 사고방식을 가지고 늘 감사하는 태도로 사는 사람들에게는 행운이 찾아오지만, 부정적인 사고방식을 가지고 늘 불평을 일삼는 태도로 사는 사람에게는 불행이 찾아온다. 우리 모두 유머를 생활화하고 긍정적인 사고로 희망의 행복 바이러스를 전파하는 전도사가 되어 보면 어떨까.

1. 사내의식 개혁강사 업무, 명을 받다

▶ 강의 장면

1996년 현대차는 매년 생산 대수의 증가로 직원들이 부족하여 생산 대수 증가한 만큼의 직원을 채용하는 것이 급선무였다. 그러다 보니 면접을 통하여 인성과 건강 상태 등을 확인하여 채용하지만, 직원들의 의식 수준은 말로 표현할 수 없을 정도로 취약하여 사내강사 제도를 도입하고 경주에 있는 조선호텔 컨벤션홀을 예약하여 직원 교육을 실시하였다. 그 당시에는 빔 프로젝터 Beam Projector 가 없어 OHP 필름 Film 을 사용하여 교육을 위해 준비한 자료를 보여 주고는 했다.

준비한 강의의 주요 내용은 세계가 변함에 따라 경쟁도 치열해지고 있는 상황에서 변화와 경쟁에서 뒤처지지 않기 위해서는 우리의 현재의 모습을 뒤돌아보고 의식을 개혁한다는 것이었다.

그러기 위해서는 현재 우리 현대자동차 의 위치를 점검해 볼 필요가 있었다. 1945년 해방 후, 1967년 12월 현대차가 설립된 이래로 1996년 현재 시점에 우리의 위치는 어디에 와 있고 의식 수준은 어떠한지, 그리고 곧 다가올 21세기를 어떻게 맞이해야 할지 생각해야 했다.

1995년도의 현대차는 일본 차와 비교했을 때 품질이 많이 뒤처졌고 브랜드 인지도 또한 매우 미흡했다. 이때까지만 해도 일본 차를 구매한 후 분해 Tear Down 하여 우리 차와 다른 점을 배우고 이를 설계에 반영한 다음 제품을 개발하는 단계였다고 할 수 있다.

그 무렵 변화의 요점은 1947년에서 1948년 GATT의 가입으로 국제협정에 의한 공산품의 관세 무역으로 후진국 보호와 관세 35% Down에서 1995년 국제기구 WTO의 가입으로 농·공산품, 서비스, 금융과 지적재산권 보호, 무역장벽이 무너지고 국가 간, 기업 간의 무한경쟁을 유발하게 되어 이에 살아남기 위한 생존 전략 차원의 교육이었다.

그동안 구세대는 파이 Pie 을 어떻게 키울 것인가를 고민하였다. 즉, 예전에는 우리의 기업과 조직의 발전이 우선이었다면 신세대들은 파이를 어떻게 키울 것인가 보다는 파이를 어떻게 나누어 가질 것인지를 먼저 생각한다. 신세대들은 기업의 확장과 성장보다는 현재 발생한 이익을 재투자해서 매출을 키우고, 이익을 증대하기보다는 발생한 이익을 분배하여 나누는 식의 나의 행복에 모든 초점이 맞추어져 있었다. 이런 사고로 인해 너와 나의 갈등이 발생하고 갈등이 본격화된다면 선진국 대열에 진입하기란 어렵다. 따라서 "회사의 매출을 증대시키고 파이를 키워서 회사가 발전한 다음 나누어 갖자."라는 슬로건을 도입한다면 선진국 대열에 더 빠르게 합류할 수 있을 것이다.

인간은 사회적 동물이기 때문에 조직 안에서 일을 배우는 과정을 통해 전문지식을 습득하고 자아실현을 완성한다. 그렇기에 나 혼자 잘 될 생각을 하는 것보다는 함께 공생하는 방법을 찾는 것이 가정과 사회에 이바지하는 길일 것이다. 따라서 우리는 조직에 속하며 그 파이를 키워 모두가 윈윈 Win-Win 하는 방법을 찾아 나가야 한다는 내용이 되겠다.

1) 대졸 신입사원 오리엔테이션 강사

1997년 2월 대졸 신입사원 57명이 서류심사, 필기시험, 면접과 건강 검진을 통과하여 합격 후 서울 본사 교육을 마치고 울산 공장에 현장 실습을 나왔다. 실습 일정은 1주 차에 지원팀 교육, 프레스 공장 실습, 차체 공장 실습, 도장 공장 실습, 팀 과제 활동의 순서로 진행되었고 2주 차 일주일간은 의장 공장 실습과 체육대회, 3주 차 실습은 의장 공장 실습, 4주 차 실습은 의장 공장 실습과 실습 내용 정리 후 수료식의 순으로 진행되었다. 이때도 사회에 첫걸음을 떼는 대졸 신입사원들이 궁금해하는 직장 생활의 예절과 협업, 동료와 상사 간의 갈등 해소 등에 관련하여 준비한 자료를 통해 열과 성의를 다해 교육을 실시하였다. 내가 교육한 내용은 생략한다.

2) 전주 공장 신차업무 Process 교육 요청을 받다

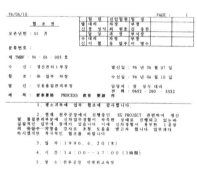

▶ 의식개혁 전임강사

현대자동차 울산 공장에서 승용차와 상용차를 한 울타리 안에서 생산하였으나 승용차의 대수가 기하급수로 증가하면서 울산 공장 안에서 상용차를 생산할 수 없는 환경에 처하게 되었다. 회사에서는 1995년 기존의 울산 공장에서 생산하였던 대형 상용차를 전라북도 전주시 봉동으로 이전 계획을 수립 후 공장을 신축하고 이전하게 되었다.

당시에 유선형 에어로버스 시리즈를 야심 차게 준비를 하였으나, 전주 공장이 신설되면서 공장 신축과 생산을 병행하다 보니 어수선하였다. 전주 공장에서 일할 인원은 전라남도와 전라북도 출신인 사람을 대상으로 희망자를 모집하여 전보시켰고, 부족한 인원은 전주시 근처에 거주하는 사람을 대상으로 신규 모집하여 운영하던 터라 숙련공이 없어 야단법석이었다.

필자는 그 당시 이미 양산한 엑센트 차량이 일정과 품질 지수를 맞추어 양산할 수 있는 기법을 고안하고 실천해서 경험이 축적되어 있었던 터라 사내에 신차 개발 기법에 대한 노하우가 많기로 소문난 직원이었다.

나는 엑센트 개발 신차 프로세스 전문가로 알려져 전주 상용차 생산관리팀 박종철 부장의 요청으로 1996년 6월 20일 신차 EG PROJECT의 생산 및 품질 관리 부문의 전문지식을 전파하기 위하여 울산 1공장에서 1992년부터 1994년까지 진행되었던 엑센트 품질확보 교안과 실적을 기준으로 매뉴얼과 협력사 교육 자료 등을 가지고 전주 공장에서 교육을 실시하였다. 교육의 효과가 있었는지는 몰라도 그 이후 유선형 에어로버스를 양산하는 데 성공하였고, 목표했던 품질 점수도 만족한 수준에 도달하였다는 소식을 전해 들었다. 그 소식을 전해 듣는 순간 개인적으로 매우 보람되고 행복한 순간이었다.

전주 공장의 2019년도 현황을 알아보자. 연간 12만 5천 대의 생산 능력을 갖춘 현대자동차 전주 공장은 25인승 이상의 중대형 버스와 2.5톤 이상 트럭, 각종 특장차를 생산하는 상용차 전문 공장으로 다른 지역 현대자동차 승용차 공장과는 달리 중·대형 차량의 조립과정을 볼 수 있다.

현대자동차 전주 공장은 각종 첨단 시설과 차체용접용 로봇을 도입해 상용차 공장으로선 유래를 찾아보기 힘들 정도의 자동화를 실현했다. 최첨단 생산 시설 외에도 신제품 개발을 위한 전용 연구소도 함께 갖추고 있으며, 공장 내에 완벽한 생산 시스템과 연구 시스템을 갖춤에 따라 명실공히 세계 최대 규모의 상용차 생산 공장으로서의 면모를 자랑하고 있다.

2020년 현재는 전주 상용차 공장에서 수소 트럭을 생산하여 유럽에 첫 수출을 하기도하고 프리미엄 고속버스를 개발하여 항공기의 일등석과 같은 시트에 착석하여 우아한 분위기를 느끼며 여행을 즐길 수 있도록 다양한 차량이 생산되고 있다. 유럽형 쏠라티 중형 버스 **일명 연예인 차** 를 개발하여 출시하였으나 국내 주차장 문제와 가격 등의 이유로 호평을 받지 못하고 있는 것은 아쉬운 일이다.

21세기를 향한 우리의 의식과 가치관

봄을 재촉하는 가랑비 내리더니 어느덧 담벽의 개나리가 노랗게 꽃망울을 터트려 계절의 신비로움을 느끼게 한다. 우리 1공장은 지난해 3월부터 급변하는 세계화 시대에 적극적으로 대응하고 나아가서 우리 현대인이 갖추어야 할 가치관과 의식을 돌이켜 보기 위한 "ACCENT 신문화창조 세미나"를 개최 많은 참석자들의 높은 호응속에 순조롭게 진행하여 이제 2년째를 맞고 있다.

신문화창조 세미나의 주요내용은 자기소개, 사내강사교육, 중역특강, 대화의 광장, 분임토의 순으로 진행되는데 이런 시간을 통하여 우리 주변의 환경변화와 직장생활에 대한 새로운 의식을 갖게하는 계기를 제공하고 국·내외 경제환경의 변화, 세대간 조직간의 갈등, 경쟁사의 현황, 우리가 계승하고 버려야 할 가치체계를 생각해 보는 시간으로 짜여져 있다. 교육을 진행해 오면서 느낀 점과 반성해야 할 점을 몇가지 지적하고자 한다.

첫째, 강의후 1공장 어느 생산현장을 가든 인사하는 사우가 많아졌다. 몇일전 일인데 의장공장 도아레스 서브장에서 문제가 발생하여 갔더니 담당 조장이 "강사님 웬일이십니까"라고 큰 소리로 인사를 하며 반갑게 맞이하며 문제점도 상세하게 알려주어 고맙게 생각되었다.

둘째, 호텔 식당내에서 종업원이 90도로 고개 숙여 "어서 오십시요",

생관1부
류일주

"안녕히 가십시요"라고 인사하는데 우리 사우들은 무표정이 일쑤다. 왜 상대가 먼저 인사하는데 답조차 하지 못하는지? 교육시간에 먼저 본 사람이 먼저 인사하자고 제안했더니 저녁식사 시간 부터는 식당 분위기가 달라졌고 종업원들도 무척 좋아했다.

셋째, 식사후 식탁위와 주위환경에 대하여 생각해 보자. 식사후 깨끗한 식탁위에 국물이 아무렇게 떨어져 있고 네프킨, 이쑤시개가 밥그릇 또는 반찬 그릇속에 멋대로 팽개쳐져 있으며 담배재를 그릇속에 떨고 의자는 않은 자세보다 훨씬 뒤로 빠져 있다. 이제부터 우리도 자기가 식사한 주변과 식탁위는 식사전과 동일하게 정리해서 항상 깨끗하고 청결함을 보여 주어야겠다.

넷째, 사용한 객실 내부를 보면 이불, 베개 등의 침구는 지고난 상태라 엉망이 되어 있고 사워실 바닥은 비누며 머리카락이 아무렇게 떨어져 있어 보기에도 흉할 뿐 아니라 부끄러움이 앞선다. 따라서 사용한 침구는 처음 모양으로 개어 놓고 사워실 바닥도

청소하는 사람의 입장이 되어 사용했으면 한다.

다섯째, 호텔 내부 또는 복도에서 큰 소리로 이름을 부르거나 떠드는 모습은 이 호텔에 우리 밖에 없다는 애긴지. 호텔이란 지구촌 모든 사람이 사용하기 때문에 조용히 가만히 얘기하고 속삭이듯 대화하는게 예의일텐데 소리를 지르거나 문을 힘껏 두드리며 소란을 피우고 있다.

세계화를 부르짖고 95년 WTO체제 출범으로 농 공산품, 서비스, 금융, 지적재산권 등 모든 부문의 두터운 보호막이 허물어지고 개방, 경쟁하는 시대에 이제 무한경쟁시대에서 살아남을 수 있는 것은 경쟁력 우위만이며 이는 곧 제품의 질, 서비스의 질 경쟁이 아니겠는가. 우리는 짧은 1박2일동안이지만 각기 다른 부서원이 팀을 만들어 우리가 공감하는 내용의 테마를 선정하고 문제점 및 대책을 수립하는 등 함께 호흡하는 시간을 가졌다. 모두가 한결같이 회사를 아끼고 사랑하는 마음과 다가오는 21C를 지향하는 내용들로 교육의 뜻깊은 의미를 새삼 생각하게 하였으며 우리 모두가 하나됨을 체험할 수 있었다.

따라서 21C를 맞이하는 우리 모두는 몇가지 지적된 잘못된 점을 반성하고 잘된 점을 더욱 지켜나가 국내 제일의 기업, 세계 10위권의 자동차회사 사원답게 높은 의식과 가치관으로 변화하는 세계화 시대에 당당한 주역이 되어야겠다.

2. 신차 PM 업무, 명을 받다

　　　　현대차에서는 매년 많은 신차 프로젝트를 진행하면서 여러 팀이 협조하고는 한다. 여러 부서가 매달려야 겨우 하나의 새로운 차종을 탄생시킬 수 있기 때문이다. 많은 시간과 투자, 여러 팀 설계, 개발, 금형, 생기, 품질, 생산, 원가, 상품 기획, 기획실, 판매 등의 부서에서 협업해서 목표한 일정까지 양산할 수 있도록 노력한다.

　원활한 프로젝트를 위해 현대차는 PM Project Manager 제도를 두고 있다. 자동차 제조의 전문지식과 진도 관리 등의 전문가가 선정되고 그 밑에 부PM을 두고 업무를 진행한다. PM에 임명되면 본연의 업무를 수행하면서 프로젝트 진도 관리를 해야 하기에 업무량이 배로 늘어난다고 보면 된다.

　PM은 매주 단위로 회의 일정을 정하고 Action Plan에 의한 일정과 예산의 집행을 관리하게 되는데 관련 팀으로부터 계획 대 실적을 접수하여 그 일정을 전산에 입력하고 진도 관리와 회의를 주관하면서 발생한 문제점을 파악하여 관련 팀에 협조 요청하고 해결해야 하며 때에 따라서는 관련 사업부의 사업 부장을 찾아다니며 협조를 구하기도 해야 한다.

　내가 PM 업무를 처음 명을 받고 진행하였던 프로젝트는 엑센트로 프로젝트명은 X-CAR로 명명하고 진행되었다. 이전 동급 차종에서 발생한 모든 문제점을 설계팀에서부터 구매팀 개발, 품질관리팀, 생산기술팀까지 모두 개선하도록 하고, 양산 일정도 맞춰야 했으며, 무슨 수를 써서라도 목표 품질 점수도 달성해야 했다. 때문에 매일 매일 진도 관리에 최우선을 두고 업무를 진행하였다. 그래서 일정 관리를 전산프로그램을 개발하여 해당 일정까지 어떤 일을 해야 하고 지연되는 게 무엇이고 또한 지연 사유를 알아볼 수 있도록 만들고 확인하였다. 부품 품질은 부품을 개발하는 1차 협력사를 찾아다니면서 신차 품질 설명회를 시작하였고, 협력사의 대표이사를 만나 관심을 갖고 일정을 준수하도록 요청을 하기도 하였다.

내가 재직 중 맡은 PM은 엑센트 X3 와 X-3 98 FACE LIFT&EM PROJECT, X-3 99MY로 3개 차종의 PM 업무의 진도를 관리하면서 프로젝트 관리 아이디어와 실제로 수행한 업무를 주 내용으로 소개하고자 한다.

우선 X-3 98 FACE LIFT&EM PROJECT의 개요는 요점만 정리하여 소개하고 그 당시 대표이사였던 전성원 사장에게까지 보고한 품의서를 그대로 요약하여 소개하고자 한다.

개발 개요는 94년 4월 양산으로 장기 판매로 인한 모델 Refreshing 실시, 경쟁차 및 수입차 시장 침투에 적극적인 대응, 상품성 개선을 위해 성능 개선 및 법규 대응이 주 내용이었다.

양산 일정

1. FACE LIFT의 경우

내수.EC.일반	97년 2월 5일
북미(F/LIFT&EM)	97년 5월 1일

2. EMISSION

EURO, EC	96년 5월 20일
97북미 EM	96년 12월 16일

제품 특성은 기존 X-3의 외관 변경을 극대화로 새로운 이미지 부여와 ENGINE ROLL MT'G 변경으로 NVH 개선 엔진 측에서 T/M 측으로 연결되는 진동과 소음을 최소화하는 변경 , CATALYTIC CONVERTER 변경 UCC에서 CCC로 변경 , EC 지역은 E/M 강화와 관련하여 CCC 변경. 파트는 96년 5월 20일 선적용 되었다. 북미법규 NEW EVAP SYSTEM은 96년 12월 16일 적용, TLEV 대응 CCC 형 은 97년 5월 1일 적용 예정이었다. 제원표, 차종 구성, 주요 변경, 장기 판매 계획, 투자예산 집행현황 등

99MY 프로젝트는 내수 양산을 5월 1일, 북미는 98년 7월 1일을 목표로 두었다. 개발 목적은 98년 양산 예정인 기아자동차 **그 당시는 기아차와 현대차가 서로 경쟁하는 구조였음** 의 AVELLA 후속 차종에 대응하는 모델로 개발하게 되었다.

경쟁 차량에 대비한 상품성 우위 확보 및 제품 경쟁력 제고, 엑센트 말기에 따른 소비자 이탈 방지, 99년 소형 차종 제품 라인업 Line-Up 재구축을 통한 소형차 시장의 지속적인 우위 유지가 목표였다. 지금은 현대자동차와 기아자동차가 합병되어 현대기아차그룹으로 경쟁이 없어졌으나, 그 당시는 엄청나게 기아차의 추격을 배제하기 위해 많이 노력했다.

그 당시 양산 일정은 국내와 해외 수출이 약 2개월 정도 차이가 있었는데 해외 수출은 국내 출시 후 국내 소비자가 제기한 문제점을 확인하여 설계에 피드백하고 부품에 반영하여 수출하기 위해 2개월의 시차를 두고 운영하였다. 또한 자동차를 잘 모르는 분들을 위해 왜 신차 출시 후 5년이면 모델이 100% 변경되는지, 왜 2년 반에 Face Lift를 하는지 알려 드려야 할 것 같다.

신차 양산 후 5년이 지나면 시간상으로 꽤 많은 시간이 지나서 소비자의 흥미를 끌지 못하고 식상하기 때문에 자동차의 앞부분과 뒷부분 일부를 변경하여 **사람으로 본다면 일부 성형 수술** 고객의 시선을 사로잡을 수 있도록 FACE LIFT를 실시한다. 모든 글로벌 자동차 회사들이 고객 수요 욕구 충족을 위해 그렇게 하고 있다.

양산 일정

구분	내수	수출
3DR(도어)	98년 5월 1일	98년 7월 1일
4DR(도어)	98년 5월 1일	98년 7월 1일
5DR(도어)	98년 5월 1일	98년 7월 1일

투자비 예산은 5억 3천7백만 원이었다.

제품 사양, 변경 범위, 장기 판매 계획, 제조 원가는 삭제

투자 예산 계획 대 실적- 팀별 본부별은 삭제

현대차에는 수만 명이 근무하기에 관련 팀이 아니면 누가 어디서 일하는지 알 수 없다. 그러나 이렇게 신차 PM 업무를 진행하다 보면 많은 팀과 여러 분야 업무를 하는 직원들도 알 수 있고, 업무가 지연되고 부진할 경우에는 직접 해당 중·역진들을 찾아가 업무 협조 요청도 하여야 했기 때문에 나보다 높으신 분들과의 대면도 많아 좋은 기회도 되고 자기 자신을 경영층에 어필하는 기회도 주어진다.

한편으로 업무량이 많아져서 피곤하여도 또한 보람도 느낄 수 있었다. 사실 프로젝트 하나를 완성해 보면 전문지식도 필요하지만 많은 사람을 알게 되고 어려운 일이 있을 때 모르는 사람에게 부탁한 것보다는 아는 사람에게 부탁하는 것이 훨씬 쉽고 빠르다는 걸 깨닫게 되었다. 그게 현대차에 근무하면서 개인적으로 큰 자산이 되어 누구보다 더 많은 도움을 받아 업무 처리도 많이 하였던 것 같다. 사람을 아는 게 얼마나 큰 자산인지, 소중한 사람들과 소통 하는 게 얼마나 중요한 일인지를 알게 해 준 것 같다.

한 분야의 업무만 담당하다가 퇴사를 하면 전문지식이 부족하여 협력 업체나 개인 사업을 하는 데에 굉장히 불리하다고 한다. 그러나 나는 부품 업체도 많이 알고 자동차 부품의 제조 공정도 알고 있을 뿐만 아니라, 부품의 개발과 가격, 품질 관리, 생산기술, 상품팀 등 여러 팀의 업무를 종합해 본 경험과 신차 프로젝트의 진도 관리를 해본 경험 등 다방면으로 경험을 숙지하여 기술과 경영 등 전문가로서 손색이 없게 성장하고 발전하였던 것 같다.

그래서 65세가 넘은 나이에도 입사 동기생들이 뒷방에 눌러앉아 시간을 허송세월로 보내고 있을 때 나는 지금도 2021년 열성적으로 해외에서 법인장으로 회사를 위탁받아 경영하고 있다.

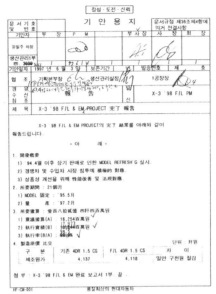

정성 · 도전 · 신뢰

기 안 용 지

문서규정 제36조제4항에 의거 전결사항

문서기호 및 번호						
기안자	부장	PM		부사장	사장	회장
유일주 차장 생산관리1부 ☎. 3030		97.6.14				

기안일자	1997 년 6 월 3 일	보존기간	년
발송번호	제 호		
협 조	기획본부장	생산관리실장	1공장장
경 유 수 신 참 조	報 告	발 신	X-3 '98 F/L PM
제 목	X-3 '98 F/L & EM PROJECT 完了 報告		

X-3 '98 F/L & EM PROJECT의 完了 結果를 아래와 같이 報告드립니다.

= 아 래 =

1. 開發槪要
   1) '94.4월 이후 장기 판매로 인한 MODEL REFRESH'G 실시.
   2) 경쟁차 및 수입차 시장 침투에 積極的 對應.
   3) 상품성 개선을 위해 性能改善 및 法規對應.
2. 所要期間 : 21個月
   1) MODEL 固定 : '95.5月
   2) 量 産 : '97.2月
3. 所要豫算 : 壹百八拾貳億 四阡四百萬원
   1) 稟議豫算(A) : 18,254百萬원 √
   2) 執行實績(B) : ~~18,244~~ 17,973百萬원 √
   3) 執行率(B/A) : ~~99.9%~~ 98.5 √
4. 製造原價 比交

단위 : 阡원

구 분	기존 4DR 1.5 CS	F/L 4DR 1.5 CS	차 이
제조원가	4,137	4,118	일만 구천원 절감

첨 부 : X-3 '98 F/L & EM 완료 보고서 1부. 끝.

HF-CM-001 품질최상의 현대자동차

▶ PM 보고서

정성 · 도전 · 신뢰

문서번호
TWBA-19981012-114046

기안용지

업무전결 규정 및 자동승인 규정에 의거 전결권자 표시
사장

품의완료

기안자	팀장	실장		본부장	사장	회장
대리 김연수		이사대우 이재원			승인 사장 이유일	
1998-10-12		1998-10-13			1998-10-13	

기안일자	1998-10-12	보존년한	5	폐기일자	2003-10-12	예산반영
협 조	●인력운영팀 1998-10-12					지시사항
문서구분	품 의	발 신	승용상품기획팀	전화번호	5272	
제 목	P.M 임면					

아래와 같이 PROJECT MANAGER를 임면코자 하오니 재가하여 주시기 바랍니다.

- 아 래 -

1. 任
   1) 이사대우 박희두 補 : SM EV 개발 .... (신규)
   2) 수석연구원 김창호 補 : CS/VT 2000년 EM 대응 .... (신규)

2. 免
   1) 이사 권수원 免 : AU 제품개발 .... (완료)
   2) 이사 최달호 免 : MX 제품개발 .... (완료)
   3) 부장 배기만 免 : ε-엔진 공장 .... (완료)
   4) 부장 유일주 免 : X-3 '99 MY .... (완료)
   5) 부장 조영구 免 : AU DBL CAB LPG .... (완료)
   6) 부장 송태헌 免 : FO/SM 조립공장 개조 .... (취소)

3. 시행일 : '98. 10. 15부 끝.

▶ 신차 PM 임명

3. 사내 서클 회장을 맡다

▶ 현대차 헬스동호회 울산시 미스터 선발대회

필자는 1999년 1월부터 3년 동안 사내 동호회 중 보디빌딩회 회장을 맡게 되었다. 회원 수는 울산 공장만 550여 명에 달하였다. 초기에는 본관에 체육관을 두고 운영하였으나 회원 수가 증가하고 공장 간 거리가 멀어서 공장별로 체육관을 별도로 설치하고 운동기구를 준비하여 운영했는데 참고로 울산 공장 안에는 5개의 공장이 있다.

운동은 점심 시간과 저녁 퇴근 시간 이후에 스스로 운동을 하여 심신을 단련하고 수준급에 달한 회원은 사내의 봄철 벚꽃 맞이 축제 기간을 이용하여 문화회관에서 전 직원과 가족까지 참석한 가운데 전문 심사위원을 초빙하여 행사를 진행했다. 여기서 우승한 회원은 울산시 대회와 전국 대회에 출전하여 회사 명예를 드높이고는 하였다. 또한, 취미 생활을 즐기는 동료들이 550명이나 있었기에 회사의 노사 분규가 심하여 파업이 길어질 때는 회원들에게 회사의 어려움을 이해시키기에 좋았다. 나는 그렇게 크고 작은 문제 발생 시 해결사 역할도 톡톡하게 해내곤 하였다. 이것은 노사를 떠나 오로지 취미 생활로 모인 집단이기 때문에 가능하였던 것 같다. 그런 인연으로 그 당시 정달옥 사장님께서 직접 사장실로 불러서 고맙다는 말씀을 전해 주기도 하여 많은 보람을 느끼게 되었다. 고래도 칭찬하면 춤을 춘다고 하지 않던가?

남이 가지 않는 길을 걷는다는 것은 어쩌면 어렵기도 하지만 한편 하나의 문제가 해결되고 고위 경영층으로부터 격려를 받을 때는 조직원으로서 많은 뿌듯함을 느끼기도 하였다. 나는 회장을 맡는 동안 퇴근 후 시간이 될 때마다 체육관을 찾아 운동도 하고 회원들과 허심탄회하게 대화를 많이 나누기도 하였다. 특히 회사에서 노동조합과 회사 간에 의견 충돌로 분쟁을 유발하고 파업으로 공장이 멈추고 할 경우는 회원들을 설득하여 회사가 있어야 직장도 있고 운동도 할 수 있다고 강조하고, 많은 설득 작업을 하여 보디빌딩회 회원들만이라도 회사 편이 되어서 회사를 응원하고 지지할 것을 당부하며 도움을 받기도 하였다. 회사와 결렬하게 쟁의 행위나 파업을 주도하였던 회원들도 개인적으로 만나면 모두가 친동생 같고 회사의 입장을 잘 이해되도록 설득하면 수긍하는 부분도 있었다. 그러면서 설득한 내용을 회사 측에 전달하면서 자연스레 경영층에게 나에 대해 어필도 할 수 있었던 것 같다.

　회사 생활은 업무 하나만 잘한다고 승진이 제때 되는 것은 절대 아닌 것 같다. 나는 부장급 직위에 있었기에 회사가 돌아가는 사정도 알고 매출이나 이익 발생 부분도 숙지하였고, 신차 개발 등의 미래 먹거리를 위해 신규 투자 부분도 알아서 회원들도 설득하고 부하직원들도 설득할 수 있었다. 회사가 어려울 때 누군가는 회사 편에서 부하직원들과 대화를 유도해야 하고, 솔선수범하여 부하직원들의 애로 사항도 가감 없이 상사와 회사 측에 전달되어야 한다고 본다.

　그 당시 울산 공장 안에는 총 34여 개 동호회가 운영되었고 회원 수는 1만 5천 명에 달하여 많은 직원이 동호회 활동을 하고 있었다. 1999년 4월 23일 경상일보에 발표된 신문 자료를 그대로 옮겨 보겠다.

"가장 많은 회원을 두고 있는 동호회는 조기축구회로 3,905명이 활동 중이었으며 이어서 봉사 단체가 2,546명으로 2위, 등산모임 1,036명 등으로 집계되었다. 종류별로는 체육 서클이 6,795명으로 가장 많고 동호회 활동 목적을 건강 관리와 취미, 봉사활동에 큰 비중을 두는 것으로 밝혀졌다. 현대차 울산 공장에 가장 먼저 결성된 동호회는 지난 1970년 창설된 합창부이며, 71년 산악회가 두 번째로 창설되었다.

또 미스터 코리아를 다수 배출시킨 육체미 부 사진 와 스킨스쿠버클럽 등은 규모나 실력 면에서 전국적인 명성을 갖고 있다. 이 밖에 자동차 회사의 특성을 가장 잘 살린 서클로 오토스포츠클럽을 들 수 있다. 90년 들어 레저스포츠 붐과 함께 생긴 서클로는 패러글라이딩과 래프팅클럽, 골프클럽을 꼽을 수 있다."

헬스클럽 회장을 역임하면서 회사의 고위층과 모임도 잦았고 북구청장, 울산 체육회 회장과의 교류도 직장생활하는 동안 도움이 되었다.

나는 헬스클럽 회장을 맡는 동안 열심히 운동한 결과, 지금 60대 중반인데도 불구하고 50대 초반의 건강 상태를 유지하고 있다. 지금도 아침에 일찍 일어나 체육관에서 운동으로 하루를 시작한다.

그 당시 서클 후배 중 퇴사 후 창업하여 성공한 회원들로부터 자주 안부 전화도 받으면 정말로 행복하다.

4. 신차 부품품질 업무표준서, 제작하다

▶ 신차 부품품질 업무표준, 사외비

1999년 정세영 회장의 뒤를 이어 정몽구 회장이 현대그룹 회장 자리에 취임한다. 이후 2014년 9월 기아자동차를 인수하고 품질경영을 통해 현대차그룹을 글로벌 자동차 메이커 5위까지 올리는 데 헌신의 노력을 다했다.

인수 전에는 현대 정공에서 근무하면서 현대자동차 서비스를 함께 경영하였는데, 그 당시 현대차의 품질이 좋지 않아 서비스센터에 많은 차량이 입고되고 고객의 불만을 직접 현장에서 들어서 그랬는지는 모르지만, 현대차에 적을 둔 후부터는 모든 것을 품질 경영 최우선으로 운영했다.

제일 먼저 추진한 정책은 신차 부품품질 업무표준을 만들어 보고하라는 것이었다. 이전에는 모델 고정 후 24개월 만에 차량이 출시되는 계획으로 업무를 진행하고 시간이 되면 일정에 맞추어 조금 미흡하여도 차량을 양산하는 게 관례였다. 그래서 양산 초기 차량은 출고 후 반드시 문제가 발생하여 여론도 좋지 않았고 고객의 불만도 이만저만이 아니었다.

스텔라는 물이 새어서 '물텔라'라고 하였고 쏘나타는 소가 타는 차량으로 비하하여 소나타라고 불리기도 하였다

나는 무에서 유를 창조하는 마음으로 지금까지의 현대차가 안고 있는 문제와 경험을 바탕으로 업무표준서를 만들기 시작하였다. 우선에 각 부문을 지정하고 모델 고정 후 도면 출도 및 검토, 시작차, 파일럿트카, 양산

선행카 양산으로 시점을 정하고 항목별 자세하게 업무를 쪼개서 업무의 목적과 목표, 결과물, 달성 책임자와 확인 책임자를 두어 실천하는 팀과 확인하는 팀의 업무를 명확히 구분하여 달성팀에서 달성되지 않았다든가 확인팀에서 확인이 부실한 경우는 책임을 묻도록 하여 당근과 채찍을 병행하도록 하였다.

용어를 정하여 누구나 쉽게 이해되도록 하고 단계마다 목표 점수를 정하여 목표 점수가 기준보다 미달 수준이라면 달성 시까지 일정이 연기되도록 하고 반듯이 일정과 점수가 도달되어야 다음 단계를 진행할 수 있도록 만든 것이다. 여기에는 PSO Process Sign Off 6단계 17항목이 세부적으로 정리되어 있으나 상세는 생략하고 6단계만 기술해 보겠다. 개발 계획 수립, 시작부품 검증, 4M 구축, 제조공정 승인, 풀캐파[7] 연속생산 점검 ISIR 완료 , 판매 초기 품질 안정화 등이다.

단계별 회의를 주관하여 실시하고 목표 점수 확인과 미흡한 점이 무엇인지 확인은 필수였고 필요하다면 회사 차원의 지원도 아끼지 않았다.

이렇게 업무표준이 작성되어 경영층 결재 후 전 팀에 배포되고 모든 프로젝트 진행결과 신차 출고 후 문제점은 당연히 감소하였고 고객들의 불만 또한 감소했다. 그뿐만 아니라 미국의 JD POWER에서 신차 출고 후 100일 만에 불만 건수를 고객들로부터 접수하여 고지하는 자료에 의하면 현대기아차는 항상 글로벌 자동차 메이커 중 하위권에 머물러 있었는데 이 표준서가 정착되면서 현대기아차의 품질 문제 건수가 급격히 감소하면서 문제 많던 메이커에서 문제가 없는 글로벌 회사 상위권에 진입하게 되었고, 이것은 결국 회사의 이미지로 각인되어 차량 판매증대에 지대한 결과를 가져왔다. 이 업무표준이 정착되고 품질 문제가 감소되면서 자신감을 얻은 현대차는 판매 차량의 무상 보증 기간을 대폭 늘리게 되어 고

---

7. Full Capacity: 최대 생산 능력

객 수요 창출을 진행하였다.

아반떼HEV가 6년 12만km, 쏘나타, 그랜저, 아이오닉HEV의 엔진에 동력을 전달하는 주요 부품은 10년, 20만km이며 차체 및 일반 부품은 일반적으로 5년, 12km이지만 연도별 차종별 보증 기간은 다를 수 있다. 이렇게 무상 보증 기간이 늘어난 것은 현대기아차의 품질이 대폭 향상되어 품질에 자신감이 생겼기 때문이다.

현대기아차의 판매가 호조를 보이면서 해외 진출 국가도 증가하고 결국 연간 850만 대를 생산할 수 있는 생산체계를 갖추면서 자동차 생산 세계 5위에 오르게 된다. 이런 결과를 두고 지금 생각해 보면 정몽구 회장의 품질 경영이 주효하였고 그의 강력한 집념과 의지가 있어 가능하였다고 생각이 든다. 지금 와서 그 당시 작성한 신차 부품품질 업무표준서를 읽어보면서 회상하면 이런 게 있구나 하겠지만, 무에서 유를 창조한다는 생각으로 내용을 한 항목, 한 항목 작성하고 관련 팀의 반대를 무릅쓰던 시절을 생각하면 감회가 새롭고, 표준서를 만든 사람으로서 가슴 뿌듯하고 자랑스럽다.

이 표준서는 금형가공이나 설비, 로봇 등의 가공 기술이 발전하면서 24개월 소요되었던 일정이 대폭 단축되어 지금 시행되는 것으로 알고 있고 현대기아차가 존속하는 한 영원히 표준서 대외비 로 남을 것이기에 더욱 가슴 벅차다.

5. 신차 엑센트 개발의 주역이 되다

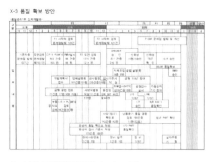

▶ 신차 품질확보 방안 Action Plan

1992년 현대차 울산 1공장에서 생산하게 될 엑센트 신차 프로젝트 계획에 따라서 1공장 품질관리부에 신차 개발 팀을 별도 조직으로 만들어 일정도 준수하고 목표 경쟁 차종인 일본 TOYOTA 자동차의 TERCEL 94MY을 기준으로 하여 차를 구매하고 Tear Down 하여 모든 부품을 분해하고 분석하여 우리의 부족한 점이 무엇인지 도요타 TERCEL을 능가하는 차를 만들기 위해서 우리가 해야 할 일 들을 ACTION PLAN을 만들고 협력사를 방문하여 설명회를 갖고 우리가 할 수 있는 모든 일을 시행하기로 결의하고 신차 팀 내에 의장팀과 섀시 Chassis 팀, 바디 Body 팀, 전장팀을 만들어 업무를 시작하기 시작하였다.

그 당시 현대자동차는 신차의 모델이 고정되고 양산 시점이 24개월이 소요되었는데 1992년 이전까지만 해도 양산 일정을 한 번도 준수하지 못하고 모든 신차가 일정을 평균 2개월에서 5개월씩 지연되곤 하였다. 이유는 협력사의 부품의 품질확보 지연과 사내 공장 준비 상태 지그, 테스트기, 장비 등 가 지연되었기 때문이었다. 그래서 우리 신차 팀에서는 엑센트만큼은 신세대를 겨냥하고 있었고 색상도 진한 원색의 컬러를 처음으로 선정하여 젊은이들을 상태로 고객 타깃 Target 으로 삼았기 때문에 일정 준수와 품질확보가 지상 과제로 남았다.

우선 프로젝트명은 X3로 하였고, X3의 개발 슬로건은 "고장이 없는 차, 소음이 없는 차, 깨끗한 차, 고객이 감동하는 차"로 정하였다. 품질 목표는 IQS 70점, Customer Audit 20점, 직행률 95%, Claim 100지수 10점으로 정하였다. 경쟁 목표 차종은 TOYOTA TERCEL 94MY였다.

단계별 품질확보 목표

1. 기존 차종 문제점 조기반영

신차 개발팀 조기 구성 36명 , 기존 차종 문제점 발췌 및 도면 반영 1,327건 , 단계별 Action Plan 작성

2. F1 도면 및 시작차 문제점 F2에 반영

F1 도면 검토 문제점 발췌 및 도면 반영, F1 시작차 조립 참여 문제점 발췌 및 도면 반영, C/FIX PLAN'G. FMEA 실시, 금형 공법 검토, 업체 설명회 실시, BIW 정도 향상

3. F2 도면 및 시작차 문제점 양산 도면 반영

F2 도면 검토 문제점 및 도면 반영, F2 시작차 조립 참여 및 문제점 발췌 및 도면 반영, 검사협정체결, C/FIX 승인, 개발 일정 전산프로그램 개발

4. PO ALL TOOL 제품 적용으로 FITT'G성 확보

설계 도면에 맞는 제품이 나오도록 BIW에서 ALL TOOL 제품 적용, PALLET 품질 영향 검토 반영, 신뢰성 시험기 승인, 금형 T/OUT 참여

5. P1 조립 및 상대 부품 간 매칭성 확인

조립성 문제점 발췌 및 개선, 균일한 제품이 나오도록 4M 제품 적용

6. P2 기능 및 성능 품질확보

주행 품질확보에 주력, NVH 품질 공동 개선 실시, 전 용도차 기능 및 성능 확인으로 품질 산포 확인

7. P3 상품성 확보

완성차에서 조화가 되도록 조정, 내장 컬러 품평회 실시, EMBO 품질 확인, 공정 감사 실시로 공정 능력 분석 양산 품질 달성

8. 양산 선행

양산성 확인, 양산 차량 조기 생산, 직행률 향상

9. 양산

목표 품질 및 생산 계획량 달성, 품질 목표와 생산 계획 달성

품질확보 실천 방안

1. 품질 관리 사고의 전환

평가 위주의 업무에서 생산 과정에서 원하는 품질이 생산되도록 하는 일에 주력

2. 생산 부분의 F CAR 단계부터 조립, 평가, 개선에 직접 참여

F2 CAR의 업체 부품 품질 확인 후 투입, 조기 품질 발췌하여 도면 반영

3. 부품 발주, 공법 검토 금형 제작 T/OUT 일정의 PC 일일 관리

24612 단계 F/UP

4. 부품 개발의 3현 실시로 조기 부품 품질확보

품질 담당자가 협력사에 직접 출장 가서 현장에서 현물을 보고 현실적으로 개선

5. BIW의 정도를 타 차종 대비 공차 20% Up

BIW 1.5 → 1.2mm

6. 자동화 장비의 예상 문제점 조기 시정

생산, 보전, 생기의 작업 및 장비 문제점 공동 해결

7. 전 부품의 전 항목 신뢰성 시험 실시

X3 4DOOR ISIR 현황

구분	대상	완료	ISIR	비고
BODY	132	132	100%	
TRIM	706	706	100%	
TOTAL	838	838	100%	조건부합격: 7건

조건부 ISIR 현황

ES MS 시험 중: SUNVISOR 1

ES 시험 중: FRT S/BELT 2. T/LID LATCH& STRIKE 2

MS 시험 중: DR TRIM ASS'Y 2

4DOOR 단계별 Audit 점수

구분	PO	P1	P2	P3	PP	EC 양산	국내 양산
실적	1084	614	344	255	88	60	55
목표	800	400	200	100	50		

　이렇게 피나는 노력과 관리 덕분에 양산 목표 일정을 준수할 수 있었고 양산되고 난 후, 그 당시 대표이사 사장을 재직 중이시던 전성원 사장의 주재로 양산 론칭 보고회가 있었는데 그 당시 나는 차장 직함으로 신차에 참여하였던 사장님과 전 중역진 앞에서 신차개발에 따른 품질 달성과 양산 일정 달성에 따른 경과 보고회를 하게 되었는데 사장님께서 전 참석자를 대상으로 큰 박수로 격려해 주셨다.

　그때의 심정은 봉급쟁이 하면서 최고의 순간으로 기억된다. 그 이후 엑센트 신차 개발 전산프로그램과 프로세스를 향후 신차 개발 시 적용하도록 지시하여 그게 다음 차종부터 해당 PM들이 참고하여 업무를 진행하게 되었다. 이것이 계기가 되어 전주 공장 신차 품질확보 강사로 초대되어 전주 공장 전 관리자를 대상으로 교육을 하기도 하였다.

　또한, 차장 직위로 사장님 앞에서 브리핑하는 것은 그 당시 큰 영광이었다.

  지금은 조직이 엄청 커지고 부사장 이상도 많은 분이 계시기 때문에 회장님 보고는 본부장 이상이 가능하지 팀장급은 발도 붙일 수 없을 것이다.

엑센트가 탄생하기까지

품관1부 차장 류 일 주

X-3(엑센트)를 탄생시키기 위해 품관1부에 신차개발과를 발족시킨 것이 91년 11월. 당시 15명이 구성되어 업무를 시작해 현재는 일반직 21명, 생산직 15명. 총 36명이 X-3 업무만을 추진하고 있다.

94년 4월 양산을 목표로 개발해 왔던 X-3는 다음과 같은 목표로 업무를 진행해 왔다.

개발목표로는 ▲고장이 없는 고품질의 차 ▲소음이 없는 차 ▲깨끗한 차 ▲고객이 감동하는 차.

품질목표로는 ▲IQS 70점 ▲C/AUDIT 20점 ▲직행률 95% ▲C/100 10점.

목표차종은 ▲도요다 TERCEL 94MY의 품질수준이 목표였다.

또 품질확보방안으로는 개발과정에서 양질의 부품이 제조되어야 함을 전제해 단품의 정도확보 방안을 마련하고 차체의 정도확보와 함께 F-1, F-2단계로 나누어 추진해 왔다.

또한 완성차 품질확보를 위해 과거 차종의 중요문제를 사양에 반영하여 9개팀으로 나누어 시스템별 활동에 들어갔다.

P₀시점에서 2대의 완성차 조립을 외장라인에서 실시해 경향을 분석하고 문제점을 발췌해 관련부문에서 충분히 수정할 수 있도록 기간을 부여. P₁단계부터는 전단계의 문제점 반영여부를 확인해 조립작업상의 불편을 해소해 나가기 시작했다.

이와 같은 업무를 추진하기 위해서는 신기술 교육에서부터 협력업체의 품질확보방안에 대한 설명회까지 각 항목별로 학습 및 검토하는 한편 관련자료를 관련부서와 협력업체에 지원함으로써 모든 업무가 조기에 개발업무를 시작하도록 유도해 했다.

처음엔 금형제작업체를 직접 방문하여 일정을 전산으로 관리해 부품의 개발일정을 단축시키기도 했다.

과거에는 FULL MODEL CHANGE 하면서 금형제작이 지연돼 신뢰성이 확인되지 않아 양산선행 또는 양산시점까지 품질확보가 되지 않아 품질보증지수를 만족시키지 못한 차량을 일정에 쫓겨 생산함으로써 문제점이 많았었다.

그 실례로써 미국내 자동차 평가기관인 J·D POWER사가 실시한

IQS(초도품질조사) 및 CSI(고객만족도) 등의 평가에서 저조한 평가를 받아 판매감소에 커다란 요인이 되었다.

이는 우리회사 25년의 경험을 제대로 살려내지 못한 증거였으며 이를 거울삼아 이번 X-3 개발에서는 관련부문이 조기에 참여한다면 좋은 결과가 있으리라 확신했던 것이다.

우리가 요구한 X-3의 품질수준은 차체부품의 경우 P₀시점에서 ALL TOOL에 의한 제품을 생산. T/OUT을 하고 P₁시점에서는 100%만족을 목표로 했다.

외장부품의 경우도 P₀시점에서 장착성 및 조립성을 한단계 앞서서 검토했고 P₁말기에는 부품이 합격되어도 업체의 공정감사를 실시하여 LINE UP 및 장비를 확인한 후에 합격시키도록 했다.

또한 차체검사과와 외장검사과가 분리되어 문제발생시 논쟁의 대상이 되었던 부문도 동일과에서 업무를 추진해 정보교환이 용이하게 돼 부품의 조립성을 향상시켰다.

양산선행시는 3000대 이상 생산함으로써 우리회사의 또다른 역사를 창조하게 되었었다.

X-3가 세계시장에서의 현대자동차 이미지 개선에 크게 기여하기를 바라며 신차개발에 참여하신 모든 분들에게 감사드린다.

▶ 사내 신문 기사 내용

6. 최고가 되도록 노력하자

열일곱 살의 어린 나이에 자신이 진짜 프로 영화감독인 양 정장 차림에 서류 가방을 들고 미국의 유니버설 스튜디오를 들락거렸던 스필버그[8]는 이제 세계 영화계에서는 타의 추종을 불허하는 인물이 되었다. 그가 감독하며 촬영한 영화는 요즘 말로 모두 대박을 터트렸다고 할 수 있다. 그는 2013년 포브스 세계에서 가장 영향력 있는 유명인사 100인에 선정되었고 2012년 제69회 골든 글로브 시상식 장편 애니메이션상을 포함하여 수많은 상을 받았다. 작품으로는 「인디아나 존스」를 포함하여 「쥬라기 월드」, 「트랜스포머」 등 많은 작품을 출시하였다.

희극배우 영화감독 채플린은 1889년 4월 16일 출생하였고, 1914년에 처음으로 영화를 제작했으며 그 이후로 「황금광시대」, 「모던타임스」, 「위대한 독재자」 등 무성영화와 유성영화를 넘나들며 위대한 대작을 만들어 냈다. 콧수염과 모닝코트 등의 이미지로 세계적인 인기를 얻었으며 1975년 엘리자베스 여왕으로부터 공로를 인정받아 대영제국 기사 작위를 받았다.

수상 내역은 1929년 제1회 아카데미시상식 공로상을 포함 1973년 제26회 미국감독조합상 명예상을 포함하여 수많은 상을 받았다.

"자신을 믿고 성공한 사람처럼 행동해야 성공할 수 있다. 나 자신을 믿어야 한다. 나는 보육원에 있을 때도, 음식을 구걸하러 거리에 나섰을 때도, 나는 이 세상에서 가장 위대한 배우다."라고 자신의 체면을 걸고 말했다고 한다.

아주 오래전 고대 그리스 철학자 아리스토텔레스 플라톤과 함께 그리스

---

8. 1946년 12월생, 배우자는 케이트 캡쇼, 학력은 캘리포니아주립대학교 롱비치캠퍼스 영화학을 전공했으며 전자예술학 학사, 데뷔작은 1959년 영화 「The Last Gun」이다.

최고의 사상가로 꼽히는 인물로 서양 지성사의 방향과 내용에 매우 큰 영향을 끼쳤다. 그가 세운 철학과 과학의 체계는 여러 세기 동안 중세 그리스도교 사상과 스콜라주의 사상을 뒷받침했다. 17세기 말까지 서양 문화는 아리스토텔레스주의였으며 수백 년에 걸친 과학혁명 뒤에도 아리스토텔레스주의는 서양사상에 여전히 뿌리 깊게 남아 있었다.

아리스토텔레스가 연구한 지식 분야는 물리학, 정치학, 윤리학, 수사학 등 매우 다양하지만, 가장 큰 업적은 형식논리학과 동물학 분야의 연구이다. 아리스토텔레스의 동물학은 이제 낡은 것이 되었지만, 19세기까지는 관찰과 이론 면에서 그의 연구를 넘어선 사람이 없었다. 그의 삼단논법은 이제 형식논리학의 작은 부분일 뿐이지만 그의 윤리학, 정치학, 형이상학, 과학, 철학 등은 현대 철학자들 사이에서도 논의되고 있다.

그는 플라톤의 학교에서 수학하였고 왕자 시절의 알렉산더 대왕의 교육을 담당하였다. B.C. 335년 자신의 학교를 아테네 동부의 리케이온에 세웠는데 이것이 페리파토스 학파의 기원이 된다. 그는 이렇게 말했다고 한다.

"용감해지려면 용감한 것처럼 행동하면 된다. 성공한 사람들이 생각하고 목표를 달성한 것처럼 행동하면 우리에게 놀라운 일이 일어난다. 우리의 온갖 에너지가 그 방향으로 쏠리기 때문이다. 승자가 되려면 목표를 달성하여 성취한 자신의 모습을 상상하는데 매일 얼마 정도의 시간을 할애해야만 한다."

벤처기업을 설립하는 것이 목표라면 일단 자신의 목표가 될 모델을 미리 선정하여 그 사람의 회사를 인터넷 등으로 검색한 다음 그 사람의 사고 좌우명, 행동 습관 등을 답습해야 한다. 그리고 그 회사의 최고 CEO가 된 자신의 모습을 미리 그려 보아야 한다.

베트남의 타코 그룹 TACO GROUP 이 있고 그 회사의 최고경영자는 윙 회장이다. 그의 성공 모델은 한국의 현대그룹 창립자 정주영 회장이었다.

그는 정 회장의 자서전인 『시련은 있어도 실패는 없다』를 읽은 후 정 회장과 관련된 모든 서적을 구입하여 읽고 행동을 따라 했다고 한다. 건설 분야가 그렇고, 조선 분야가 그렇고, 자동차 분야, 아파트 건축까지 모두 그렇다. 현재 타코 그룹의 윙 회장은 현대그룹의 투자 부분을 똑같이 실천하여 베트남판 현대그룹으로 성장하였고, 2018년까지는 현대자동차와 합작사를 운영하기도 하였으며, 베트남에서는 최고의 사업가이자 영웅의 반열에 올라 있다. 이처럼 간절히 원하는 것을 목표로 설정하고 빈틈없이 실천해 나간다면 여러분들은 이미 마음속에 성공한 것이나 다름없다.

옛날 이탈리아의 커다란 정원의 영주가 있었다고 한다. 그는 자신이 고용하고 있는 젊은 정원사의 일과를 눈여겨보았다. 그는 정원 구석구석을 아주 열심히 아름답게 손질하고 있었다. 그뿐만 아니라 자기가 관리하는 나무통 화분에 꽃을 정성껏 조각하는 것이었다. 이 광경을 목격한 영주는 그에게 물었다.

"화분에 꽃을 조각한다고 해서 돈을 더 받을 수 있는 것도 아닌데, 어째서 거기에다 그토록 정성을 다하여 조각하는가?"

젊은 정원사는 이마에 맺힌 땀을 옷깃으로 닦으며 대답을 하였다.

"저는 이 정원을 너무 사랑합니다. 그래서 더욱 아름답게 꾸미려고 화분에 조각합니다. 조각하는 것을 매우 좋아하니까요. 그러다 보니 틈만 나면 화분에 꽃을 새겨 넣는 버릇이 생겼습니다."

이 말을 들은 영주는 젊은 정원사가 너무 기특하고 또 손재주도 있는 것 같아 그에게 조각 공부를 시켰다고 한다. 이 젊은 정원사가 훗날 이탈리아 르네상스 시대의 최고 조각가이자 건축가가 되는 화가 미켈란젤로다. 미켈란젤로가 일반적인 사람처럼 시키는 일이나 하고 급여를 받는 사람이었다면 최고의 건축가이자 화가가 될 수 없었을 것이다. 그는 어려서부터 자기가 좋아하는 일에 관심을 갖고 꾸준하게 노력하다 보니 영주의 눈에 들었고, 영주의 보살핌으로 체계적인 공부를 하여 시대를 능가하는 훌륭한 조각가가 되었다.

우리 주변에는 각 분야에서 최고가 되기 위해 노력하는 분들이 정말 많이 있다. 지금도 자신을 단련하고 있을 여러 종목의 운동선수들부터 미래에셋증권의 박현주 회장, 다음, 애플의 창시자인 스티브 잡스, 마이크로소프트의 창시자인 빌 게이츠, 페이스북의 창시자 마크 저커버그 등의 많은 경영자와 기술자들이 있다. 이런 사람들은 어려서부터 자기가 좋아하는 일에 열정을 가지고 피나는 노력을 했을 것이다. 물론 어린 시절부터 부모님이 자식의 재능을 알고 꾸준하게 교육을 받은 사람도 있을 것이다. 이렇게 노력을 했기 때문에 한 분야의 최고가 되고 그 분야에서 타의 추종을 불허하는 유명인이 되었을 것이다. 우리도 자기가 좋아하는 분야를 찾아 어려운 환경을 딛고 일어선 스필버그나 채플린처럼 최고가 되도록 노력을 게을리해서는 안 된다.

7. 프리미엄 시트 국산화로 다산기술상을 받다

1994년 국내에서는 우등형 고속버스 도입 이후 20년간 일반석 45인석과 28인석으로 이원화되어 운영되어 왔다. KTX와 저가 항공사의 출현으로 승객을 빼앗겨 존폐위기에 처한 고속버스 업체를 살리기 위하여 2015년 9월 국토교통부, 고속버스운송조합, 현대기아차가 주축이 되어 프리미엄 승객석 시트를 국산화 개발을 정부에 제안 후 2016년 제한적 입법이 예고되었다. 당사에서 프리미엄 시트 개발계획서를 제출하여 채택되어 자체투자 약 20억 원으로 국산화 개발에 착수하게 되었다.

2016년 2월 고속버스운송조합과 현대기아차의 시제품 품평이 실시되었고, 그해 6월 부산 모터쇼에 차량 한 대를 만들어 전시하게 되었는데, 차량에 탑승해 시트를 구경하기 위한 입장객이 길게 줄을 서서 기다리는 진풍경이 펼쳐지기도 했다. 이때 국내의 반응은 뜨거웠던 것으로 기억한다. 그리고 12월 평션카를 만들어 품평을 실시하고, 2017년 1월 기아차에서 판매용 차량 43대를 처음 발주 받아 첫 생산에 돌입하게 되었다. 2017년 3월 30일부터 4월 9일까지 서울 모터쇼에 부스를 설치하고 대국민 홍보에 신경을 많이 썼다.

서울 모터쇼에 전시한 프리미엄 시트를 처음 보신 국내 고객들은 이전의 우등고속 시트와는 100% 다른 항공기 일등석 시트를 보면서 모든 것을 신기해했고 직접 앉아 시험 구동을 해 보면서 자신이 항공기 일등석에 탑승해 있는 것처럼 기뻐했다. 2019년도에는 인도네시아 모터쇼에도 부스를 설치하고 출품을 하여 제품 소개를 했는데, 많은 고객과 시트 제조사에서 문의가 쇄도하였다. 인도네시아의 국민 소득이 약 3,000달러인 것을 감안하면 제품 단가가 비싸서 현실적으로 프리미엄 시트가 적용되기까지는 시간이 필요해 보였다.

프리미엄 시트는 선진국에서는 이미 개발 후 생산 중이나 한국에서는 투자비 대비 수요가 적어 정부에서도 고민을 해왔고, 고속버스 운송 조합에서도 많은 검토만 하고 있던 사항이었다. 그러나 결정적으로 프리미엄 시트를 개발하게 된 동기는 KTX의 대중화였다. 육로 상의 여객 손님을 모두 빼앗기게 되자 고속버스사의 사활을 건 모험이 시작된 것이었다.

프리미엄 시트는 최신 IT 기술이 집약된 제품이다. 국민의 소득 증대와 함께 요즘은 혼밥족이나 혼술족들이 증가하고 있다. 그러한 사회변화에 적합하도록 남의 시선을 의식하지 않고, 혼자만의 공간에서 일하고, 여가를 즐길 수 있도록 항공기의 일등석과 동일한 기능을 갖춘 구조로 개발하였다. 편안하고 안락하게 육로 여행의 즐거움을 느끼는 것이다.

독서등

전동 헤드레스트
(머리지지대)

전동시트 조절
스위치

모니터 리모콘
스위치

전동 레그레스트
(종아리 받침대)

▶ 프리미엄 시트

프리미엄 시트는 우선 우등고속버스 28인승보다 적은 21인승으로 설치되고, 신규 리클라이너의 적용으로 시트 각도가 160도까지 뒤로 젖혀져 편히 누울 수 있고, 발 받침대와 개인용 셸 칸막이 Side Shell 가 설치되어 독립적인 안락함을 더해 주고 있다.

개인의 사생활 보호를 위한 칸막이와 커튼이 설치되어 있으며 또한 10.1인치 HD 대형모니터 적용으로 위성 TV와 SKYLIFE를 통해 다양한 콘텐츠 제공하며 200여 개 채널을 선택하여 감상할 수 있다. 개인 USB를 통해 영화를 보거나 음악을 들을 수 있으며 FM/AM 라디오 청취도 가능하다. 고속버스 운향정보 시스템을 적용하여 출발 시간과 도착 시간, 현재 위치, 속도 등을 알 수도 있다. 또한, 미러링 기능도 탑재되어 있으며 충전케이블 없이 충전할 수 있는 무선충전 시스템, LED 독서등, 컵꽂이, 옷걸이와 같은 편의 장치가 있다. 특히 주목할 것은 여행 중 갑작스러운 생리적 현상 때문에 정차해야 한다면, 운전기사와 개인 간의 비상 호출 개인용무 및 응급상황 소통을 할 수 있는 기능도 탑재되어 있다. 헤드레스트의 높이 조정은 개인의 앉은키에 맞도록 조절이 가능한 구조로 자동화되어 있다.

국산화를 하면서 수입대체 효과 금액은 대당 약 1억 2천만 원이 예상되며 프리미엄 고속버스 적용으로 대국민의 여행 서비스 질 향상에 기여하였고 경제적 효과도 예상을 초과하였다.

프리미엄 고속버스 적용 후 해상 교통에서도 혁신적인 변화가 일어나기 시작하여 대아해운주식회사의 인천-백령도 구간의 카페리호에도 일등석에 적용하여 운행 중이다. 또한, 국내 적용 후 수출을 위한 검토도 진행 중인데 가나공화국과 베트남 등에 계획이 있다.

당사에서는 프리미엄 시트 개발을 계기로 특허도 출원하였고. 경량형 쿠션익스텐션 모듈 개발에 관한 논문도 출원하여 한국산학기술회 논문지 2016년 제17권 제8호에 등재되어 있다. 이를 계기로 필자는 2017년 12월 6일 기술혁신에 의한 개발공로가 인정되어 중소기업 부문 '제26회 다산기술상'을 수상하는 영예도 안았다.

▶ 프리미엄 1호 차 출고식

▶ 한국경제신문 2017.12.06.   ▶ 다산기술상

5. 간절히 바라면 이룰 수 있다

1. 품질 5스타 도전으로 훈장을 받다

▶ 서연이화 품질 5스타 인증서

서연 한일 이화는 1972년 현대차의 포니 내장품 생산을 시작으로 Door Trim, Bumper, Seat, Head Lining, Covering Self, Package Tray, Screen Assy, Pillar Trim을 생산하는 자동차 내장재 전문기업으로 성장해 왔다.

1998년 IMF에도 공격적인 해외 투자를 통하여 해외에서의 입지를 굳혀왔으며, 고객에게 최상의 품질의 제품을 공급하겠다는 일념으로 품질확보에 주력한 결과, 2005년 8월 '품질 5스타'를 획득하면서 품질과 기술력을 인정받아 해외 선진 자동차 메이커로부터 수주 문의가 많이 들어오고 있는 상태다. 연구소, 구매, 품질 등 모든 분야에서 기본을 중시하며 새로운 것을 창조해 나간다는 신념으로, 기술 혁신을 통한 경쟁력 확보에 주력하는 회사이다.

우수한 연구진, 연구 개발에 대한 과감한 투자로 제품 디자인에서부터 소재개발, 설계, 평가까지 독자적으로 수행할 수 있는 첨단 연구 설비를 갖추고, 우수한 인적 자원을 바탕으로 세계 최고의 선도기술을 개발하고 있다.

 서연이화는 인간 존중의 창조적 경영을 통한 고객 만족 실현을 바탕으로, 국내를 넘어 해외에서도 위상을 알리는 글로벌 자동차 부품 협력사로 거듭나기 위하여 전 임직원들이 최선을 다하고 있다.

 현대기아차는 2002년부터 협력사에서 입고되는 부품의 품질 경쟁력 확보를 위해 '품질 5스타 제도'를 도입하였는데 이 제도는 1차 협력사의 품질 운영 시스템 평가 제도로 품질 경영 시스템과 품질 입고 불량률, 클레임 변제율, 품질 경영을 평가 기준으로 하여 업체협력팀과 구매팀, 품질팀이 협력사를 평가하여 85점 이상일 경우 품질 5스타 인증서가 주어지는 제도이다.

 이 제도는 협력업체의 품질 수준을 정량적으로 평가하고 계량적으로 평가 결과를 통해 개선 목표를 구체적으로 설정하고 품질 공정상 개선을 지속적으로 유도하는 제도라고 할 수 있다.

 이 제도는 정몽구 회장이 추구하는 품질 경영의 하나로 자동차는 2만 개 부품으로 구성되는 만큼 협력사에서 공급받는 부품의 품질이 완성차 품질에 막대한 영향을 미치기 때문에 협력사의 부품 품질을 향상하는 게 지상 과제였다.

 2004년 초만 하여도 품질 5스타 제도의 초기 단계로 전체 1차 협력사 350여 개 회사 중 3개사 희성촉매, 남양공업, 보그워너 가 인증서를 보유하고 있었고 3개사 모두 기계·가공품을 생산하는 협력사로서 제품의 제조공정 단계별로 부품이 생산되면 공정에서 부품을 측정하는 FOOL PROOF[9]가 잘 갖추어진 회사이다. 즉, 사람이 아무리 잘못된 조작을 해도 시스템이나 장치가 동작하지 않고 올바른 조작에만 응답하도록 하는 시스템을 말

---

9. 제어계 시스템이나 제어 장치에 대하여 인간의 오작동을 방지하기 위한 설비를 말함.

한다. 위의 3사에는 이러한 장치가 모두 설치되어 있었고 통계적 품질 관리 SPC 를 하고 있었다. 따라서 공정에서 불량이 다음 공정으로 넘어갈 수 없도록 모든 시스템을 갖추었기에 품질 5스타를 쉽게 인증받을 수 있었을 것이다.

그러나 서연이화는 내장재 부품을 생산하고 있었으며 내장재 부품은 치수만의 문제가 아닌 감성과 색상, 재봉선, 변형, 부품의 매칭성, 소음 등 오감을 만족해야 만 하는 난제를 안고 있었으나 품질 5스타에 도전하기로 했다.

그 당시 현대기아차는 업체협력실에 김양수 이사와 협체평가팀에 서근하 부장이 팀장을 맡고 있었고 필자는 서연이화에서 품질본부장과 울산 공장장을 겸직하고 있어서 회사 전체적으로 조직을 움직이는 데 많은 힘이 실려있었다.

우선에 필자는 현대차를 방문하여 기계 가공 협력사만 품질 5스타를 보유하고 있어서는 해당 제도의 취지와 부합하지 않다고 역설하고 의장 업체, 전장 업체, 프레스 업체에도 한두 개 협력사가 인증을 가지고 있어야 취지와 형평성에 맞는 것이라고 강력하게 주장하였다.

또한, 현대차에서 실무자들이 서연 한일 이화를 출장 와서 진단하고 교육해 달라고 부탁하여 그다음 주부터 울산 공장에서 교육을 받은 후 우리는 일사천리로 세부 계획을 수립하고 준비를 철저히 해 나아갔다. 그러나 난관도 많았다. 울산 연암동에 있는 서연이화는 현대자동차보다 약간 늦은 1972년에 설립되었고, 산을 매입하여 산 아래서부터 공장을 짓다 보니 현대자동차의 생산량이 증가할 때마다 계단형으로 공장을 증축해 나갔다. 그래서 공장의 모양이나 짜임새도 없고 모두가 낡은 상태였기에 3정 5행을 실천하여도 노력하는 것만큼 효과를 볼 수가 없었다,

아무튼 계획을 수립하여 품의를 받고 그 품의서를 기준으로 면밀하게 불도저처럼 업무를 추진하여 나갔다. 그 결과 우여곡절 끝에 2005년 8월

에 현대기아차의 전 협력사 중 4번째로 품질 5스타 인증을 받았다 ^{의장 업체} ^{중에는 첫 번째 인증}.

품질 5스타의 인증은 단순히 인증만의 결과를 안겨준 게 아니고 이것이 발판이 되어 서연이화는 글로벌 자동차 회사들로부터 수주 문의가 쇄도하여 회사 이미지 향상에도 기여하였고, 매출 증대와 직원들의 사기 앙양에도 많은 도움이 되었다.

그런데 인증을 받고 나니 그 이후 문제가 발생하였다. 1차 협력사 중 대형 중견기업들이 대거 품질 5스타 제도를 벤치마킹 Bench Marking 하겠다고 전화 문의를 하여 업무를 할 수 없을 정도였다.

▶ 품질확보실 준공

▶ 동탄 산업 훈장

그래서 하는 수 없이 무언가는 보여 줘야 할 것 같아 그 당시 대표이사로 재직 중이셨던 구자겸 사장 ^{현, NVH KOREA 회장} 을 모시고 현대자동차 울산 공장을 방문하여 홍보실과 1, 2, 3공장의 품질확보실을 견학하고 현대차보다 더 딜럭스 De luxe 하게, 품질이 저절로 향상될 수 있을 정도로 그 당시 1억 5천만 원을 투자하여 1층에 품질확보실을 건립하고 여기서 서연이화의 모든 품질을 한눈에 볼 수도 있고 품질 점검을 해가는 방법을 볼 수 있도록 만들었다. 그런 다음에는 전 중역에게 품질 관련 교육을 실시하고 대한상공회의소에서 주관하는 싱글 PPM[10] 인증, 한국표준협회에서

주관하는 품질 우수 기업 인증, 6시그마, 도요다 TPS[11] 등 품질로 연결될 수 있는 모든 기법을 도입하여 품질 혁신을 시도하여 2년 안에 현장과 사무실이 180도 변화를 주었다.

필자는 이런 품질활동과 품질 5스타의 인증을 계기로 구자겸 사장으로부터 분에 넘치는 포상금을 받았고 2006년 11월 24일 제32회 국가품질 경영대회에서 동탑산업훈장을 수훈하는 영예를 안았다.

이처럼 목표 달성이 어렵고. 도달하기 어려운 계획을 수립하고 전사적으로 실천하면 못할 것이 없고 못 오를 나무도 없다고 생각한다. 그때 목표를 달성하였을 때의 성취감은 말로 표현이 불가하고 그 결과 현대자동차 본사에서는 협력사 중 제일 도전적이고 불가능한 일을 하였다고 소문이 나면서 품질 전문가이자 품질의 대가로 소문이 나기도 하였다.

여기서 사례를 하나 들어 보겠다. 남아프리카의 강에는 육식어라는 피라냐가 살고 있는데 이 물고기를 수조에 넣고 실험을 하였다고 한다.

피라냐가 먹이를 받아먹기 위해 수조 한쪽으로 몰렸을 때 수조의 절반 지점에 투명한 유리막을 설치한다. 먹이를 먹고 반대 방향으로 헤엄쳐 가려던 피라냐는 투명한 유리막에 부딪혀 더는 앞으로 나아가지 못한다. 피라냐는 계속 반대편으로 가려고 하지만 번번이 머리에 유리막에 부딪혀서 고통을 받게 된다는 사실을 알게 된다. 다시 말해 환경에 적응하고 유리막을 향해 돌진하기를 멈춘다는 얘기다.

며칠이 지난 후 유리막을 제거하여도 피라냐는 예전처럼 자유롭게 헤엄치려 하지 않는다. 수조 한 가운데쯤 가다가 스스로 자진하여 되돌아올 뿐이다. 만약 피라냐가 말을 할 줄 안다면 이렇게 외쳤을지도 모른다. "여기가 끝이야. 나는 이 부분을 넘어서 헤엄칠 수 없어."라고 말이다.

---

11. Toyota Production System: 도요타 생산 방식

사람도 마찬가지다. 우리가 수조에 갇힌 피라냐처럼 자신의 능력과 본분을 망각한 채 살아갈 때가 있다.

"나 같은 사람이 어떻게?", "내 머리로는 감당 못 해.", "내 능력은 여기가 한계야."라고 했다면 서연이화의 품질 5스타 도전은 아마도 지금까지도 진행되지 못했을 것이다. 수조 속 피라냐로 살 것인가, 아니면 강물 속에서 자유롭게 헤엄치며 살 것인가. 이것은 우리 모두의 마음에 달려 있다고 본다.

2차로 추진하였던 업무는 서연이화에서 2차 협력사 중 납품 대금과 생산부품의 종류가 많은 22개사를 선정 대한상공회의소에서 주관해 왔던 싱글 PPM 제도를 도입하여 교육하고 계몽하고 지도한 결과 22개사 모두 싱글 PPM 인증을 받고 품질도 향상되었다. 이렇게 2차 협력사의 품질이 향상된 이후 서연이화의 조립 품질은 몰라보게 향상되어 자동차 내에 품질 문제가 발생하여 대책 발표차 방문하는 횟수가 대폭 감소하게 되었다.

그 당시 품질 5스타를 달성한 협력사가 현대자동차로부터 받은 혜택은 상상을 초월했다. 첫째, 납품 대금을 대부분 월 마감 후 3개월에서 4개월 어음이 지급되던 시기인데 납품 대금의 상당 부분을 현금으로 지급하였다. 즉, 제품 생산 후 납품하여 대금이 회수되기까지는 최소 4~5개월이 소요되었는데 현금 수금은 회사의 현금 흐름을 매우 양호하도록 도와주었다. 둘째, 납품 물량이나 향후 신차 개발 경쟁 입찰 시 가산점을 부과하였다. 셋째, 글로벌 자동차 메이커에 부품 공급 및 기술 제휴 가능성이 커졌다. 넷째, 품질 5스타 인증서를 회사 정문에 현판으로 부착하여 홍보 효과를 극대화할 수 있었다. 다섯째, 구매본부가 주관하는 협력사 총회 시 대표이사를 상석에 배치하는 대우를 했다. 여섯째, 금융권 등 신용평가에서 신용등급 상향조정으로 이자 부담이 경감됐다. 일곱째, 품질 5스타 인증 로고를 공문 및 대외적으로 사용할 권리를 얻게 되어 회사의 신뢰도가 향상되었다.

이외 자동차 부품사로서 내수 시장에서 세계적인 완성차 업체의 공급 다변화 정책의 혜택이 주어지며 글로벌 자동차 회사에 부품 공급이 시작되었다.

자동차산업은 IT 기술이 발전하고 전기차 수요가 증가할수록 전장 부품과 기능 부품의 수요가 증가하고 산업 자체가 재편성되고 있다. 일반적인 산업 분야는 기술이 발전할수록 가볍고 단순해지는 것이 상식이지만 특이하게 자동차 분야는 반대의 상황이라고 볼 수 있다. 오히려 발전하는 만큼 더 많은 전자부품과 반도체 부품이 결합하여 다기능이 요구되는 복잡한 산업으로 발전해 가고 있다.

현대기아자동차와 거래를 하는 모든 협력업체는 1, 2, 3차로 다양한 등급으로 구분되어 관리되고 있다. 그렇다면 현대기아자동차는 수만 가지의 단위 생산품 또는 수백 개의 모듈화 부품을 생산하는 협력업체를 어떻게 관리하고 있을까? 과연 그 숫자는 얼마나 될까?

현대기아차와 거래하는 1차 협력사는 공식적으로 약 350여 개사가 있고, 여기에 2차 사와 3차 사를 더하면 약 4천여 개사가 거래하고 있다고 하니 실로 어머 어마한 숫자라고 할 수 있고 우리나라 자동차 산업에 많은 영향을 미치고 있다고 볼 수 있다. 현대기아차는 협력사의 품질 경쟁력 확보를 위해 기초기술이 부족한 협력사는 기술진흥재단을 통해 현대자동차의 오비 중 전문가들로 구성된 사람들이 협력사의 요청 시 전문위원으로 파견되어 몇 개월씩 지도하여 레벨 업 시켜 주는 사업도 병행하고 있다.

현대기아차는 초기에 품질 5스타 제도를 먼저 정착했고 그 이후로 협력사의 연구소 부문의 '기술 5스타' 도입과 '납입 5스타' 제도를 추가로 도입하여 협력사 인증평가 제도로 운영하고 있으며, 점진적으로 제도를 강화해 불량률, 내구성, 안전성, 납입율 등의 각종 항목에 대한 품질 기준을 높여가고 있다.

　품질 5스타의 인증기준은 매우 까다로우며 전사적 품질 경영 체계와 입고된 부품 불량률 등을 점수화하여 85점 이상을 받으면 품질 5스타,　90점 이상은 그랜드 품질 5스타 인증을 부여받게 되는데, 다시 말하면 협력사의 부품의 질적 수준을 나타내는 인증서이며 품질 왕 중의 왕으로 볼 수 있다. 현재 운영되고 있는 품질과 기술, 납입률을 평가하여 인증서를 수여하고 이를 홍보 자료로 이용토록 허용하고 있다. 현재 품질 5스타는 만도를 비롯해 한라공조,　에스엘 등 총 24개 부품 업체가 보유하고 있고 전체 1차 협력사 중 7%에 해당된다.

품질 5스타 인증 협력사

콘티넨탈오토	동희산업	태양금속공업	에스엘라이텍
케피코	대흥알랜티	코리아오토글라스	삼송
한국파워트크레인	만도	서연이화	티에이치엔
희성촉매	세종공업	유라코퍼레이션	성우하이텍
모토닉	세정	유라하네스	평화정공
남양공업	한라공조	에스엘라이팅	아산성우하이텍

　그랜드 품질 5스타는 세종공업, 성우하이텍, 남양공업, 한국파워트레인, 희성촉매 등 5개사로 확인되었다.

　또한 현대기아차는 5스타와 별도로 올해의 협력사라는 제도를 시행 중이며 품질, 기술, 경영개선, 노사협력, 동반성장, 해외, 수입, 설비, 부자재 등의 8개 부문을 평가하여 시상하고 있다. 8개 부문 중 최고 협력사는 올해의 협력사 대상에 선정되면 매년 1월 초 협력업체 정기총회 세미나에서 시상하고 있다.

　몇 해 전의 TV와 뉴스에 많이 나온 이야기이다. 이희아라는 네 손가락의 피아니스트로 우리에게 잘 알려진 그녀는 태어나면서 두 손 모두 합쳐 손가락이 네 개이고 무릎 아래로 다리가 없는 선천적인 사지 기형 1급 장애인이다. 그녀는 손가락 10개인 사람도 치기 힘든 쇼팽의 「즉흥환상곡」을 감미롭게 연주하며 국내외 장애인과 비장애인 모두에게 온몸으로 긍정적인 희망을 전달하는 전도사 피아니스트가 되었다. 그녀는 연필이라도 쥘 수 있게 하려는 부모님의 간절한 바람으로 일곱 살 때부터 피아노를 치기 시작하였다고 한다. 그러나 그녀는 자신이 피아니스트가 될 줄은 생각조차 못 하였다고 한다. 2005년 9월 월간지 인터뷰에서 이희아 씨는 "하느님이 원하셨기 때문에 가능했다고 생각해요."라고 답하기도 했다.

그녀의 부모님은 딸이 어렸을 때 틈나는 대로 성경 비디오를 보여 주며 함께 복음을 묵상하는 시간을 많이 가졌다고 한다. 또한, 피아노를 치기 힘들어도 바로 피아노 연주를 자기의 길이라고 자신의 십자가로 받아들이고 고통을 이겨내길 바랐다고 한다. 이러한 믿음에 대한 응답으로 그녀는 어디를 가나 항상 하느님께서 자신과 함께 계신다는 걸 믿었고 굳은 신앙의 힘과 피나는 노력으로 꿈을 현실로 만들었다. 그녀는 진정으로 팔자를 고친 이 시대의 아름다운 피아니스트인 것이다.

운명적으로 정해진 팔자는 없다 자아상이 바뀌면 팔자도 변한다고 한다. 부정적인 자아상을 버리고 자신의 미래를 긍정적으로 설계해야 한다. 하늘은 스스로 돕는 자를 돕는다고 한다. 행운도 내가 만들어 가고 품질 5스타 인증도 우리가 목표를 설정하고 피나는 노력으로 만든 결과다. 도전을 멈추고 노력하지 않고 이 세상에 얻을 수 있는 것은 아무것도 없다.

2. 피그말리온 효과 Pygmalion Effect

경제는 흔히 심리 현상의 결정체라는 말을 많이 한다. 소비자, 생산자들의 심리에 따라 경제가 위축되고 또 반면에 살아나고를 반복한다.

그래서 경제 기사를 접하다 보면 피그말리온 효과에 대하여 자주 접하게 되는 단어로 피그말리온 효과는 로젠탈 Rosenthal, Robert 효과, 자성적 예언, 자기 충족적 예언이라고도 한다. 타인의 기대나 관심으로 인하여 능률이 오르거나 결과가 좋아지는 현상으로 그리스 신화에 나온 이 말은 조각가인 피그말리온이 자신이 조각한 여인상과 사랑에 빠진다는 내용을 담고 있는데 이 내용 역시 기대효과의 중요성을 말하고 있어 교육 현장과 기업체에서 교육 자료로 이용되고 있다. 우리의 생각을 어떻게 하느냐에 따라 놀라운 변화를 가져올 수 있다는 교훈을 말한다.

   피그말리온 Pygmalion 은 여성에게는 결점이 너무 많다고 생각하여 평생 독신으로 살겠다고 결심한 인물이다. 그는 여성을 멀리하는 대신 상아를 빚어 아름다운 여인상을 완벽하게 조각한다. 조각상은 살아 있는 여인으로 착각할 정도로 정교하고 생동감이 넘쳤으며 세상의 어떤 여인보다 뛰어난 미모를 갖추고 있었다. 피그말리온은 자기가 조각한 조각상과 사랑에 빠졌으며 틈만 나면 자신이 조각한 여인상을 바라보며 사랑의 감정을 키워 갔다.

   피그말리온은 조각상을 자기의 연인으로 생각하며 하루에도 몇 번씩 끌어안고 쓰다듬고 키스한다. 때로는 바닷가에서 주운 조개껍데기를 선물하기도 하고 예쁜 꽃을 따다가 가슴에 한 아름 안겨 주기도 한다. 그런가 하면 몸에는 아름다운 옷을 입혀 주고, 손가락에는 반짝이는 반지를 끼워 주는 한편, 가늘고 긴 목에는 형형색색의 목걸이를 걸어 주기도 한다. 이 모든 장신구는 아름다운 상아 여인에게 잘 어울렸다. 그러나 가장 아름다울 때는 역시 아무것도 걸치지 않은 자연 그대로의 모습을 드러낼 때였다. 밤이 되면 피그말리온은 그녀를 부드러운 요 위에 눕히고 팔베개를 해 주며 정겹게 말을 건넸다. 그러나 열릴 듯한 입술은 끝끝내 굳게 닫혀 있었고, 우윳빛의 연한 살결은 차디찬 상아의 촉감으로만 느껴질 따름이다. 그래서 그는 언제나 마음이 허전하고 쓸쓸했다.

여신 女神 아프로디테 로마 신화의 비너스 는 그의 사랑에 감동하여 여인상에 생명을 주었다. 이처럼 가능성이 없는 것이라도 마음속에서 할 수 있다고 믿고 행동하면 그 기대가 현실로 이루어질 수 있다는 것을 증명할 때 자주 인용되곤 한다. 타인의 기대나 관심으로 인해 능률이 오르거나 결과가 좋아지는 현상을 "피그말리온 효과"라고 말한다. 심리학에서는 타인이 나를 존중하고, 나에게 기대하면 그 기대에 부응하기 위해 노력한다는 의미이다. 특히 교육 심리학에서는 교사의 관심이 학생에게 긍정적인 영향을 미치는 심리적 요인이 된다.

수줍은 성격에 소극적이고 사교성도 부족하던 한 젊은 여성이 있다. 그런데 주도면밀한 계획으로 주변 사람들에게 그녀가 매우 사교적인 여성이라는 선입견을 불어 넣는다. 그러자 그 젊은 여성은 대인 관계에서 점차 자신감과 안정감을 느끼게 되고 마침내 외향적이고 당당하며 활기찬 성격의 소유자로 변하기 시작한다. 그녀가 사교성을 갖춘 여성이라는 사람들의 생각이 사교적 행위를 유발하였다. 이렇듯 어떻게 되리라는 주변의 기대와 믿음이 영향을 끼쳐 결국 그러한 결과를 초래한다는 이론을 자기 충족 예언 Self-Fulfilling Prophecy 이라 한다.

피그말리온 효과는 사람이 다른 사람들로부터 큰 기대를 받는 경우에 기대에 부응하는 사람이 되고자 노력하고, 기대충족에 필요한 조건을 내재화시키게 되며, 이러한 노력은 결국 긍정적 효과로 나타나게 된다는 것이다. 칭찬, 격려, 신뢰, 인정, 애정, 사랑, 긍정, 확신, 믿음이 있는 곳에서는 모든 것이 변화되는 놀라운 경험을 하게 된다고 한다. 어떤 사람들이 뼈대 있는 귀족 집안의 사람이라고 여겨지는 경우, 다른 사람들이 자신을 그러한 부류의 사람으로 본다는 기대 때문에 그러한 조건과 수준에 맞는 행동을 하고자 노력하게 되는 것과 같다.

피그말리온 효과는 회사의 조직 관리 환경에서 적용되어 왔다. 리더가 부하에 어떤 기대를 하는지에 따라 부하의 직무성과에 실제 영향을 준다는 것이다. 사람은 매사를 긍정적으로 보고 믿고 행하면 소망하는 바가 이루어진다고 한다. 당신이 무엇인가를 간절히 바란다면 결국 그 소망은 이루어질 수 있다는 믿음이 필요하다.

미켈란젤로나 가우디처럼 평생을 걸쳐서 자신의 꿈을 이루기도 하지만 일반적으로 대부분의 사람은 몇 년만 집중적으로 노력하고 매달리면 꿈을 이룬다. 우리 인생을 과거에 연연하여 목멜 필요가 없고 아쉬워할 필요도 없다. 부잣집에서 금수저로 태어났든, 아니면 가난한 집에서 흙수저로 태어났든 명문대를 졸업했든 지방대를 졸업했든 재산이 많든지 적든 간에 그것은 이미 지난 일이다. 앞으로 몇 년 동안을 승부처로 정하고 인생의 승부를 걸어 몇 km만 혼신의 힘을 다해 달려 보자.

간단하게 정리해 보면 타인의 기대나 관심으로 인하여 능률이 향상되거나 좋아지는 결과라고 할 수 있다. 가능성이 없는 것이라도 마음속에서 잘 할 수 있다고 믿고 행동하면 그 기대치가 현실로 이루어질 수 있다는 것을 증명할 때 자주 사용되곤 한다. 직장에서도 직원들에게 기대와 칭찬은 직원들의 능력향상을 부여하고 변화를 일으키는 큰 힘을 가지고 있다.

3. 하고 싶은 일에 도전하기

최근 TV조선에서 미스트롯 2 결승 진출자의 공연을 보게 되었다. 참가자는 나이 어린 초등학생부터 결혼하여 두 명의 아이를 둔 엄마까지 출연하여 경연하는 모습을 시청하고 결승진출자 7명의 노래 실력을 보게 되었다. 무명가수로 있을 때도 이렇게 노래를 잘했을 것으로 예상은 했으나 실력이 현역 가수 못지않은 점에서 놀랐다. 이렇게 결승에 오른 사람들을 보면 자기가 좋아하는 것을 어릴 때부터 찾아서 준비하고 피나는 노력의 결과라고 생각을 했다. 이들 중 초등학생 두 명은 이미 장래 직업이 결정된 거나 다름없지 않을까.

영국의 괴짜 사업가 리처드 브랜슨 버진그룹 회장은 즐기며 일하는 대표적인 인물이다. 그의 저서 『Dr. Yes 닥터 예스 !』에서 나는 여러 가지 사업을 하면서 살아왔지만 한 번도 돈을 벌기 위해 사업을 한 적은 없었다. 사업에서 재미를 발견하며 즐겁게 하다 보면 돈은 자연히 따라왔다고 이야기한다. 즐거움의 추구가 돈의 욕구를 앞섰다는 것이다.

나는 때때로 지금 하는 일이 재미있는지 그 속에서 행복한지를 스스로 묻는다. 그것만이 유일한 잣대라 할 수 있다. 만약 즐겁지 않다면 그 이유가 뭔지 곰곰이 생각해 본다. 궁리 끝에 그 문제점을 바로 잡을 수 없다면 나는 더 이상 그 일을 하지 않을 것이다. 어떤 일에서 재미와 즐거움을 찾을 수 없다면 드디어 다른 일을 찾아야 할 때가 된 것이라고 믿었다. 행복하지 않게 시간을 보내기에는 인생이 너무 짧다. 아침에 일어나면서부터 스트레스를 견뎌야 하고 비참한 기분으로 일터로 나간다면 삶에 대한 올바른 태도가 아니다.

이탈리아 거장 디자이너 조르지오 아르마니 역시 일을 즐기기로는 브랜슨에게 전혀 뒤지지 않는다. 당신에게 일이란 무엇이냐고 묻자 그는 "일은 나의 열정이다."라고 답했다 한다. 나는 주말이면 절망에 빠진다. 무엇인가에 집중할만한 것이 없기 때문이다. 결국, 삶의 활력을 유지하기 위해서 계속 일을 해야 한다. 건강만 허락한다면 앞으로 10년은 더 일하고 싶다.

영화감독 스티븐 스필버그가 조지 루카스와 영화 「레이더스」를 찍을 때의 일이다. 주인공 인디아나 존스가 트럭 아래로 떨어져 밧줄에 끌려가는 장면을 찍고 있었는데 스필버그가 갑자기 루카스를 보면서 다음과 같이 말했다고 한다. "이렇게 재미있는 일을 하면서 돈을 받는다는 사실이 믿어지나요?"라고 말이다.

중국에 이광이라는 사람이 한밤중에 산길을 걷고 있는데 갑자기 커다란 호랑이가 달려들었다. 깜짝 놀라서 가지고 있던 활로 있는 힘을 다하여 활을 잡아당겨 호랑이를 쐈다. 그러나 이상하게도 화살이 박혔는데 호랑이가 조금도 꿈틀거리지 않는 것이다. 이상하다는 생각이 들어 가까이 가서 살펴보니 자신이 활을 쏜 대상은 호랑이가 아니라 호랑이의 형상을 한 바위였다. "아니 내가 화살로 바위를 뚫었단 말인가?" 이광은 신기하게 여겨 한 번 더 바위를 향해 화살을 쏘아 보았다. 그러나 자신이 겨누는 대상이 바위라는 것을 알게 된 이후에는 화살이 바위를 관통하지 못했다. 이처럼 신념은 그 자체로 힘을 지니고 있다. 바위를 뚫을 수 있는 만큼 강한 힘, 그것이 바로 신념의 힘이다.

최근 몇 년 사이에 LPGA 여자프로골프협회 경기에서 한국 여자 프로 선수들의 활약상을 TV를 통해 자주 접하게 되는데, 보통 마지막 라운드에서 우승에 대한 압박감이나 중압감을 이겨내고 집중력을 발휘하여 우승하는 선수를 지켜보면 정말 대단하다는 생각이 들면서도 감동하게 된다. 마음을 집중하면 단단한 바위도 뚫을 수 있다. 집중력은 어떠한 위기도 이겨내게 하고 어떤 일을 효율적으로 해낼 수 있게 하는 힘이다. 집중력은 새로운 에너지 창조의 원동력인 것이다.

2019년의 성적을 보면 세계 1위 고진영, 2위 박성현, 6위 김세영, 9위 이정은으로 10위권 안에 한국 선수가 4명이나 있다는 것은 대단한 일이다. 본인들이 하기 싫은 일을 시켜서 수동적으로 했다면 이런 결과는 없었을 것이다. 이처럼 자기 좋아서 하는 일을 부모님의 후원과 지원을 받아 본인 스스로 피나는 노력과 훈련으로 얻은 결과라고 생각하고 이들에게 진심으로 축하를 보낸다. 성공의 가장 확실한 요인은 투지다. 많은 사람이 생각하는 것처럼 재능, 직함, 부, 외모가 아니다.

한국에서 성공한 사람들을 보면 한결같이 학교에서 성적이 우수하여 성공하신 기업체 대표이사보다는 개인이 좋아하는 일을 미리 찾고 부모의 지원받아 성공한 사람도 많고, 스스로 종잣돈을 마련하여 성공한 사람도 참으로 많다. 그런데 이렇게 성공한 사람들의 뒷이야기를 들어 보면 공통점 하나를 찾을 수 있다. 바로 본인이 좋아한 분야를 집중적으로 공략했음은 물론이고 피나는 노력이 바탕으로 깔려 있다는 것이다. 특히 카카오를 창업한 김범수 씨와 네이버를 창업한 이해진 씨는 모두 시대가 요구하는 IT 관련 일을 시작하여 젊은 나이에 성공한 인물이다.

우리도 이들을 부러워만 할 게 아니라 지금이라도 내가 좋아하는 것이 무엇이고 장점이 무엇인지 발견하여 진로를 바꾸어 보는 것은 어떨까 생각을 해 본다. 분명한 것은 젊어서 자기가 좋아하는 일을 시작하면 대부분 성공의 가도를 걷는 것 같다. 그러나 상대방이 잘나가니까 나도 따라서 해 보겠다는 무모한 생각은 버려야 한다.

최근에 강릉의 커피 메카로 떠오른 테라로사라는 커피 브랜드가 있다. 테라로사 Terarosa 는 포르투갈어로 '붉은 땅'이란 뜻이고 브라질에서는 '희망의 땅'이라고 한다.

창업자 김용덕 대표는 20년간 은행 생활을 하다가 IMF 때 명예퇴직한 후 돈가스 식당을 운영하면서 자연스럽게 커피에 관심을 두게 되었다고 한다. 그는 유럽으로 달려가서 커피 문화를 직접 보고 배우며 전 세계 커피 농장을 방문하여 커피 공부를 했다. 2021년 현재 국내 명품 브랜드가 되었고, 강릉의 커피 메카가 되었으며 점포 수를 기준으로 스타벅스보다 2배 더 잘 팔리는 커피점이 되었다고 한다.

이런 성공도 김용덕 대표가 하고 싶은 일을 찾아 꾸준하게 공부하고, 커피와 관련된 세계 곳곳을 찾아다니며 노력한 덕분에 이룩한 성과라고 나는 생각한다. 여러분도 꼭 자기가 하고 싶은 일에 집중하여 공부하고 도전하여 성공하기를 바란다.

—————— 6. 해외에서 자동차 부품을 생산하다 ——————

1. 터키에서 쏠라티 SOLATI 부품을 생산하다

▶ 터키 직원들과

현대자동차 상용차는 2015년 4월부터 터키 제2의 도시 브루사에 있는 카르산 자동차에 위탁 생산 방식으로 쏠라티 모델명 H350을 생산하기 시작했다. 이 차는 애초에 유럽용으로 나온 모델이고 초기 양산은 15인승 미니 버스와 밴, 두 모델을 출시하였다. 메르세데스 벤츠의 스프린터 등 세미 보닛 Bonnet 형태의 박스형 경상용차가 대부분인 유럽 시장에서 인기가 많고 통근버스와 화물, 택배용 차량으로 엄청 많이 공급되어 운행 중이었다.

현대자동차는 2015년부터 2021년까지 7년 동안 총 20만대 판매를 목표로 정하였고 이 중에 밴과 트럭을 14만 4,975대, 버스를 5만 5,025대 정도 판매할 계획을 수립했다. 즉, 밴과 트럭이 약 70% 수준이며 미니버스는 30% 정도를 판매할 계획이었다.

현대자동차는 유럽 시장 진출에 후발주자인 만큼 투자비를 줄이기 위하여 한국에서 미니버스의 판매가 많이 될 것으로 생각하고 시트의 경우 운전석, 조수석의 대물 부품과 승객석 시트의 프레임 Frame 은 한국에서 생산 후 터키로 공급하였다. 그 이외의 부품류는 터키에서 개발하여 일부는 사용하고 일부는 한국으로 실어와 한국에서 조립용으로 사용했으며 특히, 플라스틱 부품과 기능 부품류는 모두 한국에서 생산하여 터키에 공급하는 방식으로 투자비를 최소화하고 현지에 동반 진출 협력사를 활용하여 적기 부품 조달을 통한 저렴한 가격으로 경쟁력을 갖추려고 했다. 많은 기대를 품고 유럽 시장에 진출했으나, 경쟁 모델보다 비싸고 심지어 길이 및 높이, 엔진 선택이 무한히 자유로운 스프린터와 비교를 해 보아도 가격 상의 이점이 없어 판매량은 3년 동안 20%대의 저조한 실적을 유지하였다.

H350은 기존의 현대에서 유럽에 파는 승용차들처럼 푸짐한 옵션을 넣어 팔고 있는데, 고급 옵션들이 너무 많이 표준 사양으로 적용하다 보니 비싼 가격도 경쟁력을 상실하였다. 상용차 시장에서는 라디오 기능밖에 없는 카스테레오마저도 옵션으로 선택해야 할 정도로 단가에 신경을 쓰기 때문에 고객의 입장에는 괜히 쓸데없는 옵션 기능이 적용되어 비싸기만 하고 검증되지 않은 쏠라티를 선택하는 것은 모험이나 다름없었을 것이다.

조사한 바에 의하면 경쟁사의 시트는 디자인도 예쁘고 색깔도 화려한데 비하여 우리가 생산하여 납품 중인 시트보다 훨씬 저렴하였다. 따라서 경쟁력이 없어 차량 판매가 저조할 수밖에 없었다.

양산 초, 현대자동차에서는 신종운 부회장을 비롯하여 많은 중역이 신차 품질확보 회의를 하고 현지 진출사의 대표이사들을 터키 현지로 불러 회의하며 품질확보에 공을 많이 들였다.

이원컴포텍도 현대자동차의 초기 생산 계획 7년간 20만대 목표에 맞추어 공장 535평을 38억 원에 임대하고 금형 개발 수 238세트, 지그 27세트, 검사구 14세트 계 279세트의 설비를 계획량에 맞추어 설치하고 인력을 확보하여 만반의 준비를 하였으나 판매 실적은 이런저런 이유가 맞물려서 그야말로 파리만 날리는 수준이다. 2015년부터 2018년까지 미니버스와 밴을 합쳐 계획했던 8만 대 대비 1만 8,385대로 23% 수준이었고 그중에서도 미니버스는 판매량 30%를 계획하였으나 4% 수준으로 오히려 밴의 판매량이 더 높고 미니버스는 생각만큼 판매되지 않는 기현상을 보였다. 이에 개조 차량 업체들이 밴을 구매한 후 당사의 시트경쟁사인 그램머 승객석 시트를 저가에 구매하여 장착하는 일이 발생하였다. 그램머 시트는 동일 금형에 연간 수만 대를 생산함으로써 가격 경쟁력에서 몇 대 만들지 않는 당사보다 우위에 있었다.

고객들의 애기를 듣고 판단한 결과 판매 부진의 이유는 아래와 같다.

첫째로는 가격 문제였다. 6천만 원 르노 마스터 보스 3천600만 원 이면 스타렉스 두 대를 살 수 있는데 무엇 때문에 두 배의 가격을 들이냐는 것이다. 둘째로는 국내의 부족한 주차 공간 문제였다. 일반적인 규격의 지하 주차장에 주차하기 어려운 면이 있었기에 구매를 망설이는 부분이 없잖아 있었다. 셋째로는 승객용 시트의 안락함이 다른 차에 비해 부족하다는 점과 디자인적으로 색상이 너무 어둡다는 불만도 제기되었다. 네 번째로는 승객석 시트벨트 문제였다. 유럽의 차량은 대부분 3점식으로 어깨까지 보호하는 데 반하여 쏠라티는 2점식이라서 허리까지만 붙잡아 주는 방식이었다. 마지막으로 다양한 모델이 출시되지 않아 고객의 선택 폭이 좁았고 유럽에서는 한국과 다르게 자동차 개조업이 성황을 이루고 있으며, 차량을 쉽게 개조할 수 있다는 사실을 몰랐던 것 같다.

스프린터 또한 구급차로 쓰이다가 국내 실정에 맞지 않아 더는 사용되지 않고 애물단지가 되었을 만큼, 한국은 고급 미니버스형 승합차에 대한 수요가 없는 나라다.

이원컴포텍은 터키 공장에서의 손실을 더는 방치할 수 없었다. 판매 부진을 타개하기 위하여 궁여지책으로 결국 2019년에 100% 철수하여 터키에서 생산되는 수량만큼을 국내에서 생산 후 터키로 공급하기로 하고 일부는 베트남으로 부품을 공급하기로 결정하였다.

　그나마 다행스러운 것은 현대자동차의 베트남 합작사인 탕콩그룹에 CKD로 부품을 공급하여 조립, 판매하였는데 이 쏠라티가 베트남에서는 인기가 있다는 것이다. 연간 약 2천500대 수준이 판매된다고 하니 천만다행이고 생산은 국내와 터키의 판매량을 합친 것과 비슷한 수준을 유지하고 있다. 참고로 베트남의 합작사인 탕콩그룹에 따르면 2010년 현대차는 총 8만 1,000대를 판매하여 시장 점유율 1위를 달성하였다. 이는 매우 고무적인 사건으로 앞으로 베트남 시장에서 절대 강자로 자리매김할 것으로 내다보고 있다.

베트남의 쏠라티 판매계획

년 도	2018	2019	2020	2021	계
대 수	2,140	2,950	3,600	3,700	12,390

　중요한 사실은 무한 경쟁 시대에서 살아남은 방법은 수요층의 요구와 현실적인 가격대와 성능, 그리고 주변 산업에서의 효과를 예측하며 트랜드의 중심에 서는 것이다. 고객들의 생각과 인식을 바꾸려고 하지 말고 공감하며 그것을 반영하는 제품이 시장에 출시된다면 선두 자리를 유지할 수 있을 것이다.

터키 생산 실적 현황

단위: 억 원, 대수

구분	13년	14년	15년	16년	17년	18년	합계
매출액	–	0.73	40.7	45.5	46.8	57.5	191.2
계획	–	–	12,500	17,500	22,500	27,500	80,000
실적	–	–	4,635	4,463	4,110	5,177	18,385
달성율(%)	–	–	37%	26%	18%	19%	23%

2. 중국 사천에서 상용차 부품을 생산하다

▶ 충칭 5공장 기공식

2012년 12월 현대자동차 상용차가 중국의 사천성 자양시에 공장 부지를 매입하고 현지 상용차 생산회사와 합작으로 진출하면서 이원컴포텍도 동반 진출을 하였다.

생산 첫해 500대를 시작으로 연간 최대 5만 800대까지 생산할 계획을 수립하고 공장 건축 및 설비, 인원 등을 모집했다. 공장 부지도 향후 증량을 대비하여 충분하게 매입을 하고 야심 차게 준비하였다. 공장은 출자금 77억 원에 부지는 6,000평을 잡은 후 2,000평 규모로 건축을 하였고 생산 차종은 카운티 중형 버스 , 트라고 대형 트럭 마이티 2.5톤~3.5톤 트럭 등을 생산하였다.

진출 초기 해인 2012년 현대기아차의 승용차가 중국에 진출하여 인기 많은 터라 충분히 계획 수량을 생산하고 판매도 가능하리라 생각을 했고. 차량의 품질과 성능도 우수하게 평가되어 많은 기대를 하고 철저한 준비를 하였다. 그러나 중국 내 저가 상용차가 품질은 떨어지지만 가격 경쟁으로 시장을 지배하여 도저히 중국 내 차량의 가격으로는 채산성이 맞지 않았다.

동반 진출한 협력사도 6개 정도가 있었다. 가장 처음 이원이 진출하여 건축을 끝내자 다른 회사도 입주하기 시작했는데, 이곳의 토질을 모르고 공장을 짓다 보니 완공 후 바닥이 침하하는 현상이 발생해서 공장 관리가 매우 힘들었다. 이원보다 늦게 공장을 건축한 회사들은 건축 전 바닥에 파일을 박아서 문제가 없었으나 처음 진출한 회사로서 많은 실패를 선행했던 기억이 난다.

또한, 중국의 상용차는 정부의 규제가 없어서 그런지는 몰라도 약 20톤 규격의 차량에 100%를 초과한 40톤의 화물을 싣고 운행하여도 제재하는 모습은 볼 수가 없었다.

이원도 국내에서 이미 검증된 차량의 시트를 CKD[12]로 운송하였고 검증된 시트류는 성능과 품질이 좋아 중국 내에서 인기가 많았지만, 항상 가격이 발목을 잡았다. 승용차 대비 수량이 적다 보니 중국에서는 금형에 투자하지 않고 철판을 레이저로 가공한 후 벤딩과 홀을 가공하는 방법을 택하여 금형 개발비가 필요하지 않았다. 안 그래도 가격 면에서 경쟁력이 떨어지는데 한국에서 생산 후 선적해서 중국에 도착하는 방법을 택하다 보니 금형비, 해상운송비, 육상 운송비, 통관비 등만 따져 보아도 경쟁력을 갖출 수가 없었다. 또한, 중국에 글로벌 회사들이 많이 진출하면서 매년 인건비가 급상승하고 노조가 설립되어 가격 면에서 경쟁력을 상실한 부분도 있었다. 2017년 당시 현대차 법인장은 신명기 부사장이었는데 이 모든 상황을 잘 알고 있으면서도 법인장이 단독으로 어떻게 조치를 할 수 있는 상황은 아니었던 것 같다.

현대차 본사에서 정책적으로 기획하여 상용차를 중국에 진출하였는데 법인장이 뭘 어떻게 할 수 있었겠는가. 거기에는 합작사의 중국인의 기질이 잘 드러난다. 왜냐하면 2018년에 처음 합작사와 결별을 하게 되는데 그때는 이미 합작사가 주요 부품과 대형 부품류는 자체적으로 모두 현대 모르게 개발한 후 짜 놓은 각본대로 진행하여 모든 것을 경쟁사가 마음대로 생산을 쥐었다 폈다를 할 수밖에 없었다. 판매가 안 되는 것도 문제였으나 부품의 공급권까지 합작사가 가지고 있었으니 납품 대금을 선지급하지 않으면 납품을 중단시키는 일까지 생겼다. 적자로 현금도 없는데 납품 대금을 선지급하고 부품을 공급받는 상황이 발생한 것이다. 동반 진출

---

12. 부품을 한국에서 생산하여 단품으로 중국에 보내서 현지에서 엇세이를 하는 구조

한 협력사들은 오로지 현대차만 바라보고 희망을 갖고 진출하였으나 상황은 매년 나빠져만 갔다.

그러던 중 중국에서 현대차 5공장이 충칭에서 기공식을 갖게 되고 기공식 때 현대차 자재 본부장이 상용 협력사를 모두 충칭으로 초대하여 기공식에 참석 후 상용 협력사들이 충칭 공장에 일부 부품을 공급할 수 있도록 노력해 보겠다고 약속은 하였으니 승용차 협력사들의 강력한 반대로 무산되고 말았다.

이러한 우여곡절을 겪으면서 세월은 흘러 현대 사천 공장에서는 저가차 개발에 온갖 힘을 쏟게 되었으나 19년 말에 코로나가 발생하는 바람에 판매는 종전과 다를 것이 없게 되었다. 이원은 라오스에 코라오그룹 대한자동차와 비즈니스를 추가로 진행하여 마이티급 운전석, 조수석, 중간 시트를 저가 개발하는 것에 성공하고 공급하게 되었다. 그러나 중국에 진출한 2012년부터 2018년까지 계획대비 실적은 7%에 그치게 되었고 6년 동안의 적자 폭은 계속 증가하여 결국 54억 원에 이르게 되어 현대차에 손실 보전 요청을 여러 번 하였으나 현대차도 적자인 상황에서 보상은 불가하다는 답변을 받게 되었다 결국 현대차의 보상은 관철되지 않았고 이원은 자체적으로 공장 매각과 토지 반환을 중국 정부에 요청하였다. 그러나 부품을 판매할 수 없는 공장 시설을 매입할 사람도 없을뿐더러, 중국 정부와의 계약서에 명시되어 있던 계약 조항 중 기간에 관련된 조항에 발이 묶여서 당장 반환도 불가한 상황이 발생하였다.

이런 것을 종합하여 보면 해외 시장에 진출하기 위해서는 반드시 충분히 시장조사를 거친 뒤 중·장기적인 매출 추이, 시장의 변화 등을 아주 세심하게 분석해야 손실을 최소화할 수 있다는 것을 알게 되는 계기였다. 그래도 다행인 것은 현대 사천 공장은 2020년 저가 차량의 개발과 신규 파트너사와의 관계 완화로 연간 최대 1만 2,000대의 판매 실적을 올렸다고 하니 정말 기쁘기 그지없다. 앞으로 중국에서 승용차 시장이 위축되더라도 상용차만이라도 승승장구하기를 기대해 본다.

중국 생산 실적 현황

단위: 억 원, 대수

구분	13년	14년	15년	16년	17년	18년	합계
매출액	9.5	11.1	24.1	27.8	18.3	19	109.8
계획	500	6,500	16,000	30,300	46,000	61,000	160,300
실적	456	1,953	1,689	2,098	3,248	2,111	11,555
달성율(%)	91%	30%	11%	7%	7%	3%	7%

3. 슬로바키아 방문객에게 포토존 Photo Zone 을 선물하다

2007년 기아자동차가 슬로바키아에 공장을 준공하고 생산을 시작할 무렵, 진출 초기 현지에는 제조업을 할 수 있는 여건이나 인프라가 부족했고 현지 작업자들은 주로 감자와 밀 재배 같은 밭농사를 짓다가 입사한 사람들이 많았다. 그런 사람들에게 제조업의 기본을 알려 주고 제조 공정에서 제품을 생산해 가는 과정을 알려 주면서 생산을 시작하였던 시기라 협력업체도 힘들었지만, 기아자동차도 마찬가지였다.

공장은 가동되고 생산은 되지만 제품의 불량으로 사용할 수 없는 제품과 잦은 불량으로 결품이 발생하여 공장이 자주 멈추었다. 기아자동차로부터 서연이화 슬로바키아 공장의 절대적인 본사 지원이 필요하다고 요청이 왔고 그 당시 필자는 전무이사 직책으로 생산본부장과 품질본부장을 겸직하고 있었다. 그래서 본사에서 팀별로 전문가들로 차출하여 선발된 인원 20명과 함께 현지 슬로바키아로 출발했다. 출장자들의 목표는 고객사의 결품을 막고 품질을 안정시켜 현지인들에게 업무 내용과 방법을 알려 주고 귀국을 해야 했기 때문이다.

평일에도 늦게까지 일을 하고 야근과 밤샘은 비일비재했다. 휴일에는 한국에서 온 출장자와 방문객들의 관광 가이드를 하느라 나만의 시간을 거의 낼 수가 없었다. 그렇게 일에 몰두한 이유는 기아자동차 1차 협력사 13개사가 해외로 진출했는데 그중에 품질 5스타를 보유하고 있는 회사는 국내 기준 그 당시 전 협력사 중 4개였다. 또한, 슬로바키아에 진출한 협력사 중 품질 5스타를 보유한 곳은 우리 회사가 유일하였다. 그래서 회사의 명예를 위해서라도 불량과 결품은 절대 용납할 수 없었다.

3개월 동안 열심히 공정을 개선하고 교육을 병행했음에도 불구하고 그다지 나아지는 것은 없었다. 게다가 함께 지원 나온 출장자들은 하나둘 향수병을 앓기 시작했고 가족과 아이들을 많이 보고 싶어 했다. 외국 생활을 견디다 못한 출장자들은 점점 조기 귀국을 희망하기 시작했다. 공장 안정이 지연되어 주말도 없이 근무하는 이 상황이 하루빨리 종료되어 현지인 체제로 전환되는 것이 시급한 시점이었다.

▶ 서연이화 유양석 회장 내외와 함께

출장자 모두가 조금만 더 힘을 내고 희생해서라도 조기에 목표를 달성해야 한다고 생각을 바꾸었고, 그렇게 열심히 불철주야로 노력한 결과, 4개월이 지나자 공장이 조금씩 안정되기 시작했다. 또한, 생산성과 품질이 향상될 무렵 서연이화의 유양석 회장이 취임 후 얼마 되지 않아 슬로바키아를 방문해서 출장자, 주재원, 현지인들을 격려해 주었고 함께 기념사진도 찍었다.

서연이화는 현대자동차 협력사 중 품질 5스타를 4번째로 인증받고 대외적으로 품질이 확보된 전문업체로서 현대기아차가 진출한 국가에는 모두 동반 진출하여 매출이 급성장 가도를 달리고 있었다. 또한, 현대차 소식지와 한국표준협회 등 품질 관련 전문기관에 품질 5스타 소식이 급속히 알려지고, 글로벌 자동차 회사로부터 부품 개발 수주가 증가하기 시작하였다.

▶ 훈장 수훈

그리고 남들이 모르는 또 한 가지 숨은 비밀이 있었으니 2006년 11월 24일 "제32회 국가품질경영대회"가 있었는데, 슬로바키아에 출장 나온 상태에서 내가 올해의 수상자로 선정된 것을 알게 되었다. 그 행사장에는 노무현 전 대통령이 직접 행사장에 나와 축사를 보내고 수상자들에게 훈장을 수여한다는 소식을 들었다. 나는 단상에 올라 노 전 대통령에게 훈장을 받고 싶었으나 그 당시 슬로바키아 상황이 워낙 좋지 않아 상을 위해 한국에 복귀할 수 있는 상태가 아니었다.

대통령께서 직접 시상하시러 나오는 자리로 텔레비전이나 신문에 기사가 나올 게 뻔했기 때문에 포기하기로 했다. 그리고 시간이 흐르고 공장이 안정되어 출장자들은 편안하고 뿌듯한 마음으로 복귀하게 되었다.

슬로바키아에서 공장 안정화를 위해 일하는 동안 서연이화에서 출장 온 사람들이 많았다. 1989년 해외여행 자율화 이후 모처럼 해외 공장에 업무 지원차 출장을 나오는 당사 직원들과 관공서나 지방자치단체에서 현지 업무차 출장 오신 분들은 바쁜 출장 일정에도 한국 진출 업체의 상황 파악을 위해 반드시 자국 진출 사를 방문하곤 하였다.

그러다 보니 한국에서 건너온 방문객이나 출장자들은 출장 업무도 중요하지만, 현지 관광 코스를 돌고 귀국해야 어렵사리 해외 건너온 보람을 느낄 수 있는 그런 시절이었다. 그 당시는 영어 회화가 능숙한 직원은 해외 출장 기회가 많았으나, 공장이나 본사에서 해외 공장을 지원하는 업무를 하는 직원은 해외 나갈 기회가 상대적으로 적었던 시절이었다. 모처럼 처음으로 해외 출장을 나온 직원이나 기타 관공서 출장자들은 업무가 끝나면 반드시 유명 관광지를 방문하고 싶어 했다. 그런 분들의 마음을 헤아려 바쁜 업무 중에도 시간을 내어 틈틈이 슬로바키아의 유명 관광 명소를 미리 찾아서 확인해 두었다.

한국에서 출장 오신 분들에게 내가 할 수 있는 일이라고는 공장의 현황 소개와 슬로바키아의 주요 명소를 모시고 다니면서 설명하는 일이었다. 공항이나 문방구에서 판매하는 그림엽서를 구매하고, 현지 사진작가들이 직접 촬영해 둔 사진을 보고 그 장소를 수소문하고, 손님들을 그곳으로 안내 후 포토존에서 멋들어지게 사진을 찍어서 작은 앨범으로 만들어 귀국과 동시에 한국에서 받아 볼 수 있도록 보내 주었다. 그것이 입소문을 타고 경영층에게까지 보고가 되면서 회장님께서 "그 친구는 일만 잘하는 줄 알았는데 센스도 있네."라고 경영 회의에서 말씀하셨다고 한다.

그리고 정치권 인사나 관공서 인사들이 방문 후 귀국하여 회장님께 전화로 칭찬을 해 주어서 많은 보람과 사기 진작이 되기도 하였고 또 한편으로는 다른 동료들의 눈엣가시가 되기도 하였다.

이처럼 사진 한 장을 찍어 주는 데도 무척 신경을 썼고 그 사진을 받은 분들은 평생 그 사진을 간직할 거라고 생각하니 신경을 쓸 수밖에 없었다. 그 결과 귀국 후 사진을 받는 분들은 한결같이 사진을 보고 다들 그림엽서 같다며 좋아했다. "어떻게 하면 이런 사진을 찍을 수 있어요?" 모두 비결을 물어보곤 했는데 사실 그 비결은 간단했다. 앞에서도 언급했듯이 그림엽서를 미리 사서 보고 그 엽서의 사진과 구도가 나올 만한 자리를 미리 봐둔 다음 오는 사람마다 같은 장소로 데려가 사진을 찍어 주는 것이다.

▶ 타트라 트래커들과

회사가 조금씩 안정이 되고 생산량이 목표를 달성하면서 유럽 견문을 넓히기 위해 주말이면 슬로바키아 주변 국가인 헝가리, 체코, 폴란드, 오스트리아 등 시내 주요 명소를 샅샅이 뒤지고 다녔다. 이렇게 할 수 있었던 것은 유럽이 연합국을 만들어 국가 간의 통행을 자유롭게 했고, 국경 통과 시 별다른 제재가 없었기 때문인 것 같다. 일요일이면 정말 많이도 돌아다녔던 것 같다.

휴일 저녁에 호텔에 돌아온 후에는 오늘 보고 온 거리를 떠올리며 공부하듯이 지도를 그려댔다. 그것도 모자라 그 길이 익숙해질 때까지 자동차를 운전하며 누비고 다니는 발품을 팔았다. 그리고 때에 따라서는 밤늦게까지 일을 하고 퇴근하지만, 아침이 되면 가장 먼저 출근하다 보니 직원들이 모두 놀라 자빠질 정도였다. 일부에서는 비아냥거리는 사람도 있었지만 솔선수범하니까 무어라 변명을 할 수도 없었을 것이다. 지독하게 일하고 방문하는 사람에게는 정성을 다한 덕분에 진심이 통해서인지는 모르겠으나 모든 사람으로부터 점차 좋은 평가를 받을 수 있었다. 누구든 한국으로 돌아가서도 '류일주'라는 이름을 꼭 기억하도록 만들었고 회사 경영층에서 칭찬하지 않을 수 없도록 만들었던 비결이다.

열심히 일해서 승진하는 것도 중요하지만 비즈니스 세계에서 사람들을 도와주며 좋은 인간관계를 형성하는 게 얼마나 중요한지 깨달을 수 있는 시간이었다. 엽서 같은 사진 한 장의 정성이 작아 보일 수도 있다. 그러나 그러한 섬세한 배려가 사람들의 마음을 움직이고 머릿속에 오래도록 기억할 것이다.

브라티슬라바, 코시체, 브라티슬라바 성, 마틴 성당, 브라티슬라바 성, 미카엘 문, 스피슈 성, 대통령 궁, 국립 극장, 코시체 성 등은 사진을 찍기 좋은 명소다.

4. 슬로바키아에 업무 지원을 나가다

2006년 기아자동차 슬로바키아 공장도, 동반 진출한 협력사 12개사도 현지의 열악한 환경 때문에 모두 고생이었다. 현지에서 채용한 직원들 대부분이 농사를 짓다가 공장이 건설되면서 입사하여 회사 생활을 처음 하는 사람이 대부분이었다. 그들은 주어진 8시간 동안 정취 근무를 하고 오후 5시만 되면 하던 일을 멈추고 칼퇴근을 했다. 또한, 지금까지 살아오면서 공장에서 기계를 만지고, 부품을 생산하고, 조립하는 일을 해본 경험이 없었기 때문에 제조공정에 대한 기본 마인드가 없던 시기였다.

우리는 교육을 실시하면서 결국 기아차가 계획한 하루 생산 대수만큼의 부품을 생산하여 공급해야 했는데, 직원들의 손이 능숙하지도 못하고 설비와 기계 고장도 잦았을뿐더러, 생산한 제품 중 불량이 많기도 했고, 그것도 제시간 안에 공급되지 않아 결품이 발생하기 일쑤였다.

그래서 울산 공장에서 직원 20여 명을 대동하고 슬로바키아 공장에 출장 지원을 나가게 되었다. 초기 계획은 1개월이었으나 안정이 지연되면서 4개월간 지원 후 철수하게 되었다. 이제부터 할 이야기는 그때의 일화들이다.

현지의 직원들이 공정을 이해하고 모든 과정을 스스로 해내야만 국내 출장자들도 복귀할 수 있었기에 교육과 청소부터 하기로 계획했다. 한국에서 가져간 교육 자료를 영어로 **일부는 슬로바키아 말로 수정** 번역하여 교육하면서 생산을 병행했다. 아무리 바쁘고 또 바빠도 놓치지 말아야 하는 게 작업 현장 바닥에 먼지가 쌓이고, 기름이 묻고, 휴지나 쓰레기가 떨어진 상태에서는 양질의 제품을 기대할 수가 없다. 그래서 아침 출근하면 관리자와 생산직 직원들이 일과 시작 전 청소와 구호를 외치고 일과를 시작하였다. 그 당시 그렇게 교육을 하고 직원들의 생각을 바꾸어 가면서 업무를 하니까 하루하루가 다르게 생산 대수가 증가하고 양질의 제품도 생산되기 시작하였다

그렇게 밤을 새워 가며 일을 하면서도 우리는 정말로 행복하였다. 불나 방처럼 스스로 우리의 몸을 불태우지 않으면 남을 불태우지 못한다고 믿고 있었고, 그렇게 출장자 모두가 열정적으로 일하고 교육한 덕분에 조기에 많은 성과를 거둘 수가 있었다.

우리 주변 직장인 중에는 이런 이야기를 하는 직원들이 가끔 있다. 업무가 너무 많아 힘들어 죽겠노라고 하지만 일이 있고, 직장이 있고, 동료가 있고 출근할 수 있다는 게 얼마나 행복한 일인지는 퇴직할 시기인 50대 중반에서 60대가 되면 모두가 알게 된다. 일반적으로 생산 공장의 직원들이라면 3정 5행이라는 단어를 많이 듣고 교육을 받게 된다. 그 말은 근원지는 일본 도요다자동차에서 시작하여 미국과 한국 등 제조 공장에서는 필수적으로 실시하는 공장 직원들의 행동 지침서라고 해야 좋을 것 같다.

▶ 슬로바키아 교육

우선 3정 5행이 무엇인지부터 알아보겠다.

어린아이가 기어 다니다 걷게 되는 모습을 보면 몇 번이고 넘어지고 또 넘어지기를 반복하게 된다. 그리고 그러다가 결국에는 걸을 수 있게 된다. 다시 말하면 걷는 것에 기본기가 몸에 밴 사람과 그렇지 않은 사람이 차이는 큰 것이다. 한국인과 일본인, 중국인은 아주 어렸을 때부터 젓가락을 이용하여 음식을 먹기 때문에 아주 능숙하게 젓가락질을 잘한다. 그러나 외국인에게 젓가락질을 해 보라고 하면 십중팔구는 손가락에 힘이 너무 많이 들어가서 음식을 잡지 못하고 놓친다. 이들은 어렸을 때부터 젓가락을 사용하지 않았기 때문이다. 이를 보면 기본기가 얼마나 중요한지를 알게 되고 계속되는 연습이 얼마나 필요한 것인지 알게 된다. 그래서 그런지 모르겠으나 한국인의 양궁 대표팀은 전 세계를 놀라게 한다. 올림픽에서나 아시안게임 등에서 항상 전 종목을 석권하다시피 한다.

이런 결과물은 젓가락 문화 손가락의 리듬과 손가락의 힘의 세기, 집중력의 결과가 아닐까 생각을 한다.

개인이 가지고 있는 기능과 기술은 사람에 따라 다섯 배의 차이가 발생할 정도라고 한다. 그런데 의욕이나 적극성, 의식은 백 배의 차이가 발생한다. 경험이나 능력이 부족해도 의식 수준이 높으면 커다란 성과를 낼 수 있다고는 하지만 진정한 성과를 내기 위해서는 기본에 충실하고 기본기를 잘 배워야 한다. 여기서 말하는 기본기라는 것이 바로 3정 5행이다. 정리정돈을 잘하고, 사용한 물건을 제자리에 놓으며, 정해진 원칙을 지키는 것을 말한다.

3정 5행이 잘 시행되는 회사는 작업 시간도 줄고, 시행착오도 줄며, 생산성이 배가 되고 품질이 안정되어 불량이 대폭 감소하게 된다.

3정

　　필요한 물건을 누구라도 찾기 쉽고, 사용하기 쉬운 상태로 해 두는 정돈의 기본이다.

　　정량 定量 : 최소량과 최대량을 항상 일정하게 유지
　　정품 定品 : 제품을 규격화하여 일정 규격을 유지
　　정위치 定位置 : 필요한 제품의 위치를 표시하여 항상 제품을 일정한 장소
　　　　　　에 위치

5S 5행

　　S의 뜻은 영어의 앞자리를 따서 정리한 것이다. 즉, 불합리한 것을 개선하여 생산성 향상을 도모하고 쾌적한 직장 환경을 만드는 운동이다.

　　정리 整理, Seiri : 필요한 것과 필요 없는 것을 구분하여 필요한 것 이외에는 일
　　　　　　절 두지 않는 것
　　정돈 整頓, Seiton : 필요한 것은 누구에게나 바로 꺼내서 쓸 수 있도록 하는 것
　　청소 淸掃, Seisoh : 쓰레기가 없고, 깨끗한 상태에서 작업하는 것
　　청결 淸潔, Seiketsu : 정리, 정돈, 청소를 철저히 하는 것
　　습관화 習慣化, Shitsuke : 정해진 것을 정해진 대로 올바르게 실행할 수 있도
　　　　　　록 하는 것

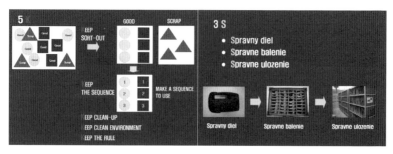

▶ 슬로바키아 언어로 만든 교재

또한, 그 당시에는 유럽 쪽에 한국인이 거주하신 교민이 많지 않았고 따라서 현지에 한국 식당이 하나도 없었다. 그래서 직원들의 불만이 많고, 직원들의 불만을 해소하지 않고서는 도저히 현지인들을 우리 페이스로 끌고 가기가 힘들었다. 먹는 문제부터 해결해야 했기에 국내 본사에 요청하여 식당 여자 요리사를 임시로 채용 후 슬로바키아에 파견하여 출장자들의 식사를 지원하기로 하였다. 그때 출장자들은 한국에서 온 요리사가 만들어 준 밥상을 보고 환호성을 지르기도 하였다. 하얀 쌀밥에 얼큰한 김치찌개와 맛깔스러운 한국 반찬들을 섭취하면서 먹는 즐거움이 무엇인지를 알게 되었고. 그 후 현지인 주방장도 매일 현지 식재료로 한국인 좋아하는 반찬을 만들고 나날이 발전하는 모습을 보여 주었다. 한번은 점심시간에 현지에서 채용한 공장장에게 한국 음식을 함께 먹자고 했더니 거부 반응을 나타냈다. 그 후 미안했던지 한 번, 두 번 맛을 보기 시작하였다. 시식 후 그는 한국 음식은 중독성이 있다고 하면서 그 후부터는 우리와 같이 한국 음식과 김치를 즐겨 먹곤 하였다. 생각해 보니 정말 한국 음식은 중독성이 있는 것만은 틀림없는 것 같다는 생각을 나도 하게 되었고, 한국인은 외국으로 출장을 가더라도 발효 음식물을 이틀에 하루는 먹어야 몸이 편안한 것 같다. 된장, 고추장, 김치 등등 발효 식품이 특히 그런 것 같다. 한번은 점심시간에 사무실 현지 여직원에게 조그마한 멸치를 권하였더니 스몰 피시가 눈을 뜨고 있어서 무서워 못 먹겠다고 하여 웃음을 자아내고 배꼽을 잡기도 하였다.

지금이야 전 세계 어디를 가든지 대기업들이 많이 진출해 있고 현지에 한국 식당도 많다. 이런 것을 보면 한국의 위상이 엄청 높아지고 있다는 생각이 들어서 한국인의 자부심을 느낄 수 있는 것 같다.

그 당시 출장자 20여 명은 한국에서 조리사를 지원해 주기 전까지 하루 세끼를 현지식으로 감당할 수 없어 라면을 수십 상자씩 쌓아 놓고 먹었다. 아침은 기본이고 점심과 저녁에도 가끔 라면을 즐겨 먹었는데, 라면

이 그렇게 맛있는 음식인 줄 그제야 알게 되었다. 그 이후로 나는 외국으로 출장을 가거나 여행을 갈 시 라면을 꼭 챙기고는 했다. 그렇지만 지금은 나이가 들어서 그런지 모르겠으나 라면의 종류도 많아지고 맛도 좋아졌는데도 불구하고 별로 좋아하지는 않는다.

5. 인도에서 법인장 업무를 시작하다

▶ 타지마할

나는 2019년 12월 23일 인도의 남부 지방에 있는 한국인 투자 회사 KM SEAT Company에 법인장으로 부임하였다. 인천공항에서 출국하여 싱가포르를 경유한 뒤 인도 첸나이 공항에 도착하였다. 그때 당시 한국이 겨울이라 옷을 두껍게 입고 인천공항을 출발했으나 싱가포르와 인도는 예상보다 후텁지근하였다. 특히 인도는 겨울철에도 평균 섭씨 25~27도를 웃돌았다. 엄청 덥다는 주변 사람들의 이야기와는 다르게 한국의 초가을 정도 날씨로 느껴져 생활에는 불편함이 없었다.

도착한 직후 느낀 첫 소감은 '검은색'이다. 밤에 도착하여 어둡기도 했고, 인도 사람들의 피부색이 어둡기도 했고, 여기저기 휴지와 쓰레기가 뒹굴고 있었기 때문이다. 자동차, 버스, 택시, 오토바이, 오토릭샤, 자전거들이 많은 사람과 어우러져 아주 혼잡스럽게 느껴졌다. 도로는 왼쪽 통행이지만 차선 개념은 없고, 무질서가 관습의 질서처럼 느껴진다.

인도에는 현대자동차와 기아자동차 모비스, 삼성전자, LG전자 등 한국계 대기업들이 대거 진출한 덕분에 주변에 많은 협력사도 동반 진출하여 한국 식당과 게스트하우스가 생각했던 것보다 많았다. 첸나이 공항에는 주재원인 나원경 차장이 마중을 나와 반갑게 맞아 주었다. 운전기사가 숙소인 Hiranandani Park ᴬᴾᵀ 에 도착한 시간은 새벽 2시쯤이었다. 짐을 풀고 잠자리에 들었으나 여독과 인도 생활 즉, 영어권이라 내가 제일 취약한 영어 회화 걱정으로 쉽게 잠들지 못했다. 물론 그동안 해외 출장은 수없이 다녔고 해외 업무 지원을 해 왔건만 항상 주재원들이 통역해 준 터라 문제가 없었다. 그러나 이제는 스스로 모든 것을 파악하고 의사 결정을 해야 하는 상황이 되어 걱정은 더욱 커져만 갔다.

12월 25일 크리스마스날 KM 시트에 처음으로 출근하였는데 팀장들이 현관에 나와서 열렬히 인도식으로 환영해 주었다. 목에는 숄 Shawl 을 어깨에는 골든 Golden 을 걸치도록 하

▶ 인도 첫 출근

고 기념사진을 촬영하였다.

나보다 먼저 나와 인도에서 생활했던 정재현 기사는 영어를 전공한 자기도 3개월 동안은 무슨 말을 하는지 도저히 알아들을 수가 없었다고 귀띔해 주어 조금은 안심이 되었으나, 주재원과 달리 나는 보고를 받고 의사 결정을 해야 했으므로 걱정이 앞섰다. 하는 수가 없어 다음날부터 팀장급을 직접 내 사무실로 불러 업무 보고를 해 달라고 지시했다. 직원들의 얼굴도 익히고 영어도 공부하기 위해 겸사겸사 말이다.

인도에는 현지인들이 자주 사용하는 영어가 별도로 있었다. 단어를 약어로 사용하는 부분은 처음 듣는 터라 더욱 힘들었으나 이렇게 하면서 하루하루 다르게 상대방과 소통하고 의사 전달하면서 업무 파악을 하였다 특히 Raw Material을 줄여서 RM이라고 한다든지 White, Auto와 같은 단어를 어떤 의미로 사용하는지를 파악해야 했다 . 물론 소통의 문제가 있어 영어 회화 공부를 별도로 하고, 나의 업무를 숙지하면서 하나하나 꼼꼼하게 따지며 이들이 사용하는 영어의 패턴을 알아가기 시작하였다. 그렇게 2개월쯤 시간이 지나자 직원들의 이야기가 귀에 들리기 시작하여 직접 회의를 진행하기도 하고, 문제를 듣고 직접 지시하는 단계까지 도달하게 되었다.

▶ LEAR사 방문

우리 세대는 문법 위주의 공식을 배웠다. 과거를 표기할 때 동사에 '-ed'를 붙이고, 현재는 동사의 원형 그대로, 3인칭 단수 주어에는 동사에 'S'나 'ES'를 붙인다. 미래 시제를 만들 때는 'Will'이나 'Be going to 동사원형'을 붙이고, 'Be+ing'는 현재진행형이라고 배웠다. 시험 볼 때는 외운 공식에 동사 부분을 빈칸으로 놓고 그것을 채우는 방식으로 시험을 보던 때라서 영어 회화 즉, 말하는 것보다는 시험에 목적을 두고 공부했으니 어떻게 대화를 할 수 있겠는가. 중학교부터 대학까지 영어 공부를 했어도 독해나 조금 하지 회화가 안 되고 외국인이 접근하면 기피증이 걸려 도망가기에 바빴던 게 우리의 현실이었다. 그래서 영어 회화에 담을 쌓고 포기했었던 것 같다. 그러나 지금의 젊은 학생이나 직장인들은 모두가 영어를 잘한다. 물론 영어를 공부하는 법이 회화 중심의 교육법으로 바뀌기도 했지만, 어렸을 때 어학 연수도 다녀오고 원어민 선생님과 대화를 많이 나누기 때문인 것 같다. 유치원 때부터 영어를 배운 젊은이들도 많아 영어에 대한 두려움이 우리 세대보다 덜하다는 생각이 든다.

내가 근무하는 KM시트는 2012년 1월 24일에 가동을 시작하여 올해로 9년째 되는 회사이다. 그러나 결재를 해 달라고 올리는 보고서나 품의서를 보니 글씨가 너무 작고 작성자가 자신이 결재하듯이 작성되어 알아보기도 힘들었으며, 육하원칙에 따라 작성된 것이 아니라서 보고서 작성 방법부터 바꾸기로 하였다. 하지만 직원들이 처음부터 잘 따라와 준 것은 아니었다. 글씨체가 작고 아무렇게나 작성한 보고서도 본인들은 모두 이해하고 소통했으며, 8년 동안 문제가 없었다는 것이다.

그 이후로 직원들이 보고서를 작성해 오면 글씨의 크기와 글자체를 정해 주고, 보고할 내용의 순서를 정해서 다시 작성해 오라고 몇 번의 퇴짜를 놓았다. 수차례 수정을 거치고 난 후에야 그나마 조금 마음에 드는 보고서를 접하게 되었는데, 이때 제일 불만이 많은 사람이 생산과 생기를 맡고 있던 Mr. Babu라는 친구였다. 스트레스가 이만저만이 아니었던 것 같다. 시간이 흘러 2020년 12월쯤 그 친구는 나에게 처음에는 불만이 엄청나게 많았는데 문서가 표준화가 되고 보고서가 보기 좋게 작성되니 이해도 빠르다고 하면서 지난 일들에 대해 사과를 했다. 지금은 그 친구가 제일 솔선수범을 하고 잘못된 보고서 등을 자신이 수정해 주기도 한다. 이처럼 사람의 습관은 매우 중요한 것이다. 한번 길든 습관은 고치는 데 많은 시간과 비용이 들기도 한다.

중요한 개선 사항 중 하나는 선진국 스타일의 퇴근 시간 준수였다. 당시 인도의 조직도는 한국인 주재원 3명에 8개팀으로 구성되어 있었다. 인도가 예전에 영국의 식민지였기에 그의 영향을 받아선지 일하다가도 오후 4시 30분이 되면 어김없이 퇴근하기 시작했다. 나와 주재원 3명은 평균 6~7시 정도에 퇴근했고 고객사의 회의가 늦어져서 오후 6시쯤 회사에 도착하면 현지 팀장들은 퇴근하고 아무도 없었다. 이렇게 되니 주재원의 불만이 폭발 직전까지 가기에 이르렀다. 나는 조직 개편을 시도하기로 마음먹고 현지인 공장장 1명에 팀을 7개로 1개 팀을 축소하는 개편을 단행하여 20년 7월 1일부터 시행했다. 물론 공장장에게는 급여를 대폭 인상하여 주고 책임도 부여하였으며 물류 팀장과 영업 팀장을 겸직하게 하면서 1명을 감원시켰다.

이렇게 조직이 개편되고 난 후 주재원 위주의 업무가 현지 공장장 위주로 바뀌면서 생산성과 품질이 향상되고 현지인 팀장 위주의 업무가 시작되면서 점점 안정을 찾아 주재원들의 퇴근 시간이 빨라지고 모든 업무가 많은 혁신을 가져오게 되었다. 4개월이 지난 후 평가를 해 보았더니 업무의 효율이 향상되고 팀장 위주의 업무가 정착하면서 모든 업무의 보고가 계획된 시간에 이루어지고 실적 관리가 엄청 편하게 진행되었다.

공장장 Mr. Babu는 말한다. 회사 설립 후 8년 동안 배우지 못하고 주재원이 지시한 업무만 수동적으로 진행하였는데 이제는 문서의 작성법, 고객사 협력사와 회의 방법 및 회의록 작성법, 보고서 및 품의서의 표준화, 눈으로 보는 관리, 현장의 정리정돈 등등 너무나 많은 것을 약 1년 동안에 많이 배웠다는 것이다. 지시받지 않고 능동적으로 업무를 하니 스트레스도 받지 않게 되었다고 말했다. 나도 이렇게 현지인 체제로 변경 후 안정적으로 회사가 운영되고 보니 마음 기쁘기 그지없었고, 많은 보람을 느꼈으며 인도 직원들의 머리속에 영원히 기억되는 사람으로 남을 것 같다.

KM시트는 승용차와 RV카에 적용되는 시트 프레임을 생산하여 LEAR사에 공급하면 LEAR사에서는 우레탄폼과 커버링을 씌워서 시트 엇세이를 만드는데 우리 회사가 필요한 시트 프레임을 전량 공급하고 있다.

연간 생산 규모는 55만대 수준으로 그 시트 프레임은 포드자동차와 닛산자동차에 공급하고, 시트 이외 자동차 부품 캐리어 엇세이 FEM: Front End Module 는 현대자동차에 납품하고 있다.

한번은 부품의 품질 문제가 발생하여 인도 푸네 Pune 에 있는 글로벌 고객사 LEAR의 본사에 방문했는데, 화이트보드에 "Today is unhappy."라고 적어놓고 사람을 기죽이고 길들이기 시작하였다.

이날도 사람을 죽인 것도 아니고 조그마한 품질 문제 하나를 가지고 첸나이에서 푸네까지 비행기를 타고 출장을 오라고 했는지 이해할 수가 없었다. 이렇게까지 사람을 길들이는 게 맞나 싶어 괘씸하기도 하였다. 그래서 나도 기죽지 않고 나의 이력을 설명하고 나도 당신만큼 자동차 관련하여 전문지식을 지식을 갖고 있으니 KM시트 문제는 앞으로 나에게 맡기고 시간을 2개월만 달라고 한 뒤에 돌아왔다. 그 이후에 대대적인 직원 교육과 3정 5행을 실시하고 모든 회사 내 안내판과 각종 간판, 생산 라인별 현황판 등을 표준화하여 부착하고 마이머신 데이을 정하고 실천한 결과, 품질도 안정되고 생산성도 향상되었다.

▶ 인도 직원 교육 사진

이렇게 공장이 안정화가 되고 생산성이 최고점을 찍고 정상화가 정착될 무렵 2020년 3월 또다시 복병을 맞이하게 되었다. 2019년 12월 중국 우한으로부터 발생한 코로나바이러스 환자가 급속히 증가하면서 인도 정부에서 락다운 Lockdown 을 실시하여 공장이 3월 24일부터 6월 27일까지 정지되었고 모든 교통 시설이 정지되는 초유의 사태가 발생하였다. 공장의 재가동은 6월 29일부터 시작하였으나 고향으로 돌아간 직원들이 돌아오지 않아 모든 공장이 생산직원 부족으로 정상 가동을 할 수가 없었고, 공장은 돌아가나 생산성이 떨어지고 생산직 부족으로 정상화는 물론 안 되지만 불량도 또한 증가하기도 하였다. 3월까지 고생하여 정착한 공장 내 질서 유지와 정신 교육은 온데간데없고 6월 하순부터 약 100일간 조업정지 새롭게 다시 교육을 시작해야만 했다. 생산은 신규 작업자로 하여금 50% 수준에 머물고 코로나 환자는 날마다 신기록을 경신하면서 증가하였다.

나 역시 주재원에게 6개월마다 주어진 정기 휴가도 락다운에 따른 국제선의 미운항으로 언제 한국을 방문할 수 있을지 미지수였다. 주위의 한국 진출사들도 환자가 급증한다는 소식을 들으면서 내부적으로 철저한 위생 관리와 사회적 거리 두기, 마스크 착용, 손 소독 등을 실시하지만 불안한 마음은 어쩔 수가 없었다.

락다운 Lockdown 기간에는 항공기, 철도, 버스 등 모든 대중 교통수단이 정지되고 회사에 출근하지는 않지만 고객사의 요구와 본사와는 업무를 주고받아야 했으므로 재택근무를 하게 된 것이다. 약 3개월간의 락다운은 우리 주재원들에게는 창살 없는 감옥과 같은 생활을 선사했다. 집 밖으로는 한 발자국도 움직일 수가 없었고 골프장, 쇼핑몰, 이발소, 식당 등 모든 시설이 문을 닫아 머리는 장발이 되었고 점심과 저녁 식사는 한국 식당이 숙소 내에 있어서 도시락 배달로 해결했다.

▶ 인도 코로나 검문 사진

인도의 락다운은 우리나라 1960 ~70년대 비상계엄 같은 수준으로 시행되었다. 오토바이를 타고 길을 가다가 검문소의 검문에 붙잡히면 경찰이 얼차려를 시키고 몽둥이로 사람을 인정사정없이 때리기 일쑤였다.

인도는 생활 환경이 선진국보다 많이 열악한 탓에 코로나바이러스 환자 수도 세계 3위와 4위에 머물러 있다. 회사 내 직원들은 자체적으로 마스크 착용과 손 소독, 사회적 거리 두기를 실천하고 있으나 출퇴근 시 도로 주변의 일반인들을 유심히 보면 대부분 마스크 착용을 하지 않고 거리를 활보하고 있다. 재래시장이나 상점 등에도 마스크를 착용한 사람을 보기 힘들 정도로 코로나의 위험성을 인지하지 못하는 것 같아 안타까운 심정이다. 우리 회사에도 사무실 근무자 중 회계 팀장과 영업 자재 팀장이 코로나 확진자로 판정을 받았다. 함께 일했던 주재원 3명은 다행히 음성으로 판정되어 한숨을 돌리기도 하였다. 검사비의 경우 현지인들은 300루피 Rs 였으나 외국인들은 평균 5,000루피 Rs 나 되어 외국인 차별도 심한 것 같아 괜히 기분이 나빠지기도 하였다.

그리고 시간이 조금 더 흘러 11월쯤 인도 어느 협력 회사 사장님과 인도
식당에서 저녁 식사를 하게 되었다. 회사 내에서는 주로 업무에 관한 얘
기를 했으나, 밖에 나와 있으므로 화제를 바꾸어 대화를 시도했다. 내가
지금까지 인도에서 생활하면서 인터넷을 통해 인도의 음식 문화, 결혼 문
화, 축제 등에 관심을 두고 공부한 것을 설명했다. 그중에 인도의 3대 축
제인 두세라 축제 선의 축제 , 디왈리 축제 빛의 축제 , 홀리 축제 색깔의 축제 에
대하여 아는 대로 설명을 하고 한국과 비교하면 이런 것은 차이가 있다고
이야기했더니 말로 표현할 수 없도록 좋아하며 10개월밖에 되지 않았는
데 언제 공부를 했느냐고 하면서 연신 감탄을 하고 인도인 자기보다 많이
안다고 칭찬을 해 주었다.

이렇게 휴일 시간을 내어 인도의 문화와 축제 명소 등을 공부한 결과 현
지인들과 대화 자리가 편해지고 내가 주도하여 분위기를 이끌어 갈 수 있
으니 얼마나 기쁘고 자신감이 생겼는지 모른다. 물론 다른 사람들도 모두
그렇게 주재원 생활을 하겠지만 자신의 시간을 쪼개서 현지 문화 공부를
하면, 그것도 자신의 자산이 되고 현지인들이 본인 나라와 자기들의 문화
를 이해해 준다고 생각을 해서 친해질 수 있는 계기가 되는 것 같다.

▶ KM시트 관리자 사진

내가 근무하는 동안 KM SEAT는 시스템 정비, 3정 5행, 조직 변경, 직원 마인드 변화, 문서 표준화, 적정 재고 관리 등으로 생산성이 향상되고 품질이 안정되어 고객 신뢰를 바탕으로 Royal Enfield와 다임러 상용차 회사로부터 부품 수주 협상이 가능하게 되었다. 참고로 KM SEAT는 한국의 DSC 주식회사가 모사로서 경기도 동탄에 있다. 국내외에 계열사 20개를 두고 있으며 자동차용 시트 프레임류를 생산하고, 연간 매출은 1조억 원을 초과하고 있으며 영업이익도 5% 이상을 달성하는 유망 기업으로 발전하고 있다. 2025년까지 매출 2조 원을 목표로 매진하는 중이다.

DSC의 조희오 회장은 자수성가 自手成家 형 타입으로 직원의 행복을 경영의 최우선 원칙으로 삼는다. 직원 한 명이 만 명을 먹여 살리는 상상력의 시대를 맞아 핵심 인재의 중요성을 강조하고 직원을 최우선에 두는 것이다. 직원들은 매일 아침 눈을 뜨면 회사 갈 생각에 가슴이 설렌다고 한다. 주말에는 월요일이 너무 멀리 느껴져 참을 수 없어 금요일보다 월요일을 기다리는 행복한 직원들로 가득 찬 회사이다. 이런 곳은 성장할 가능성이 매우 크다.

본사 정문을 들어서면 입구와 건물 주변이 숲으로 가꾸어져 친환경적인 녹색 공원을 연상하게 한다. 본관 로비의 커다란 공간은 직원들의 쉼터로서 자유롭게 커피를 마시며 새로운 아이디어의 창출하는 공간이기도 하며, 벽에는 유명 작가들의 명화가 부착되어 고급 갤러리를 연상하게 한다. 이는 직원을 사랑하는 회장님의 마음을 엿볼 수 있다. 또한, 고객 행복 경영은 만족한 고객이 입소문을 내주어 마케터로서 회사에 보답하게 되는 고도의 전략이므로 '일석이조 一石二鳥 '의 경영 방식이라고 할 수 있겠다.

조 회장은 직원들의 이직이 잦으면 금전적 손해뿐 아니라 결국엔 회사의 생존마저 위태로워진다고 생각하고 "인물은 하늘이 내리고 인재는 사람이 만든다."라고 말씀하셨다. 기업이 얼마나 인재 관리를 잘 관리하느냐에 따라 회사의 미래를 책임질 인물이 길러진다.

7. 리더십이란

1. 리더십이란

조직의 지도자로서 갖추어야 할 자질, 일을 결정하는 능력, 조직을 통솔하는 능력을 갖춘 사람으로서 사람과의 관계에서 바람직한 영향력을 행사해서 자기가 속한 조직의 목적을 달성하려고 구성원을 일정한 방향으로 이끌어 성과를 창출해 내는 능력을 말한다.

영어의 '리더십 Leadership '이란 말은 약 200년 전부터 사용되기 시작한 것으로 알려졌으나 리더 Leader 라는 어휘는 1,300년경부터 문헌에 등장하는 것으로 나타났다.

기업체에서 기업의 조직을 이끄는 특정 소유자가 공통의 문제를 추구하는 데 있어서 그의 의지, 감정 및 통찰력으로 다른 구성원들을 이끌어 가고 다스리는 능력으로 한 집단의 공동 목표를 향하여 스스로 즐겨 일하도록 집단 구성원에게 영향력을 주는 활동으로 집단의 어떤 특정 개인과 집단 구성원들과의 사회적 상호 작용의 형태를 말한다.

또한, 앨런 케이스는 "리더십은 궁극적으로 대단한 일을 일으키는 데 사람들이 공헌할 수 있게 하는 방법을 만들어 내는 데에 대한 것이다."라고 하였다. 지도자가 성공하려면 능력을 갖추어야 하고, 기회를 인식하고 포착할 수 있어야 하며, 상대보다 생각이 앞서고, 그들과 하는 경쟁에서 승리할 수 있어야 한다. 역량 있는 지도자는 가능성이 기회로 바뀌는 때를 인식하고 경쟁자나 상대방보다 더 빨리 반응하여 행운의 이점을 활용할 수 있어야 한다.

지도력을 연구하는 버나드 베스라는 학자는 "지도자란 책임과 과업을 완수하려는 강한 동기와 목표를 추구하는 맹렬과 인내와 문제를 해결하려는 모험심, 창의성, 자신감, 결과를 대상으로 한 승복, 스트레스, 절망, 지체를 대상으로 한 인내라는 특징을 보인다."라고 하였다. 한마디로 말한다면 리더십은 목표 지향성, 사람들 간의 영향력, 상호 교류, 힘, 자발성, 영향력 행사, 과정 등과 관련된다.

기러기는 철새의 일종으로 보통 철새와는 달리 무리를 지어 편대 비행을 하는데 비행 시 무리를 지휘하는 '향도 기러기'가 앞에 날고 다른 기러기들은 뒤를 따른다. 향도가 방향을 잘못 잡고 길을 잘못 들면 뒤따라오는 모든 무리가 길을 잃게 되듯이 기업도 리더가 판단을 잘못하면 방향을 잃은 기러기처럼 길을 잃게 되고 매출의 감소로 기업이 휘청거리게 된다.

오늘날 국내외 정치, 경제, 기술 등이 시시각각으로 변하는 상황은 마치 달 없는 밤에 비유할 수 있다. 달이 없는 캄캄한 밤에도 유유히 무리 지어 원하는 방향으로 날아가는 기러기 떼를 보면서 리더의 역할과 구성원의 역할을 되돌아보게 된다.

리더의 덕목은 그 조율의 폭에 의해서 결정된다. 즉, 어떤 상황에서도 흔들리지 않고 항상 평상심을 유지하는 것이 리더십의 요체이며 개인과 조직의 폭 역시 그 조율의 폭에 의해서 결정되는 것이 아닌가 생각한다. 기복이 심한 사람은 작은 고난에도 쉽게 좌절한다. 하나를 끝까지 물고 늘어지는 힘이 부족하다. 결국, 성취에 도달하기 전에 포기하고 마는 경우가 많다. 변동이 심한 조직 역시 지속 가능한 조직으로 살아남기 힘들다.

그렇다면 어떻게 해야 기복의 폭을 줄일 수 있을까. 그 비결이 곧장 단기 비전이자 신념이다. 뱃멀미와 번지 점프 Bungee Jump 는 아찔한 상황을 눈으로 보기 때문에 멀미와 현기증, 공포를 느끼는 것이다. 전방 몇백 km를 보면 그곳은 잔잔한 물결처럼 평온하다.

기업가의 리더십은 오늘의 시점에서 미래를 내다보고 사업을 구상하고 있기 때문에 전혀 걱정하지 않는다. 피아노와 바이올린, 첼로의 삼중주 셋은 앙상블 연주 시 비로소 저마다의 다른 음을 조화롭게 구성하여 꽃 피운다. 즉 시너지를 효과를 발휘한다. 세 종류의 악기가 함께 할 때만 완전한 화음이 되는 것이다. 이것이야말로 지속 가능한 성공을 이룰 수 있는 화음이듯이 리더십도 혼자보다는 조직원의 잠재력을 끌어내는 것이 그에 맞는 덕목이다.

　최근에는 세상이 급속도로 변화하고 조직의 기능도 변하고 있다. 과거에는 산업화 시대로 부의 원천에 효율성이 있었다. 일찍 일어나고 근면한 것이 미덕이었고, 카리스마가 있고 근면한 리더가 인기가 많았다.

　예전에는 조직원들이 목표 달성을 위해 일 지향적으로 힘을 내는 게 목표였다면, 최근에는 지식을 기반으로 한 서비스업이 주가 되는 시대이다. 인간이 가지고 있는 근면함과 효율성보다는 창의성과 개인의 잠재력을 이끌어 내어 더욱 큰 부가가치를 일으키는 시대가 되었다. 산업화 시대에는 개개인의 개성과 창의성이 발휘되기보다는 각자가 현재의 시스템에 얼마나 잘 적응하느냐가 관건이었다. 이제는 개개인의 목소리에 조직이 귀를 기울이기 시작한 것이다. 리더의 역할도 카리스마나 자기희생보다는 아이디어나 조율, 경청, 공감, 치유, 봉사와 공동체 형성에 초점이 맞추어지게 되었고 리더에게는 미래의 환경 변화에 어떻게 적응해 갈 것인지 판단하는 선견력이 필요하다. 목표의 설정은 어느 한 개인의 목표가 아니라 조직이 공유하는 목표가 되어야 하고 이를 달성하기 위해 노력해야 한다. 리더는 자신의 행동으로 어떤 일련의 영향력을 미칠지 고민해야 하고 조직의 장으로서 직무와 권한에 책임을 져야 한다.

　또한, 사람의 몸은 심장이 멈출 때 죽지만 사람의 영혼은 꿈을 잃을 때 죽는다는 말이 있다. 조직이나 기업도 마찬가지로 꿈과 비전 Vision 이 필요하고 조직은 리더의 꿈에 의해 성장한다. 조직 역시 꿈이 필요하다. 조직은 리더의 꿈에 의해 성장하고 발전한다. 리더는 조직을 경영하면서 항상 꿈을 이야기하고 조직원들과 공유해야 한다. 자신의 꿈을 말하고 조직의 꿈을 말하고 꿈이 실현되면 어떻게 달라지는지 말할 수 있는 사람. 그리고 꿈을 달성하기 위해 무엇을 해야 하는지를 구체적으로 제시할 수 있는 사람. 그런 사람이 진정한 우리 사회의 리더인 것이다.

1) 빌리 브란트 서독 수상 리더십

▶ 빌리 브란티 서독총리

1970년 12월 7일 빌리 브란트 서독 수상이 폴란드를 방문했을 때, 사회적 수단 매체를 중요시하는 독일 국민의 철학이 구체적으로 나타났다. 브란트 수상이 폴란드에서 제2차 세계대전 때 독일 나치스 정권에 희생당한 유대인들의 추모비 앞에서 화환을 바치며 그 추운 얼음 바닥 위에서 무릎을 꿇은 것이다. 한나라의 국가 원수가 남의 나라에 가서 스스로 무릎을 꿇는다는 것은 세계적인 사건이었다. 이 사건은 서독 내에서도 즉시 찬반양론을 불러일으켰다고 전해지고 있다. 서독의 유력 일간지인 '슈피겔 Der Spiegel'이 당시 실시한 여론 조사에서 서독 국민의 48%는 브란트 수상이 무릎을 꿇은 일은 너무 했다고 지적했으며, 41%는 적절했다, 그리고 나머지 11%는 모르겠다고 답했다. 그러나 2년의 세월이 흐르면서 서독 국민 대다수가 브란트 수상의 생각에 동조하게 되었고 1972년 재선에서 브란트 수상은 압도적인 승리를 거두었다.

무릎 꿇음 Kniefall 으로 브란트 수상의 외교 정책은 국제 사회로부터 신뢰와 지지를 얻는 데 성공하였다. 신뢰와 지지, 이는 브란트 수상의 외교 정책을 수월하게 해 주는 수단이었을 것이다. 이 매체를 형성하기 위해서는 과거 독일의 나치스 정권이 저지른 과오에 대해 진지한 회개 Repentance 가 필요했고, 이 회개를 전 세계에 보여 주기 위해서 무릎을 꿇었을 것이다.

미국에서 발간되는 국제 주간지인 타임 Time 지는 브란트 수상을 1970년대의 표지 인물로 선정했고, 스웨덴 노벨상 심사위원회는 유럽의 동서문제 해결에 기여한 공로로 브란트 수상에게 1971년도 노벨평화상을 수여하였다. 국제 사회에서 살아가기 위한 수단 매체를 창조하기 위해 무릎 꿇기를 선택한 브란트 수상의 용기와 지혜를 세계 언론이 칭송한 것이다. 폴란드는 이 사건을 후대에 전하기 위해 기념비를 만들어 현장에 세웠다고 한다.

2019년 7월 현재 우리나라는 초유의 경제적인 어려움에 처해 있다. 일본에서 수입하는 반도체 기초 소재를 일본 정부가 수출 시 심사를 하겠다고 하여 국내 기업체들은 엄청난 시련기를 겪고 있다. 이유는 간단하다. 한국의 정부가 일제 강점기 징용 문제를 잘못 다뤘다는 것이다. 반도체에 쓰이는 불화수소는 99.999%의 순도를 갖고 있어야 한다. 순도 99.9%만 되어도 반도체 수율이 떨어진다. 따라서 불화수소의 목표 순도를 달성할 수 있는 국내업체의 개발 또는 일본 이외의 다른 국가로 하루빨리 방향 전환하여 반도체 제조의 걸림돌을 제거하고 수출을 지속하여 일본의 기술 속국에서 벗어나야 하겠다.

폴란드 총리 마테우시 모라비에츠키의 공관으로 올해 1월 메르세데스 벤츠의 마르쿠스 섀퍼 생산총괄 임원이 찾아왔다. 모라비에츠키 총리는 밝은 표정으로 섀퍼와 함께 벤츠가 1억 유로 약 1,324억 원 를 들여 전기차용 배터리 공장을 폴란드에 짓는다고 발표했다. 이를 받아들이면 폴란드에 일자리 200개가 만들어진다.

총리가 나서기에 투자 규모와 일자리 숫자가 대단한 정도는 못 된다. 섀퍼가 최고경영자 CEO 도 아니다. 게다가 벤츠는 폴란드에 치욕의 역사를 안겨준 독일의 대기업 아닌가. 하지만 모라비에츠키는 섀퍼의 손을 잡고 투자를 결정해 줘서 고맙다고 했다. 왜 폴란드가 눈부신 성장을 하고 있는지 상징적으로 보여 주는 장면이었다.

폴란드는 1992년 이후 한 번도 마이너스 성장 없이 평균 4.2%씩 경제 규모를 키웠다. EU 경제 성장률이 2017년 2.4%에서 2018년 1.9%로 주저앉는 사이 폴란드는 4.8%에서 5.1%로 승승장구했다. 열성적인 해외 투자 유치, 높은 인력 수준, 동유럽 최대 내수 시장이 성공 요인이다. 또 하나 빠뜨릴 수 없는 비결은 유럽 최대 경제 대국인 독일이 이웃이라는 이점을 최대한 활용한다는 것이다. 폴란드에 진출한 독일 기업은 6,000곳이 넘고 모두 30만 명 이상을 고용한다. 폴란드 수출에서 독일 비중은 전체의 26%에 달한다.

폴란드가 이처럼 독일과 경제적으로 밀착해 살아가는 건 양국의 오랜 악연을 되돌아볼 때 보통 의미심장한 일이 아니다. 폴란드는 통일한 독일의 중심이 된 프로이센과 러시아 등에 의해 18세기 후반 점령당해 123년간 지도상에서 사라졌다. 1차 대전 직후 간신히 나라를 되찾았지만, 독일이 2차 대전을 일으켰을 때 가장 먼저 침략당했다. 2차 대전 때 사망한 폴란드인은 600만 명으로 전체 인구의 5분의 1이었다.

이런 한恨 서린 역사를 잊을 리 만무하다. 모라비에츠키 총리는 전쟁 피해 배상이 아직도 제대로 이뤄지지 않았다고 말한다. 독일이 1970년대 빌리 브란트 총리 시절부터 과거를 사죄했지만, 폴란드 집권당인 법과정의당은 아직도 성에 차지 않는다며 불만을 표시한다. 모라비에츠키는 독일과 러시아 사이에 건설 중인 천연가스관이 폴란드 안보를 위협한다며 성토하는 등 곧잘 독일에 날을 세운다.

그러나 폴란드는 과거사나 외교·안보 이슈로 독일을 비판할 때 수위를 조절한다. 먹고사는 문제에 지장을 줄 정도로 양국 관계가 어려움에 빠지지 않게 말이다. 독일의 투자를 끌어당겨 날로 부강해지고 있고, 그에 따라 독일과 공생하게 된 현실을 부정하지 않는다. 지난해 마신 피아트코프스키 세계은행 선임 이코노미스트는 폴란드 경제를 분석한 『유럽의 성장률 챔피언』이란 책을 내고 "폴란드는 2차 대전 이후 독일의 발전 전략을 따

라 하며 성공하는 나라가 되어 가고 있다."라고 했다. 역사를 잊지 않되 현
재를 지혜롭게 살아가는 나라가 폴란드다.[13]

2) 독일 메르켈 총리와 프랑스 마크롱 대통령의 리더십

프랑스 파리 외곽의 우거진 녹음 속으로 독일과 프랑스의 국가가
울려 퍼진다. 손을 맞잡고 귓속말을 나누는 앙겔라 메르켈 독일 총리와 에
마뉘엘 마크롱 프랑스 대통령의 앞에는 독·프 화해를 기념하는 명판이 놓
여 있다.

유럽의 '단짝'으로 통하는 두 정상, 일명 '메르크롱 메르켈+마크롱 '과 독 프
두 나라의 긴밀한 관계를 상징적으로 보여 주는 이 모습은 1차대전 종전
100주년을 하루 앞둔 지난해 11월 10일 파리 북부 콩피에뉴 숲에서의 한 장
면이다. 약 2개월 뒤 이들은 독일 아헨시에서 새로운 양국 우호조약을 체
결하며 또 한 번 전 세계에 우의를 과시했다.

유럽 연합 EU 을 이끄는 쌍두마차인 독일과 프랑스는 오랜 세월 친구가
아닌 '적'으로 지내 왔다. 국경을 맞댄 두 이웃 나라는 1870년 보불전쟁으
로 시작해 2차 세계대전까지 70년간 세 차례나 대규모 전쟁을 치른 앙숙
이다. 콩피에뉴 숲은 그 험난했던 역사의 현장이었다. 1918년에는 1차대전
에 패배한 독일이, 1940년에는 독일 나치에 패배한 프랑스가 이곳에서 서
로에게 항복 서명을 했다.

그랬던 양국 관계는 1950년대 들어 바뀌기 시작했다. 전쟁 재발을 막고 전
후 수립된 냉전체제에서 공산권 확산을 저지하기 위해서는 서독과 프랑
스가 손을 잡아야만 했다. 하지만 '당위성'을 현실로 만든 것은 양국의 지
도자들이었다. 독일연방공화국 서독 초대 총리 콘라트 아데나워와 샤를

---

13. 조선일보, 손진석 파리 특파원, 「폴란드가 독일과 살아가는 법」, 2019.07.18. 인용

드골 프랑스 대통령은 피폐한 민심과 적대적인 국민 감정을 무릅쓰고 국익을 위해 양국 협력 관계를 구축하기로 했다. 미래에 대한 비전과 의지력을 공유한 두 정상은 1958년 처음 만난 후 4년간 약 40통의 편지를 주고받고, 열다섯 차례 회동했으며, 100시간이 넘게 대화의 시간을 가졌다고 한다.

그렇게 쌓아 올린 신뢰는 1963년 1월 22일 일명 과거의 적대관계를 청산하고 독·프 협력 시대를 연 화해·협력 조약, 일명 '엘리제조약' 체결로 결실을 거뒀다. 이후 빌리 브란트 독일 총리와 조르주 퐁피두 프랑스 대통령, 헬무트 콜 총리와 프랑수아 미테랑 대통령, 게르하르트 슈뢰더 총리와 자크 시라크 대통령, 앙겔라 메르켈 총리와 니콜라스 사르코지, 프랑수아 올랑드 대통령으로 이어진 양국 정상은 늘 얼굴을 마주하며 같은 방향으로 걸어왔다. 물론 크고 작은 문제는 있었지만 소통의 힘으로 결국 해결책을 찾아냈다. 독일 매체 도이체벨레에 따르면 오랜 적국에서 긴밀한 파트너로 변모한 독·프 관계의 기반은 사랑이 아니라 존중이다.

장황하게 이 두 나라에 대해 언급한 것은 꽉 막힌 한국과 일본 관계의 돌파구를 이들의 역사에서 찾을 수 없을까 해서다. 해방 후 70년이 넘도록 앙금을 풀지 못한 채 '가깝지만 불편한' 이웃으로 지내 온 한일관계는 일제 강점기 징용 피해자에 대한 배상 판결 이후 일본의 대對 한국 경제보복이라는 초유의 지경에 이르렀다. 일본의 추가 조치 예고와 한국의 맞대응이 예고되면서 한일관계는 최악으로 치닫고 있다. 지난해 9월을 마지막으로 문재인 대통령과 아베 신조 일본 총리의 소통은 단절됐고 서로에게 등을 돌린 채 비난과 경고를 주고받는 사이 갈등의 골은 점점 깊어졌다. 여론은 말할 것도 없다. 일본인 대다수는 아베 정부의 수출규제를 지지하는 가운데 한국인들은 일본 제품을 외면하기 시작했다. 현재로서는 해결책이 보이지 않는다. 하지만 언제까지나 지금과 같은 '강 대 강' 대립을 이어가며 보복의 악순환으로 빠질 수는 없다. 가뜩이나 세계 경제가 흔들리는 위기국면에서 경제보복전 戰 으로 양국이 얻을 것이 아무것도 없지 않은 가.

지금 현실적으로 양국이 할 수 있는 일은 대화와 외교의 노력뿐이다. 역사 문제에서 접점을 찾을 수 없다면 일단 경제보복의 총구라도 거둬야 한다. 다만 실무선에서 접점을 찾기에는 양측의 간극이 너무 크다. 뒤얽힌 역사와 경제 문제를 다시 떼어 놓으려면 두 정상이 얼굴을 마주 보고 정치적인 타협점을 찾는 수밖에 없다. 들끓는 여론 속에 이는 두 정상 모두에게 큰 부담일 수밖에 없지만 그것이 국익을 지켜야 하는 지도자의 몫이다.[14]

2. 한국을 빈곤에서 벗어나게 만든 리더들

2021년 올해는 이병철이 탄생한 지 111주년, 정주영 탄생 106주년, 박정희 탄생 104주년인 해다. 몇백 년에 한 명 나올 영웅 세 사람이 거의 동시대에 태어나서 대한민국의 기적을 만들었다고 할 수 있다.

올해가 삼성그룹의 창립 51주년이며 우리나라 무역흑자가 일본을 훌쩍 넘었다. 우리 기억 속의 일본은 감히 넘보지 못할 무역 흑자 대국이었다. 금융위기 이후의 특수한 사정 탓이겠지만, 내가 살아 있는 동안은 식민지였던 우리가 이 흑자 대국을 한 번이라도 앞서는 모습을 보지 못할 줄 알았다.

현재 영국 런던에서 팔리는 전자제품의 30%가 삼성전자 제품이고 미국, 인도, 체코, 베트남 등에서 가장 성장하는 자동차 회사는 현대-기아다. 몇 년 전만 하여도 선진국의 백화점 진열장 중 제일 잘 보이는 곳의 제품은 모두 일본 자동차 회사들이 만든 전자제품이 보기 좋은 자리를 차지

---

14. 서울경제, 신경림 기자, 2019.07.08.

하고 있었다. 영국의 콧대 높은 수도와 세계자동차 산업의 메카에서 우리가 일본을 위협하게 된 이 일들을 기적이라는 말 외에 무엇으로 표현할 수 있을까? 대한민국이 일본보다 앞서 G20 정상회의의 의장국이 된 것은 기적에 끼기도 어려울 정도다. 일본의 침략과 한국전쟁으로 폐허가 된 나라가 무엇으로 이런 기적을 일으켰느냐는 것이다.

우리나라는 임진왜란 이후 300년간 퇴락을 거듭하다가 100년 전에는 세계 지도에서 없어져 버렸던 나라다. 무려 300년간 지리멸렬하다가 망했다면 집안이든, 사회든, 나라든 회생의 불씨가 완전히 꺼지게 마련이다. 한국인만이 유일하게 시궁창에서 장미꽃을 피워 내고 한강의 기적을 이룬 게 분명하다.

그 답 외의 다른 답 하나가 있다면 이 땅에서 1910년과 1917년의 7년 사이에 일어났던 일이라고 생각한다. 1910년, 지금부터 100년 전 우리나라가 일본의 식민지가 된 바로 그해 2월 12일에 이병철 회장이 태어났다. 이 회장이 장차 대한민국의 전자 왕국을 만들어 어마어마한 국부 國富 를 창출하게 될지 누구도 상상조차 못 했다. 나라가 망한 해에 앞으로 나라를 먹여 살릴 인물이 태어났다는 것은 우리나라의 미래에 대한 예언과도 같았다.

그 후 5년 뒤 1915년 11월 25일 현대그룹을 세우는 정주영 회장이 태어났고, 그가 조선 대국, 자동차 대국, 철강·건설의 꿈을 꾸고 대한민국의 후손들이 영원히 얘기할 성공 신화를 만들 줄 안 사람은 없었을 것이다.

이병철, 정주영 두 사람의 업적은 광개토대왕에 필적한다고 믿는다. 우리 역사에서 위대한 장군들은 거의 전부가 외적의 침입으로부터 나라를 지킨 사람들이다. 외부 세계를 공격해 영토를 넓힌 사람은 광개토대왕 같은 몇 사람으로 손가락 안에 꼽힌다.

이병철 회장과 정주영 회장은 세계에서 경쟁력 있고 세계 최고의 제품으로 전 세계를 선점한다. 땅끝, 지구 끝까지 찾아다니며 투자자를 찾고,

바이어를 만나고 선진 기술을 벤치마킹하기 위해 낮과 밤이 없었다. 피를 흘리며 교두보를 확보하고 거기서 진을 치면서 전진해 오늘날 세계 10위권 경제 대국의 밑거름을 만들었다. 이렇게 만들 제품이 현재 오대양과 육대주에 미치지 않는 곳이 없다.

정주영 회장이 태어나고 다시 2년 후인 1917년 11월 14일 박정희 전 대통령이 태어났다. 체구는 적지만 마음과 정신은 알짜배기였던 이 아이가 패배의식에 찌든 대한민국을 부국강병의 길로 몰아갈 줄은 누구도 생각하지 못했다. 박정희 전 대통령의 대기업 중심의 수출주도 성장전략, 중화학공업 육성전략, 외국자본 도입전략은 결국 모두 성공하였고 대한민국 역사의 물줄기를 바꿔놓았다.

박정희 대통령이 있었기에 이병철 회장, 정주영 회장이 있었고 이병철, 정주영이 있었기에 박정희가 위대한 대한민국을 경영할 수 있었다. 백 년에 한 명 나올까 말까 한 영웅들이 7년이라는 터울을 두고 태어나 무 無 에서 찬란한 유 有 를 창조하며 절망에 빠진 나라를 변화시켰다. 한반도 천지개벽의 이 순간을 살면서 우리 민족에게 세 사람을 한꺼번에 주신 천지신명께 감사하고 또 감사할 따름이다.

식민지 시절 박 전 대통령이 일본군에 들어갔다고 비난하는 사람들이 있다. 우리나라는 지금 박정희 전 대통령이 쌓은 토대 위에서 일본을 제치고 있다. 이 이상의 극일 克日 이 있는가? 일본과 가장 잘 싸운 사람이 누군가? 그들의 업적에 비하면 문제도 되지 않을 일들이다.

1960년 초 우리나라의 국민 소득은 백 달러 이하로 정말 가난한 나라 중 하나였다. 필리핀과 북한보다도 못 살았던 시기다. 그런 나라가 2018년 기준으로 국민 소득 3만 달러를 넘겼다. 아무것도 없이 단기간에 경제 발전을 이룩한 나라는 대한민국이 유일할 것이다. 무엇이 그런 결과를 만들어 내었을까?

경제 발전에 필요한 수단 매체를 고도화할 수 있었기 때문이다. 한국 국민은 별을 동경하는 불나방의 열정, 내일을 위해 오늘 허리띠를 졸라매는 인내와 기다림, 특유의 교육열 그리고 과학과 기술 개발이라는 필요조건을 모두 만족했다. 한국이 수단 매체 고도화를 위한 3대 필요조건을 만족하게 된 과정을 일부 살펴본다. 이들 3대 조건 능력은 조금 이색적으로 들릴 것이다. 과학과 기술 개발이 경제 발전에 연계되는 이유는 다음과 같다.

톨스토이의 소설 『안나 카레니나 Anna Karenina 』 속 행복한 가정의 모습은 대게 서로 비슷하다. 그러나 불행한 집의 경우는 그 모습이 각양각색이다. 행복한 가정에는 대게 공통점이 있다. 가족 간에 사랑이 있고, 먹고 살 만한 경제력이 있으며, 장래 희망이 있다. 이들 중 앞의 두 가지는 부모 세대의 노력으로, 마지막 항목은 자녀 세대의 노력으로 결정된다. 이처럼 행복에 이르는 길은 노력에 의해서만 가능하기에 좁은 문이라 할 수 있다. 그러나 불행에 이르는 길은 노력과 무관하게 각양각색의 이유로 인하여 넓은 문인 것 같다. 인간은 한때의 유혹에 빠지거나 자신의 나태함 또는 부주의로 인하여, 혹은 남의 질투나 모함에 의해서, 그것도 아니라면 단순히 운이 나빠서 등 다양한 이유로 불행에 빠져들기 쉽다. 행복처럼 정형화된 공통점이 있는 경우 그 공통점을 필요조건이라 부른다. 이러한 필요조건을 수단 매체의 고도화에서 찾아보자.

영국의 시인 셸리 Percy B. Shelley 는 별을 동경하는 불나방을 예찬하면서 낭만주의 시대의 문을 열었다. 낭만주의란 이성보다 감성을 그리고 규범보다 욕망을 중시하는 문학과 예술 사조이다.

한국의 낭만주의 작가 나도향은 대감댁에 시집온 새색시를 연모하는 벙어리 삼룡이를 미화하였다. 오르지 못할 나무는 쳐다보지 말라는 속담은 이성을 중시하는 고전주의적 관점이다. 미물에 불과한 불나방이 주제넘게 하늘의 별을 동경하는 낭만 그리고 아직 인권에 관한 개념조차 없던 1920년대에 벙어리이며 머슴인 삼룡이가 대감댁에 시집온 색시를 연모하는 열정도 고전주의적 이성으로는 가소로운 일이었다. 그러나 이성과 규범보다 감성과 욕망이 예찬되는 낭만주의 정서 속에서는 불나방이 별을 동경할 수 있고 벙어리 삼룡이가 대감댁 새색시를 연모할 수 있다.[15]

1) 정주영 회장의 리더십

현대그룹이 오늘날 세계를 선도하는 조선 회사가 된 원동력은 별을 동경하는 불나방의 열정에서 비롯되었다. 이런 열정이 없었다면 현대는 그저 그런 건설 회사로 머물렀을지도 모른다.

1960년대 당시 작은 건설 회사였던 현대건설은 그간 터득한 건설 노하우를 가지고 좀 더 부가가치가 높은 선박 건조 사업에 뛰어들고 싶었다. 그래서 1970년도 3월 1일 사내에 조선 사업부를 설치하고 조선소 건설에 필요한 외자를 얻기 위해 사업계획서를 만들었다. 현대는 그동안 플랜트 Plant 건설에서 쌓은 경력을 가지고 선박을 건조할 수 있다는 자신감이 있었다. 하지만 당시 한국 경제는 아직 외환 빈곤 속에 있었으므로 해외에서 외자를 조달해야만 조선소를 건설할 수 있었다. 그래서 심혈을 기울여 만든 사업계획서를 가지고 일본, 미국 등의 금융기관을 방문했으나 조선 분야에 경험이 없다는 이유로 상담조차 거절당했다.

그러다가 멀리 영국의 바클레이즈 은행 Barclays Bank PLC 까지 찾아가 문을 두드렸다. 바클레이즈에서는 영국 기업의 해외 투자 및 수출 보험 기구인 ECGD Export Credit Guarantee Department 의 승인을 받아오면 상담에 응하겠다고 했다. 이에 현대는 ECGD를 찾아갔으나 그들은 현대가 조선 건조에 경험이 없다는 이유로 난색을 표했다. 이때 현대건설의 고 정주영 회장의 머리를 스치는 아이디어가 생각나 호주머니 속에서 한국의 5백 원짜리

---

15. 『샘이 깊은 물』, 2020.05.03. 글 인용

지폐를 꺼내 거북선 그림을 보여 주며 다음과 같이 설명했다. "한국의 화폐에 나와 있는 이 배는 거북선이라고 불리는데 1590년대에 한국에서 만든 철갑선 Iron Clad Warship 이다. 영국 해군성에 가서 세계 군함의 역사를 찾아보면 아마 나와 있을 것이다."라고 설명하면서 한국의 선박 건조 역사를 설명했다.

▶ 거북선이 그려진 오백 원짜리 지폐, 조폐공사 자료

ECGD는 영국 해군성에 조회해 본 결과 정 회장의 주장이 사실임을 확인했다. 그러나 ECGD는 한국 국민이 선박을 건조할 능력이 있다고 인정하겠으나, 아직 선박을 건조할 능력이 없는 당신 회사가 처음으로 만든 배를 누가 거래하겠냐며, 당신이 만든 배를 사 주겠다는 선주를 찾아서 구매계약서를 받아오라고 요구하였다. 이에 현대건설은 그리스의 해운 회사인 리바노스 Libanos 사에 찾아가 천신만고 끝에 25만 9천 톤급의 유조선 두 척을 3천 95달러에 수주하는 데 성공했고 그 계약서를 ECGD에 제출했다. 이로써 현대건설은 EGCD의 승인과 바클레이즈 은행의 차관을 얻어 울산에 조선소 독 Dock 을 건립하는 동시에 유조선 두 척을 성공적으로 건조하여 1974년 6월 28일 리바노스 선주에게 인도하였다.

이 일화를 요약하면 조선소를 건립할 허허벌판을 찍은 사진과 사업계획서만 가지고 배를 미리 사줄 선주를 설득하여 유조선 두 척을 수주하고, 그 수주 계약서로 영국 수출 보험공사 EGCD의 승인을 얻고 이 승인으로 바클레이즈 은행의 차관을 얻어 조선소 독을 건설하면서 동시에 유조선 두 척을 건조하여 납기 내에 선주에게 인도한 것이다. 이런 기적을 가능케 만든 제1차적 필요조건은 별을 동경하는 불나방의 열정, 바로 그것이었다. 조선업은 현대건설이 더욱 부가가치가 높은 사업 분야로 진출하기 위한 수단 매체였다. '우리가 어떻게 배를 만들겠어.'라는 생각으로만 사업을 진행했다면 현대조선은 탄생할 수 없었을 것이다. '송충이는 솔잎이나 먹어야지.'라는 생각은 고전주의적인 냉철한 이성 Reason 이다. 이런 이성이 필요할 때도 있겠지만 더 나은 미래를 창조하기 위해서는 필요한 수단 매체의 고도화 즉, 별을 동경하는 불나방이나 대감댁 새색시를 동경하는 벙어리 삼룡이 같은 낭만주의적 열정이 필요하기도 하다.

현대조선은 초창기 비교적 건조하기 쉬운 유조선으로 사업을 시작했다. 그러나 유조선은 건조하기 쉬운 만큼 부가가치 창출이 적을 수밖에 없었다. 현대조선은 사명을 현대중공업으로 바꾸고 부가가치 창출이 더 큰 선박 건조를 동경하기 시작했다. 이런 동경에서 LNG Liquefied Natural Gas 수송선의 건조를 위한 도전이 시작되었다. LNG는 지하에서 캐내는 천연가스의 용적을 600분의 1로 압축하여 영하 163도의 액체로 만들어 놓은 상태이기 때문에 고도의 폭발 가능성과 인화성을 지닌다. 당시 현대중공업의 기술 수준에서 LNG 수송선을 설계하고 건조하는 일은 또다시 별을 동경하는 불나방 격이었다. 현대중공업은 1980년대 초부터 10년에 걸친 칠전팔기의 노력 끝에 LNG 수송선을 자력으로 설계하고 건조하는 기술을 습득했다. 그래서 1994년 6월 10일 현대 유토피아 UTOPIA 라는 이름의 첫 LNG 수송선을 성공적으로 진수했다.

불빛을 동경하는 불나방는 삼성전자의 역사 속에도 존재한다. 삼성전자에게 1983년 9월 12일은 암울한 날로 기록되어 있다. 그날은 기흥에 있는 삼성 반도체의 생산 라인을 처음으로 기공하는 날이었다. 당시 선진국과 10년 이상 기술 격차가 나는 반도체 산업에 뛰어든다는 것은 삼성그룹 전체를 위기에 빠뜨릴 수 있다는 생각 때문에 고 이병철 회장을 제외한 임직원 모두가 암울해하고 있었다. 반도체 산업은 제품 개발과 생산 시설에 수백 수천억 원을 투자하고 나면 불과 3~4년 만에 생산한 제품과 시설이 이미 구식이 되어 버린다. 그래서 1983년 당시 삼성의 재무 능력과 기술 수준에서 이렇게 위험한 분야에 뛰어든다는 것은 불 속으로 뛰어드는 불나방처럼 자멸을 자초하는 일이라는 것이 모두의 생각이었다. 그러나 반도체를 동경하던 그 불나방 역시 삼성을 세계 정상 기업의 반열에 올려놓았고 한국 경제를 세계 10위권에 끌어 올리는 데 일익을 담당했다.

필자는 이미 앞에서 한 번 정주영 회장의 "이봐, 해 봤어?"를 최고의 어록으로 꼽았다. 정주영 회장은 현대그룹의 창업주이자 한국 경제 부흥기인 1970~1980년대에 걸쳐 전경련 회장을 다섯 차례 역임한 재계의 거인이다. "이봐, 해 봤어?"라는 말은 불도저 같은 추진력과 불굴의 의지로 끊임없이 불가능에 도전했던 '세기의 승부사' 정주영 회장의 기업가 정신을 대표하는 어록이다.

또한, 한국이 낳은 위대한 기업가 정주영 회장은 실용적 상상력의 대가였다. 현대건설이 한국 서해안의 서산만 간척 사업을 하고 있을 때, 그가 발휘한 상상력이 보기 좋게 성공한 사례를 설명하고자 한다. 당시 현대건설은 공사영역을 A 지구와 B 지구로 나눠 공사를 진행하고 있었다. 두 지구 모두에서 가장 어려운 공사는 방조제 공사의 마지막 마무리 단계였다. 현대건설의 방조제 공사는 방조제가 육지와 접하는 양쪽 끝에서부터 방조제를 쌓아오면서 중간쯤 서로 만나는 곳에서 마무리를 짓는 점축식 공법을 선택하고 있었다.

B 지구 방조제의 최종 마무리 공사에서는 4.5톤 무게의 구멍을 뚫어 철사로 두세 개씩 묶은 뒤 바지선으로 운반하여 떨어뜨렸다. 그러나 A 지구 방조제의 길이는 총 6,400m였는데, 양쪽에서 방조제를 쌓아오던 중 가운데 270m를 남겨두고 공사가 중단되었다. 조수간만의 차가 10m에 이르는 서

해안의 밀물이 들어오면서 270m 구간을 지날 때 물살의 속도가 8m/s가 되었기 때문에 승용차 크기의 거대한 바윗덩이를 던져 넣어도 급물살에 쓸려 가 버렸다. 철사를 돌망태에 엮어 30톤 트럭으로 계속 실어다 부어도 바로 유실되어 버린 것이다.

이런 문제점을 현장 감독자가 정 회장에게 보고를 올렸고 이 보고를 받고 고심하던 정 회장은 고철로 팔기 위해서 사 온 유조선을 생각해 냈다. 정 회장은 "그 유조선, 당장 서산 앞바다로 끌고 와!" 하고 소리를 질렀다. 당시 현대는 해체해서 고철로 팔기 위해 30억 원을 주고 스웨덴에서 사 온 폐유조선을 울산 앞바다에 묶어두고 있었다. 정 회장의 지시에 따라 332m 길이의 폐유조선을 울산에서 서산으로 옮겨 왔다. 서산만 방조제 완공일은 1984년 2월 25일로 정해져 있었다.

정주영 회장의 아이디어로 새로운 공법을 시도한다는 소문이 나자 각 언론사에서 나온 기자들로 현장이 부산스러웠다고 한다. 정주영 회장의 상상력을 실현하기 위한 첫 과제는 멀리 바다 위에 있는 폐유조선을 끌고 와 방조제에 접안시키는 일이었다. 물살이 너무 거세서 일이 쉽지 않아 시간만 끌자 정주영 회장은 작은 배를 타고 유조선으로 건너가 예인선을 직접 진두지휘했다. 이른 아침부터 시작하여 필사적인 노력 끝에 저녁 7시가 되어 유조선을 접안시키는데 겨우 성공했다. 그러나 배 양쪽 끝의 배와 제방 사이에 20m 정도의 틈이 생겨 그 사이로 거친 급류가 빠르게 내륙 쪽을 향해 흘러들어 왔고, 그때까지 유조선 탱크에 물이 차 있지 않았기 때문에 유조선은 완전히 침하되지 못한 상태로 밀물에 밀려나기 시작했다. 정주영 회장은 다시 예인선을 불러 유조선의 위치를 바로잡은 뒤 탱크에 물을 채우라고 지시했다.

이런 시행착오를 거듭한 끝에 마침내 정주영식 폐유조선을 활용한 물막이 공법이 성공을 거두고 이 공법은 '정주영 공법'으로 알려지게 된다. 이런 아이디어를 지적재산권으로 만들어 등록했더라면 로열티 Royalty 를 받아도 엄청 받을 법하다.

이 공사가 성공하면서 현대건설은 290억 원의 공사비를 절감할 수 있었다는 계산이 나온다. 사상 초유의 이 공법은 미국의 뉴스위크 News Week 와 타임 Time 지에 소개되었으며, 그 후 영국 런던 강 상류의 방조제 공사를 맡은 철 구조물 회사에서 이 공법에 대해 문의가 쇄도하기도 하였다.

▶ 서산 간척지 방조제 공사

'정주영 공법'이라고 이름 붙여진 이 유조선 공법이 전 세계에 물막이 공사의 신 新 공법으로 기록된 것이다. 기업의 생존 부등식을 만족시키는 과정에서 필요한 상상력은 이처럼 실용적인 상상력이 대부분이다. 물막이 공사를 학자들에 의한 이론으로 접근했다면 수일의 일정이 소요되고 인력과 자원의 낭비가 계속되었을 것이지만 상상력으로 해결한 공법이기에 더욱 빛나는 것이다.

대한민국 현대사의 한 획을 그어준 고 정주영 회장. "시련은 있어도 실패는 없다. 악으로 깡으로!"라는 말이 생각이 났다. 돈도 없고, 배운 것도 없고, 가진 것도 없고, 비빌 언덕도 없는 정말 너무나 어려웠던 그 시절에 용기와 집념을 실천한 사람이었다. 그는 현대라는 거대한 그룹을 만들었고, 그리고 그들과 함께했고, 그리고 그 시절을 사랑했다. 안 되면 다른 방법으로 생각해 보고, 남들이 해 보지도 않고 안 된다고 할 때 오히려 해 보기나 했느냐고 이렇게 해 보자고 일침을 가하며 역발상을 시도한 사람이었다.

평범하다 못해 오히려 너무나 소시민 같았던 모습이었지만, 단 하나 가지고 있는 성실성과 건강을 믿고, 신용을 담보로 돈을 융통하는 대범함을 가지고 있었다. 대한민국뿐 아니라 영국, 미국, 중동을 오가며 다들 안 된다고, 힘없는 나라의 잘 알지도 못하는 회사에 어떻게 돈을 빌려주며 수주를 주냐며 깔보는 그들에게 된다는 확신을 심어 주며 신뢰로 기업을 일으킨 사람!

물론 사람인지라 부족한 면들도 많이 있으리라 생각한다. 하지만 정주영은 자신에게 다가오는 불가항력의 문제를 실패로 보지 않고 넘어야 할 산으로, 시련으로 보았다. "넘을 수 있다, 지나갈 수 있다, 성공할 수 있다."라는 의지로 결국 성공을 이끌어 내는 모습에 참 많은 반성을 한다. 그에 비하면, 지금 우리의 모습은 얼마나 우물 안 개구리인가. 배움도 짧고, 여러 가지 남들보다 열악한 상황이지만, 결국 헤쳐나가서 그 단점이 더욱 부각이 될 수 있게 한 영웅! 그런 의지가 지금 우리에게도 필요하다고 생각한다. '왜 나만 이러지? 왜 안 되지?'라고 생각할 게 아니라, 다른 방법으로라도 내 길을 가기 위해 최선을 다해야 하지 않을까 생각한다.

"모든 일은 가능하다고 생각하는 사람만이 해낼 수 있다. 우리 한국인은 모두 작심만 하면 뛰어난 정신으로 어떤 난관도 돌파할 수 있는 민족이다. 본인이 실패했다고 손을 들어야 실패다. 인간이 자기는 영원히 승리할 수 있다고 생각하면 영원히 승리할 수 있다.[16]

---

16. 『삶의 정도』, 윤석철, 위즈덤하우스, 2011, 61~63p

2) 박정희 대통령 리더십

1961년 5월 쿠데타로 집권한 군사정부는 "국가 자주 경제 재건에 총력을 경주한다."라는 공약을 내걸었다. 이전 이승만 정부가 국가의 독립과 국격 國格 의 고수를 위한 정치 제일주의에 충실했다면, 이후 박정희 대통령은 빈곤 퇴치와 경제 자립을 위한 경제 제일주의에 매진했다. 군사정부는 곧바로 경제기획원을 설립했다. 기획원은 개발계획 수립, 정부 예산 편성, 외자·기술 도입과 배분을 핵심 기능으로 했다. 기획원은 예산 편성을 지렛대로 정부 각 부처를 통제하고 조정했다.

1961년 7월 주요 기업가 14명을 창립 멤버로 하는 한국경제인협회가 결성됐다. 이들은 미국과 유럽을 순방한 다음 울산에 정유, 비료, 제철, 기계 등 주요 공업 시설을 유치하는 대규모 공업 단지를 건설할 것을 군사정부에 건의했다. 울산공업단지는 1962년 2월 착공됐다. 뒤이어 정부는 기업의 차관 도입에 정부가 보증을 서는 법률을 제정했다. 이로써 정부와 기업이 국가 경제 개발을 위해 전면 협조하는 새로운 시대가 열렸다.

1962년 군사정부는 제1차 경제 개발 5개년 계획을 발표했다. 차후 5년간 내외자 內外資 25억 달러를 투자해 110개의 기간 시설을 건설하고 연간 7.1%의 성장을 이루겠다는 계획이었다. 흔히들 이 경제 개발 계획이 고도성장을 몰고 온 것처럼 이야기하지만 사실이 아니다. 계획을 잘 세워 경제개발에 성공한 나라는 없다. 25억 달러의 투자자금이 어디에 있는지는 아무도 몰랐다. 110개 기간 시설의 우선순위와 산업 연관에 대한 평가도 없었다. 한국 정부의 개발 계획에 대해 미국 원조 당국은 빈자 貧者 가 희망하는 쇼핑리스트에 불과하다고 비아냥거렸다. 초기 2년간 군사정부의 경제 정책은 혼미를 거듭했다. 혁명 세력 일부와 대학의 경제학자들은 농업과 중소공업에 기초한 점진적 공업화와 내자 內資 의 동원을 주장했다. 1962년 6월의 통화개혁은 이들 자력갱생파에 의해 주도됐다. 통화 개혁의 실패와 더불어 이들은 경제 정책 일선에서 퇴조했다. 군사정부는 점점 기업가 집단과 엘리트 관료들이 주도하는 외자 도입과 대기업 육성을 기조로 하는 개발 정책을 수립해 갔다.

1962년 한국의 성장률은 목표치 7.1%에 훨씬 못 미치는 2.1%였다. 수출도 목표치 6천 90만 달러에 미달하는 5천 480만 달러였다. 군사정부의 앞날은 암울해 보였다. 이때 군사정부를 구한 것은 공산품의 수출이었다. 1962년 말부터 수출이 이상하게 증가하기 시작했다. 1963년의 수출실적은 목표치 7,170만 달러를 훌쩍 넘은 8,380만 달러였다. 아무도 기대하지 않은 공산품 수출이 많이 증가한 덕분이었다. 수출계획의 주력 상품은 전통적으로 농수산물과 광산물이었다. 공산품의 수출계획은 640만 달러에 불과했지만, 결과적으로는 2,810만 달러의 실적을 거뒀다. 한국 같은 후진국이 공산품을 수출하다니! 1963년의 무역 업계는 그런 놀라움으로 연중 내내 술렁였다.

1963년 이병철 한국경제인협회 회장은 한국일보에 '우리가 잘사는 길'이라는 글을 5회에 걸쳐 연재했다. 그는 자연 자원과 자본 축적이 빈곤한 한국 경제가 농업부터 시작하는 산업혁명의 고전적 코스를 뒤쫓을 여유가 전혀 없다고 주장했다. 그가 제안한 비상수단은 향후 10년간 23억 달러의 차관을 도입해 천 개의 대규모 공장을 세우자는 것이었다. 그러면 뒤를 이어 중소공업과 유통업, 나아가 농업이 발전하게 된다는 논리였다. 강단 경제학의 고리타분한 이론을 넘어 기업가들이 제안한 창의적 개발 정책은 이후 박정희 대통령에 의한 국가 경제의 공학적 건설과 세계 경영의 경제학으로 발전했다.

1963년 한국경제인협회는 조사단을 일본에 파견해 한국으로 넘어올 공업을 물색했다. 일본의 기업가들은 숨김없이 말했다. "일본이 기대하는 것은 싸고 손쉽게 이용할 수 있는 노동력이다." 한국의 기업가들은 이 같은 공업입지의 국제적 이동을 분봉 分蜂 현상에 비유했다. 그것을 놓칠 수는 없었다. "바가지를 들어라." 당시 한국경제인협회의 사무국장이 남긴 유명한 말이다. 1964년 정부는 수출을 무역 정책으로서가 아니라 산업 정책으로 다루는 수출진흥 종합시책을 마련했다. 그해 11월 30일 수출이 1억 달러를 돌파했다. 이후 그날은 '수출의 날'로 지정됐다.

1965년 1월 박정희 대통령은 국회에서 발표한 연두교서에서 수출을 '경제활동의 생명'으로 삼겠다고 선언했다. 전국에서 수출입국 輸出立國 의 깃발이 높이 올려졌다. 넓은 세계 시장을 무대로 뛰는 것만큼 인간을 흥분시키는 건 없다. 그 모험과 성취의 시대가 한국인의 눈앞에 활짝 열리기 시작했다.

수출의 3대 품목은 철강, 합판, 면포였다. 철강재는 가재, 통, 지붕, 담장의 재료로 쓰이는 아연도철판 亞鉛鍍鐵板, 함석 을 말한다. 1950년대 말부터 시설 과잉에 빠진 철강 업계는 수출을 시도했다. 1962년 일신제강이 47만 달러의 첫 수출에 성공했다. 1963년에는 베트남으로 1,211만 달러를 수출하는 대박을 터뜨렸다. 가격 경쟁에서 일본을 능가했기 때문이다. 대성목재의 합판이 미국 시장을 개척한 것은 1960년의 일이었다. 그해 수출은 1만 5000달러에 불과했지만, 품질이 일본산보다 좋다는 시장의 호평에 힘입어 1963년에는 675만 달러라는 제2의 대박을 터뜨렸다.

면방직물업 역시 일찍부터 수출 시장 개척에 나섰다. 1958년 시작된 면직물 수출은 1962년 미국에만 183만 달러어치를 수출해 미국 통상 당국으로부터 한국산 직물 수입을 억제하겠다는 통보를 받을 정도였다. 그럼에도 1963년에는 미국에 297만 달러의 면포를 수출함과 동시에 유럽경제공동체 EEC 시장까지 개척해 총 414만 달러라는 제3의 대박을 터뜨렸다.

1963년 말 군사정부는 민간정부로 이양했다. 대통령 선거는 힘겨운 승리였다. 박정희 대통령을 도운 것은 세계 시장의 구조 변화였다. 그는 천운을 타고난 사람이었다. 또 하나의 큰 도움이 있었다면 박 대통령은 한 번도 감사의 뜻을 표한 적이 없지만, 이전 이승만 정부가 일으킨 민간공업이었다. 또 하나의 보다 깊은 역사적 유산이 있었으니 유능한 기업가 집단이었다.

미국 하버드대 연구에 의하면 박정희 대통령의 통일 방식이 조국 근대화이며, 근대화의 길이 경제 자립에 있는 것이라면 자립은 통일의 첫 단계라며 박정희 대통령의 리더십의 핵심 키워드로 꼽는다. 특히 "할 수 있다 정신" Can Do Spirit 은 당시 함께 근대화를 시도했던 개발도상국에서는 찾을 수 없는 박정희 대통령의 교육적 언어이다. 이후 할 수 있다 정신은 "잘살아 보세!"라는 구호와 함께 국민이 앞장서고 정부는 뒤에서 분위기를 조성하는 민간주도 개발로 자리 잡았다. 수출주도 산업화가 그랬고 새마을운동이 그랬다. 정부가 직접 나선 것이 아니라 인센티브를 놓고 기업끼리 경쟁하며 농촌을 스스로 잘 살도록 했다. 정부가 정책으로 선도했지만, 현장은 민간이 주도한 성장이었다.

민간과 개인이 스스로 일어서야 한다는 정신은 1964년부터 나타났다. 박정희 대통령은 독일 함보른 탄광을 방문해 파독 광부와 간호사들 앞에서 남에게 의뢰하는 의심을 버리고 스스로 일어서야 한다고 강조하였다. 그리고 후손을 위해 번영의 터전만이라도 닦아놓자며 그 유명한 눈물의 연설을 마무리했다.

당시 1인당 국민총생산 GNP 은 한국이 103달러, 필리핀이 129달러였다. 그렇기에 박정희 대통령 시대에 일어난 '한강의 기적'은 일제 강점기에서 벗어나자마자 남북한으로 갈라지고, 얼마 지나지 않아 한국전쟁에 휩싸여 폐허가 된 나라를 부강하게 만들었다는 측면에서 독일 '라인강의 기적'보다 더욱 기적이라고 할 수 있다. 독일은 세계 2차 대전에는 패했지만 이미 항공기와 탱크, 자동차를 만드는 기술력과 마셜 플랜이라는 미국의 대규모 재정 지원이 있었다. 정부에 기대지도, 정부가 나서지도 않는 자조와 자립이 강조되던 시절에 우리나라 국민은 가난하지만 꿈이 있어 행복했다.

또한, 1964년 서독을 방문한 박정희 대통령은 프랑크푸르트에서 사통팔

달로 뚫린 아우토반 고속도로에 매료되었다. 전국 어디든 쉽게 갈 수 있는 교통 시스템이 라인강의 기적으로 대변되는 전후 서독의 경제 성장의 원동력이라고 판단했다. 박정희 대통령은 귀국하여 고속도로 프로젝트를 추진하였고, 3년 뒤인 1967년 경부고속도로 건설 계획을 발표했다. 1인당 국민 소득이 164달러였던 보릿고개 시절에 영농을 위한 보조금이나 극빈자 구제 정책과 무관한 고속도로 건설에 투자한 것이다.

외국의 금융기관에 차관을 요청하였으나 중도에 포기할 사업이라며 모두 거절하였다. 하는 수 없이 내자로 충당할 수밖에 없었고, 총연장 428km의 도로 건설에 429억 원의 예산을 세웠다. 정치권에서는 "재정이 파탄 날 것이다.", "가진 자들만을 위한 유람도로가 될 것이다." 등 한목소리를 내어 반대하였다. 그러나 박 대통령은 1968년 2월 1일 기공식을 갖고 고속도로 건설을 밀어붙였다. 박 대통령은 도로 건설 관련 책을 읽고 직접 공부했으며 건설 현장도 자주 방문하였다.

1969년 겨울, 박 대통령은 건설 현장을 방문하여 공사 현황을 살피던 중 불도저 기사가 손에 장갑도 끼지 않은 채 일하는 모습을 보았다. 당시 국민 소득 수준으로 인해 겨울에도 장갑 없이 일하는 사람이 많았다. 이에 연민을 느낀 박 대통령은 자신의 장갑을 그 기사에게 벗어 주며 격려했다. 주위에 있던 모든 사람이 감동했을 것이다. 박 대통령의 이런 리더십이 기술도 경험도 없고 경제적 능력도 없이 무모한 일에 도전한다는 비난을 물리치고 한국 최초로 고속도로 건설을 성공시킨 것이다. 그 당시는 한국에 경영학이라는 학문도 아직 없을 때였기에 박 대통령의 이런 면모를 학술적으로 설명할 수 없었다. 그러나 지금 생각해 보면 이는 감성적 리더십 Emotional Leadership 이었다.

이런 리더십 덕분에 서울에서 부산까지 428km의 대공사가 불과 2년 반만에 완성되었고, 1970년 7월 7일 준공식을 가질 수 있었다. 수도권과 영남 공업 지역을 연결하는 경부고속도로가 개통되면서 본격적인 자동차 시대가 열렸으며, 곳곳에 공업 단지가 건설되면서 국가 경제가 발전되고 교통 편의가 증진되어 국민 삶의 질이 향상되기 시작하였다.

한국 경제의 성장률은 1963년에 갑자기 9.2%로 뛰어올랐다. 고도성장은 1997년까지 이어졌다. 그 35년간 한국 경제의 연간 성장률은 평균 9.1%나 됐다. 같은 기간 세계에서 가장 높은 성장률이었다. 한국은 정치만 미국처럼 안정이 된다면 세계에서 경제적으로나 민주적으로나 분명 세계 최고의 나라가 될 것이다.

3. 중국의 참새 소탕 작전과 원전

1958년부터 1960년 중국 참새의 수난은 당시 중국 최고 권력자 마오쩌둥의 토지 개혁 운동, 협동 농장 사업을 실시하며 끊임없이 식량 증진 정책을 펼쳤다. 마오쩌둥이 쓰촨성의 한 농촌을 방문한 자리에서 참새가 벼 이삭을 쪼아먹어 쌀 수확량이 줄어들 것이라고 예상했다. 이에 분노를 감출 수가 없었다. 마오쩌둥의 지시로 참새는 박멸 대상이 되었다. 낟알을 쪼아 먹어 피 같은 곡식을 축내는 참새는 인민의 적이었다. 관료들은 논리를 마련하였다. 참새 한 마리가 주워 먹는 곡식량을 추산해 100만 마리를 잡으면 인민 6만 명분 곡식을 아낄 수 있다는 계산을 한 것이다. 1958년 정부 주도로 참새 소탕 작업이 벌어졌다. 생물학자들은 생태계 불균형을 초래할 우려가 있다고 주장하였지만 그들의 의견은 묵살됐다. 중국 전역에서 참새의 씨가 말라 갔다.

결과는 어떻게 되었을까. 당국의 예상과 달리 곡식 수확량이 줄었다. 참새가 사라진 논밭을 천적이 없는 해충들이 차지했기 때문이다. 중국 공산당이 구축한 집단 농장의 비효율성까지 겹치면서 1958년 제2차 세계대전보다 훨씬 끔찍한 3년간 3,000여 명이 굶어 죽는 대기근이 대륙을 휩쓸었다. 정책에 실패한 마오쩌둥은 소련에서 은밀히 참새 20만 마리를 수입해서 대책을 마련하였다. 참새 소탕 작전의 실패로 마오쩌둥은 권력 2선으로 물러나게 되었으며 리더가 과학적 합리성이 결여된 정책을 충분한 사회적 논의 없이 추진하고 이를 시스템이 바로잡지 못할 때 어떤 결과가 나오는지 잘 보여 준 사례였다.

석유 매장량 세계 2위 자원 부국 베네수엘라는 차베스 대통령은 모든 석유회사를 국유화하고 무상 선심 정책으로 4선을 선택받았지만 나라가 파산하고 개인 또한 파산한 사례가 있다.

여기에서 주목할 점은 현 정부의 탈원전 정책의 전개 양상이 중국의 참새 소탕 작전과 꽤 흡사하다는 것이다.

정부는 원전을 해로운 에너지로 몰아갔다. 문 대통령은 2017년 6월 19일 탈원전을 선언하면서 원전의 위험성을 부각하였다. 정부는 발전 단가가 가장 싼 원전을 없애고 신재생 에너지와 LNG 액화천연가스 를 확대하기로 하였다. 에너지 전문가들은 원전의 빈자리를 날씨에 따라 발전량이 들쭉날쭉한 신재생 에너지와 발전 단가가 원전의 2배인 LNG로 채운다면 에너지 확보 불안과 전기요금 상승으로 이어질 것이라며 반대하였다.

정부는 전력 수급 문제가 없고 2030년 전기요금이 2017년 대비 10.9% 정도로 올라 인상 폭이 크지 않다고 했다. 하지만 이는 신재생 발전 원가가 2030년까지 35.5%로 하락할 것이라고 가정하고 추산한 수치이다. 한국경제연구원 등 연구기관에서는 전기요금이 정부 예측보다 2~3배 오를 것으로 본다. 탈원전의 부작용은 이미 나타나고 있다. 원전 부품 업체들이 도산 위기에 내몰리고 원전을 전공하는 학생들은 일자리를 걱정해야 하는 위기를 겪고 있는 등 에너지 산업 생태계는 붕괴 직전이다.

덴마크는 1985년 탈원전 결의한 국가다. 국민을 설득하고 선택하는 데 12년이 소요되었다고 한다. 노벨물리학상 수상자 닐스 보어가 물려준 원자력 강국이었으나 원자력의 기술과 전통을 완전히 없애 버렸다. 덴마크는 전체 전력의 46%를 풍력으로 만들며 화력 발전 비율은 22%에 이르는 국가다. 덴마크는 전력 생산량은 스웨덴과 인구 대비 57% 수준으로 전력 수입이 수출보다 1.5배 많다. 반대로 스웨덴은 전기 수출이 수입의 2.4배 많다. 그래서 덴마크는 전기요금이 유럽에서 독일 다음으로 비싸고 스웨덴보다는 55%나 비싸다. 덴마크는 탈원전을 선택하였으나 풍력 발전 업계 보조금과 전기 수입 비용은 고스란히 국민의 부담이 되었다. 그렇다고 해서 친환경 국가가 된 것도 아니었다. 풍력으로 부족한 전기는 화력 발전소를 가동하여 대체하고 석탄 발전 비율이 22%나 된다고 한다. 반면 스웨덴은 석탄 발전 비율이 1%로 공해 측면에서는 덴마크와 비교할 수 없다고 한다. 스웨덴은 탈원전 기조하에 원자력 발전소 가동을 40%대로 유지하고 있다. 덴마크는 친환경 국가가 되지도 못하고, 스웨덴이나 독일에서 원전 가동으로 생산한 전기를 수입하여 사용한다. 우리는 이런 결과를 보고 어떻게 해석해야 할지 모르겠다.[17]

　누구나 납득할 만한 과학적 근거도, 충분한 사회적 합의도 없이 진행되는 정부의 일방통행식 탈원전이 국민에게 부담으로 돌아올 것이라는 우려가 커지고 있다. 중국이나 러시아가 세계 원전 시장에서 종횡무진하고 미국과 일본도 원전 분야를 강화하는데 대한민국만 역주행한다. 원전 업계는 2021년 봄을 사실상 생존 시한이라고 보고 있다. 탈원전에 따른 마지막 원전 신고리 5~6호기에 들어가는 주요 설비 납품이 내년 3월 끝나기 때문이다.

　그러면 정부 에너지 정책의 트레이드마크인 탈원전과 산지 태양광 발전 증가 사이에 연관성은 어떨까?

　정부 정책이 태양광 발전을 전반적으로 장려하는 분위기로 작용했을 수 있다. 그렇다면 신재생 에너지 강화 정책은 녹색 성장을 강조한 이명박

17.　김태우 칼럼니스트 **전 통일연구 원장** , 펜&마이크 출처

정부에서는 풍력, 조력, 수력 태양광 등 신재생 에너지 정책을 진행하였다. 박근혜 정부에서 시행한 태양광, 신재생 인증서 정책이 산지 태양광 발전 시설 증가에 큰 영향을 끼쳤다 신규 면적 면에서 2010년에는 30ha, 2014년에는 176ha, 2018년에는 2443ha로 급증했다.

문재인 정부의 탈원전과 맞물려 태양광 발전 시설은 2017년부터 3년 동안에 급격히 증가했고, 전국 임야에서 232만 7,495그루의 나무가 베인 것으로 파악되었다. 태양광 패널이 햇빛을 최대한 오랫동안 쬘 수 있도록 일정한 경사 이상의 산비탈을 골라 나무를 베어 설치하기 때문에 지반 악화로 산사태 위험이 커질 수밖에 없다. 2020년 집중 호우로 일어난 인명 피해와 산사태, 토사유실 등이 발생하였다. 아마 국민도 그렇게 생각을 하고 있을 테지만 특히 경북대학교 토목공학과 이영재 교수는 산사태와 산지 태양광 발전 설비 사이에는 사면 안전성 검토가 제대로 이뤄지지 않는 경우가 대부분이라고 하면서 직접적인 인과 관계가 있다고 말했다.

결론은 무엇일까?

대통령의 공약 사업이라고 해서 무리하게 밀어붙여 산림이 훼손되고, 나무가 베이고, 홍수가 발생하고, 기업체가 자금난을 겪고, 원전 관련 전공 학과 학생들의 미래가 문제가 되고, 직원들이 해고를 당하고, 전기요금이 오른다. 세계적으로 우위에 있는 원전 기술을 소멸시키고 수출을 할 수 없다면 탈원전 정책은 수정되어야 할 것으로 보인다. 탈원전 자체가 문제의 핵심이 아니다. 석탄이나 비재생 에너지처럼 환경을 오염시키거나 미세먼지를 불러오는 발전 사업을 줄이고 재생 에너지 분야를 늘려야 한다는 것이 핵심이다.

필자가 에너지·재생 부문의 전문가는 아니지만, 탈원전 정책이 미세먼지를 감소하게 하는 만병통치약인 것처럼 설명해서는 안 된다. 현재 가동 중인 원자력은 그 수명이 달할 때까지 사용하는 가운데 재생 에너지를 점점 확대해 간다면 국가적인 손실도 줄어들고, 국민 전기료 부담도 경감되고, 원전 기술도 계속 수출할 수 있지 않을까. 한마디로 정리하자면, 재생에너지와 원자력 에너지를 적당한 비율로 우리 실정에 맞게 운영하는 게 현명한 방법이라 생각한다. 어느 날 정부가 바뀌고 이념 다툼을 위해 이유 없이 이전 정부의 합리적인 정책을 내팽개치며 국민의 혈세를 낭비하게 하는 일은 없어야겠다.

중국의 참새 소탕 작전과 한국의 탈원전 정책을 비교해 보면 정치적으로 유사한 점이 너무도 많고 국민적 손해와 전기료 인상 등은 어떻게 설명할 수 있을까?[18]

---

18. 연합뉴스, 2020.08.27 블로그 글 인용

——————— 8. 미래의 신기술 ———————

1. 전기차와 신재생 에너지 시대

　　2021년 미국의 47대 대통령에 조 바이든이 당선되면서 그의 공약 정책에 관심이 모이고 있다. 그중 가장 주목을 받는 것이 신재생 에너지 사업이다. 4년간 청정 에너지 사업의 연구·개발 부문에 4,000억 달러를 투입하여 일자리를 창출하고 그린 뉴딜 투자로 장기적 건전성과 활력, 미국 국민의 건강을 위한 가장 중요한 투자라고 설명한다. 바이든은 교통과 전기, 건축 등에서 청정에너지의 사용을 늘리고 이를 통해서 미국 내 천만 개의 일자리를 만들겠다는 계획을 발표하였다.

　신재생 에너지의 확대로 본격적인 전기차 시대를 앞두고 미국의 완성차 업계는 조 바이든 대통령이 친환경 정책을 내세우면서 전기차 산업에 더욱 박차를 가할 것으로 보고 그의 임기가 전기차에 대한 전환점이 될 것이라고 예측한다. 그와 관련된 배터리 업체들도 촉각을 세우고 지켜보고 있다.

　바이든 대통령은 파리기후협약에 따라 2050년까지 온실가스 배출량을 제로로 만든다는 공약의 일환으로 전기차 보급에 박차를 가할 것으로 보이며 각종 지원 대책을 쏟아낼 것이다. 바이든 대통령은 전기차, 신재생 에너지에 약 2조 달러 2,258조 원 를 투자하겠다고 하였고, 이는 미국이 최초로 달에 착륙한 아폴로 프로젝트의 예산을 기준으로 현재 화폐 가치로 환산 시 그린 뉴딜 정책의 절반에 불과하다고 하였다. 이 예산으로 최우선 미연방 정부의 관용 차량을 전기차로 교체하고 버스도 모두 전기차로

바꿀 계획이며, 전기차 충전소를 50만 곳에 설치하고 전기차 구매자에게 세제 혜택을 주고 가격을 할인해 주는 제도를 검토하고 있는 것으로 예측된다 2030년까지 요구되는 충전소 수는 약 80만 곳으로 예상되며, 친환경 자동차는 300만대 .

미국 정부의 보조금 정책과 배터리 가격 인하에 따라 2~3년 안에 본격적인 전기차 시대가 열릴 것이다. 전기차 시장을 주도하고 있는 미국의 테슬라는 2021년 판매 목표를 올해의 2배 수준인 80만 대로 잡았다. 2022년에는 반값 전기차를 선보여 아예 기존 내연기관이 차지하고 있던 패러다임을 바꾸겠다는 야심 찬 계획을 가지고 있다.

반면에 폭스바겐은 내연기관차 개발을 중단하고 전기차 시장을 집중적으로 공략하여 2021년 생산량을 두 배로 늘리는 한편, 2022년까지 27종의 전기차를 선보일 계획으로 전기차 완성차 업체 간에 불꽃 튀는 경쟁이 예상된다.

현재 제일 크게 수혜를 보는 업체는 테슬라가 될 것으로 보이며 아직 준비가 미흡한 GM, FORD, FCA 피아트크라이슬러 등의 업체는 내연기관 중심에서 전기차로 개편을 위해 수조 원을 투입하여 완성차 조립 공장을 전기차 공장으로 바꾸는데 착수할 것으로 보인다.

현대차그룹도 2021년부터 전기차 전용 플랫폼인 E-GMP Electric Global Modular Platform 차량을 출시하고, 2025년에 100만 대를 판매하여 시장 점유율 10% 이상 달성을 목표로 하고 있다. 1회 20분 충전으로 500km를 달리는 경쟁력 있는 전기차 모델을 준비 중이며, 800V 충전 시스템을 갖추고 있어 초고속 급속 충전기 이용 시 18분 안에 80%까지 충전할 수 있다. 따라서 5분 충전으로 100km를 주행할 수 있는 전기차가 개발된 것이다.

정부에서도 2050년 탄소 중립을 선언했다. 현재 휘발유 차량과 디젤 차량은 1km를 주행하면 이산화탄소 200g을 배출하는데 그에 반하여 전기차는 0이다. 그래서 국가기후환경회의는 선진국인 미국, 영국, 중국에서 목표로 하는 배출량을 목표치로 잡고 2035년부터 전기차, 수소차, 하이브리드 차량만 판매하도록 제안했다. 그러나 그러기 위해서는 선행과제가 있다.

　전기 차량을 운전하는 차주는 제일 큰 문제가 충전 시설 부족으로 충전 시 시간이 많이 소요된다. 또한, 충전소에 가서도 다른 차가 충전 중이면 기다려야 한다는 번거로움을 호소하여 충전소를 대폭 증설할 계획을 내놓았습니다. 2020년 기준 충전소는 6만 2천여 개로 전기차 2대에 충전소 2대가 설치되어 있지만, 체감상 그다지 많은 것 같다는 느낌이 들지 않는다.

　정부는 2021년도에는 923억 원의 예산을 확보하여 350KW 급속 충전기를 1,600대 설치하고 초고속 충전기를 전국 고속도로 휴게소 등에 70개소 이상을 설치하기로 했다. 초고속 충전기는 100KW급의 완속 충전기보다 3배 더 빨리 충전할 수 있다. 400km 주행이 가능한 80% 충전 시간은 20분 이내에 가능하다고 밝혔다. 100KW 완속 충전기 8,000대를 주택가와 아파트 등에 설치하여 전기차를 소유한 국민이 전기자를 충전하는 데 불편함을 느끼지 않도록 하기로 했다. 충전 시간은 1시간으로 예상된다.

　현재 전기차 보급 수는 약 13만 4,430대로 공용 충전기 6만 2,789대 대비하여 부족한 상황은 아니지만, 충전기 대부분이 공공 시설 중심으로 설치되어 국민의 불만이 계속 제기되고 있다. 5년 안에 충전기 50만 대를 추가로 보급하고 2050년까지는 2천만 가구에 하나씩 충전기를 보급하겠다는 계획이지만 현재 일본은 20만대가 보급되었다고 하니 우리와는 현저히 차이가 난다. 또한, 정부에서는 전기차가 일정 수준 이상 보급되었을 경우 전기차의 보급률과 충전기 종류별 특성을 감안하여 적재적소에 충전 시설을 갖추는 게 중요하다고 했으며, 자동차 회사에서도 충전 기술의 개발과 기반 시설 구축에 적극적으로 임해야 한다고 했다.

　현대차는 25년 전고체 배터리 탑재한 전기차를 시범 출시한 후 30년 뒤에 본격적인 양산을 하겠다고 밝혔다. 배터리 업체와 협업을 통해 10년 이내에 전고체 배터리를 탑재한 차세대 전기차를 출시한다는 계획이다. 그러나 고체 배터리 기술은 일본의 도요타 자동차가 제일 많은 특허를 보유하고 있고 경쟁력도 있다. 독일 폭스바겐은 전고체 배터리가 탑재된 전기차를 선보일 계획으로 미국 배터리 스타트업 업체인 퀀텀스케이프에 투자하였고 공동 개발을 진행하였다. 이들은 2025년까지 15분 안에 80%를 충전할 수 있는 수준의 배터리를 제작할 수 있다고 보도하였다. 독일 BMW도 미국 기업인 솔리드파워와 손잡고 전고체 배터리 전기차를 25년~26년 사이에 출시할 예정이다. 이 밖에도 무라타와, 히타키, 교세라, 도레이, 스미도모화학 등 일본 소재 업체와 중국 배터리 업체 CATL도 전고체 배터리를 개발하고 있다고 전해진다. 전고체 배터리 시장은 아마도 30년쯤 활성화될 것으로 전망하며 일본 도요타를 중심으로 세계 각국에서 활발한 연구와 경쟁이 진행되고 있어 국내에서도 체계적인 R&D 지원이 필요한 시점이다. 향후 2~3년 내 급격한 전기차 시장 재편이 예상되므로 산 産, 관 官, 연 研, 학 學, 기업의 집중적인 협력체계가 필요하다고 볼 수 있다.

전고체 배터리는 전기차의 신기술로 완전 충전 시간이 15분 이내로 짧고 주행 거리는 두 배 이상 길다. 테슬라 역시 세단과 스포츠유틸리티카 SUV 에서 픽업 트럭, 고성능 차 등으로 개발 차종을 늘릴 계획이다. 전기차가 급성장하는 이유로는 가격 대비 효율이 높고 한 번의 충전으로 장거리 주행이 가능한 전기차 모델이 다양하게 공급되기 때문이다. 세계적으로 자동차 시장 규모가 9,000만 대 정도인데, 2030년 신차 구매자의 35%가 전기차를 구입할 것으로 내다보고 있다.

테슬라는 한국인의 인기 모델3 롱레인지의 가격을 종전 대비 480만 원 인하한 5,999만 원으로 정했다고 한다. 또한, 일론 머스크 테슬라 최고 경영자는 2020년 9월 3년 이내에 2,770만 원대의 전기차를 출시하겠다는 계획도 발표하였다. GM은 21년 2월 전기차 볼트 EV 모델을 공개하면서 기존 모델에 비해 가격을 500만 원 인하하여 3,530만 원으로 책정하였다. 올 하반기 국내 출시 예정으로 정부 지자체 보조금을 받을 경우 2,000만 원 후반대로 낮추어질 전망이다. 국내에서는 준중형 아이오닉5를 5,000만 원대에 출시하고 보조금을 적용할 경우 3,000만 원대 후반으로 낮아질 전망이며, 르노삼성의 조에는 20년 말부터 수입하여 판매 중인데 3,995만 원에서 4,395만 원으로 책정했다. 이렇게 친환경 전기차 시대가 열리면서 배터리 생산 단가가 인하되고 수량이 증가하면서 가격 인하가 동반되고 있으며 자동차 메이커 간의 시장 선점을 위한 노력도 배경에 깔려 있을 것이다.

현대차는 21년 2월 LG에너지솔루션과 함께 배터리 대여 리스 실증사업에 나서기로 했다. 전기차를 살 때 부담을 줄이기 위해 찻값만 내고 차를 구입한 뒤, 배터리는 월 단위로 사용료를 따로 내는 방식으로 고객의 초기 부담을 덜어 주는 셈이다. 배터리값이 전기차 가격에 30~40%를 차지하는 만큼 초기 구입비를 낮출 수 있어 고객들의 기대가 높아질 것으로 예상한다. 게다가 향후 배터리 수명이 다했을 경우 새것으로 교체도 할 수 있다고 하니 전기차 사용자는 합리적인 소비를 할 수 있고, 기업에는 이윤을 안겨줄 좋은 방식이다.

참고로 리튬 이온 배터리의 1KWH 당 가격은 약 120만 원에서 1년 사이에 15만 원으로 인하되었고 2030년에는 반 이하로 인하될 예정이다. 이런 추세로 발전을 거듭한다면 2023년쯤에는 전기차와 내연기관 차량의 가격이 비슷해질 전망이다. 전기차의 대중화 시대가 본격적으로 시작되면서 우리의 환경도 많이 개선되어 지구 온난화 현상도 조금씩 개선될 것으로 보인다.

전기차 배터리 시장을 놓고 보면 미국 시장 점유율이 10% 내외로 규모가 크지는 않다. 전 세계적으로 자동차 전체 시장을 놓고 보면 매년 1,700만 대 안팎의 자동차가 판매되는 미국은 전기차의 판매량이 2016년 16만 대에서 2019년 32만 7,000대로 증가하였다. 2030년까지 약 300만 대로 증가하고 규제가 더욱 강화된다면 400만 대까지 늘어날 것으로 전망하고 있다. 이는 세계 곳곳에서 판매되는 자동차 2억 7500만 대의 1.5%에 불과한 수준이다. 그렇다면 내연기관 자동차 판매는 언제 종식될까? 노르웨이, 네덜란드, 독일, 프랑스, 영국 등이 2025년 정도쯤이라고 예상 중이며 미국, 일본이 2035년, 한국은 2035년을 기점으로 종식을 목표로 삼고 있다.

전기차가 대중화될수록 한국이 주도권을 쥐고 있는 배터리에 대한 수요도 급증하고 있다. 미국이 5G망 투자를 지원하는 가운데 자동차가 통신망에 연결된 커넥티드카의 확대도 빨라질 것으로 보인다. 바이든이 전기차에 대한 지원책을 예고하고 있어 한국기업들 LG화학, SK이노베이션, 삼성SDI 이 확대가 많아질 것이며 기술력 향상을 통해 세계 시장에서 경쟁우위 선점에 필사의 노력이 필요해 보인다.

태양광 모듈 수요의 경우는 연간 100GW 기가와트 를 넘을 수 있지만 현시점에서 미국의 태양광 모듈 제조능력이 연간 약 4.7GW에 불과하다. 그러나 앞으로 연간 풍력 및 태양광 설치 규모가 3~5배로 늘어날 것이라고 한다. 2022년부터 미국의 풍력과 태양광 설치 수요는 대폭 증가할 것으로 전망되며 앞으로 미국은 5년 내에 800만 개의 태양광 지붕을 비롯해서 태양광 패널 5억 개, 풍력터빈 6만 개가 설치될 것으로 보인다. 2030년까지 해상 풍력은 2배 확대되며, 바이오 연료 발전소도 건설될 예정이다. 현재의 대규모 발전 설비는 1,100GW 수준이고 이 중에서 천연가스와 석탄 발전 설비가 700GW 정도다. 바이든이 공약대로 정책을 펼친다면 미국 발전 설비 전량을 신재생 에너지로 대체해야 하기 때문에 풍력과 태양광 설치 규모가 5배 이상 늘어날 수밖에 없습니다. 또한, 캘리포니아주 정부는 2020년부터 신축 주택에 대하여 태양광 설치를 의무화하기도 했습니다.

앞으로 가정용 태양광과 ESS[19]시장도 대폭 성장할 것으로 전망하며, 원자력 기술 투자 확대를 통해 온실가스 감축에 기여할 것으로 보인다.

한국 배터리 업체의 경우 선제적인 조기 투자로 글로벌 시장에서 선두 주자로 자리매김하여 세계 톱 회사가 탄생하기를 바란다. 국내에서도 청정 에너지 산업인 전기차, 수소차, 풍력 발전, 태양광 발전 등의 산업이 발달하여 미세먼지의 고통에서 벗어나 쾌적한 환경에서 건강한 삶을 유지할 수 있기를 기대해 본다.

독일의 경우 재생 에너지 비중이 일정 수준 올라와 있고 풍력 에너지를 수소 생산에 투입하는 방식을 활용하고 있다. 그러나 한국은 독일이나 일본과 비교하면 가야 할 길이 멀다. 물을 전기 분해해서 얻는 수소 기술도 아직 선진국 대비 60~70% 수준에 불과해서 정부와 기업체가 추진하는 프로젝트가 성공하기까지는 많은 시간이 필요해 보인다.

정부에서는 2030년까지 세계 5대 해상 풍력 강국으로 도약을 목표로 서남권의 고창과 부안 앞바다에 14조 원을 투입하여 풍력 발전 단지를 조성하고 어민의 참여와 상생과 공존, 주민 참여 등을 강조하며 현재 124MW 규모의 해상 풍력 발전을 2030년까지 10배 높여서 12GW까지 확대할 계획이며 이에 따라 23조 원의 경제적 효과와 9만 개의 일자리를 창출하겠다고 했다. 해상 풍력이 성공한다면 주민들의 어업의 생산 활동과 연계하여 소득 향상에 기여할 것으로 기대된다.

2020년은 우리나라의 주식 시장이 처음으로 코스피 KOSPI 3,000선을 돌파하며 호황을 누렸다. 그런데 내용을 가만히 들여다보면 호황이었던 산업 대부분이 전기차, 수소차, 풍력, IT, 로봇, 코로나 백신 등으로 집약이 된다. 미래를 내다본다면 주식 시장의 추이를 살피는 것도 이 시대를 살

---

19. 에너지 저장장치 Energy Storage System , 태양광이나 풍력발전으로 생산된 전기를 배터리에 저장하는 장치이다.

아가는 사람으로서 필요한 지식 같다.

2. AI 로봇 시대에 떠오르는 직업

2016년 3월 바둑에서 세계 랭킹 1위인 한국의 이세돌 9단이 구글 산하의 인공지능 제품 알파고와 맞대결에서 졌다는 뉴스가 많은 사람을 놀라게 했다. 세계 곳곳에서 AI 인공지능, Artificial Intelligence 가 발달함에 따라 세계 산업이 어떻게 바뀌는지, 우리의 직업군이 어떻게 변화되고 있으며 교육 현장은 어떻게 준비를 해야 할지 알아보도록 하겠다.

AI란 인간이 지닌 지적 능력 일부나 전부를 컴퓨터로 구현하는 과학 기술을 의미하며, 사람처럼 상황을 인지하고, 이성적 논리적으로 판단 행동하며, 감성적 창의적인 기술을 수행하는 능력까지 포함하는 기술을 말한다. AI는 인간이 개발한 가장 파격적인 변화의 기술이라고 할 수 있다. 우리는 디지털 시대에 정보 통신기술을 이용해 사회의 변화를 추구한다. 그 기술을 디지털 변형 Digital Transformation 이라고 부른다. 인공지능은 4가지 단계로 구분하여 볼 수 있다.

1단계 단순 제어 프로그램이 탑재된 전자제품을 떠올리면 된다.
　　　　ex. 에어컨, 청소기, 전자레인지, 공기청정기 등

2단계 고전적인 인공지능으로 적절한 판단을 내리기 위해 여러 가지 상황을 자신의 지식으로 판단하는 인공지능이다.
　　　　 ex. 게임, 진단 프로그램 등

3단계 학습을 하는 인공지능으로 직접 검색이 가능하고 자신이 가지고 있는 데이터를 바탕으로 판단할 수 있는 인공지능이다.

4단계 딥러닝 Deep Learning: 심층학습 을 하는 인공지능으로 기계적인 학습에서 더 나아가 데이터를 직접 추출하고 사용하는 인공지능을 말한다. 진정으로 인공지능이라고 부를 수 있는 것은 3단계 이상의 인공지능이라고 할 수 있다. 사람이 코팅한 알고리즘을 따라 움직이는 것이 아닌 컴퓨터가 직접 판단을 하는 단계이기 때문이다. 컴퓨터가 통계와 데이터를 통해서 직접 행동하는 것이다.

최근 구인·구직 사이트 잡코리아와 알바몬이 직장인과 취업 준비생 4,147명을 대상으로 AI나 로봇의 발달과 관련하여 설문 조사한 결과를 소개하고자 한다.

2030년대쯤 AI의 비약적인 발전으로 대체 가능성이 큰 직업과 반대로 새롭게 부상하고 대체가 어려운 직업을 아래 표와 설문 내용을 종합해 보았다.

개인적인 생각으로 AI, 자율주행, 로봇 등이 미래의 산업으로 발전하면서 공장 근로자, 버스·택시기사, 경리, 농부, 보험설계사와 같이 전산을 활용하는 직업이 가장 위협을 받을 것으로 보인다. 인간 직접 개인의 영감에 의해 창조적으로 활동하는 예술가, 미술가, 음악가 혹은 개인의 가치 판단이 개입되어야 하는 운동선수, 경찰, 소방관 등은 생존할 가능성이 큰 인기 직업이 되리라고 본다.

미래에 사라질 직업

1위 번역가 31%, 2위 캐셔 26.5%, 3위 경리 30%, 4위 공장 근로자 18.8%, 5위 비서 11.2%로 이밖에 서빙·매장 관리 10.5%, 데이터베이스 9.7%, 약사 9.3%, 선박 조종사 8.9%, 택배기사, 배달원 8.5% 순서이며 사라질 직업으로 보는 이유는 '컴퓨터나 로봇이 대체 할 수 있을 것 같아서.'라고 답한 응답자가 93.2%라고 한다.

생존할 직업

　　　1위 연예인 33.7%, 2위 작가 25.7%, 3위 영화감독 23%, 4위 운동선수 15.4%, 5위 화가·조각가 15% 순이며 이 밖에도 사회복지사 10.6%, 경찰관 소방관 10.3%, 교사 10.3%, 간호사 10.1%, 미용사·이발사 9.8% 등이 있다. 직업 대체 중에서는 의사나 변호사 등 전문 분야에서는 AI에 의하여 상당 부분 대체될 수 있지 않을까 예상되며 병의 진단, 법률 해석, 혹은 이해 대립이 있는 심각한 교섭도 AI가 누구보다 더 객관적으로 훌륭한 판단을 내릴 가능성이 매우 클 것으로 보인다.

　설문 조사 응답자들은 대부분 자신의 직업이 미래에 사라질 것이리라 생각했지만 전문직, 디자인직, 연구·개발직 종사자는 자신의 직업이 사라질 것이라고 생각하는 비율이 상대적으로 낮았다고 한다. 타인에게 여가를 누리게 하는 스포츠, 예술, 예능 등의 연예인은 생존율이 높을 뿐 무조건 생존한다고 보기 힘들고 최근에 많이 급부상하고 있는 아이돌이라는 업종은 장래가 매우 밝은 업종이라 할 수 있다. 예전 아담이라는 사이버 가수가 있었던 것과 같이 AI를 이용한 사이버 연예인이 나올지도 모르는 것이다. 얼마 전 한국의 유명한 JYP, SM, YG엔터테인먼트에서 AI 관련 기술에 많은 투자를 한다는 이야기를 들은 적이 있다. 아마 그렇게 되면 음악가도 AI를 통해 작곡할 수 있을 것이다. 그 수준이 현재 어느 정도 도달했는지는 알 수 없지만, 가끔 뉴스를 통해서 보면 일본에서 실제로 AI가 작곡한 곡을 발표하여 듣기도 하였다.

　미래의 사라질 직업을 예측하여 대학 진학 시 학과를 선택하는 것도 중요하겠으나, 자신의 적성과 내가 어떤 일을 잘할 수 있는지 내면을 잘 들여다보고 선택하는 것이 중요하다. 그리고 그 업무에 전문가가 되어야 한다. 그러면 AI나 로봇이 그 직업에 영향을 준다고 해도 AI의 시스템을 통제하는 관리자의 직책을 가지면 된다. 고도의 응용 기술을 가진 사람은 그렇지 못한 사람보다 월등히 앞서 나갈 것이며 급여 수준 또한 높을 것이다.

예를 들면 한때 택시를 운행하는 기사였으나 인공지능에 의해 직업을 빼앗길 위기에 처했다고 가정해 보자. 만약 당신이 인공지능 택시의 돌발 사고를 미연에 예방하는 시스템 관리하는 능력을 갖추고 있다면 택시를 운행하는 업무에서 물러나 인공지능을 통제하는 관리 업무를 하면 된다. 그러나 그러한 능력을 미리 갖추지 못했다면 그대로 직업을 잃고 생계의 위협을 받는 것이다. 그것이 바로 준비된 사람과 준비되지 않은 사람의 차이가 아닐까.

그렇다면 왜 기업은 로봇을 쓰려고 할까? 기업은 인건비 절약과 노동조합과의 분쟁을 줄이면서 동시에 제품의 품질을 개선하고 싶어 한다. 스타트업처럼 작은 회사들은 여러 상황에 대응할 유연성이 필요하기 때문에 자동화에 대한 수요가 적지만, 제품 품질이 어느 정도 수준에 올라 있고 생산 공정이 표준화된 대기업들은 자동화 설비에 심혈을 기울이고 있다.

로봇을 본격적으로 도입한 중국에서 지난 4년간 약 1,250만 명분에 달하는 제조업 일자리가 사라졌다. 일자리가 없어지는 것은 안타깝지만 여러 연구에 따르면 로봇을 이용하는 자동화는 기업의 생산성을 향상했다. 영국의 이동통신사 O2는 2015년 160대의 로봇을 배치했고, 로봇들은 매월 50만 건의 통화를 무리 없이 처리했다. 지난 3년간 주주들의 투자 수익률은 650%를 넘었다. 물론 현재 로봇들은 아직 여러 한계가 있다.

로봇 시대는 우리가 거쳤던 산업혁명처럼 필수적인 과정일 뿐이다. 더 중요한 것은 로봇으로 인해 사회 분열이 일어날 수 있다는 것이다. 경제 자문협의회가 사용했던 마틴 스쿨의 보고서를 보면 시간당 20달러 미만을 버는 근로 직군의 83%가 로봇으로 대체될 위험이 있다.

AI 시대에는 디지털 기술의 눈부신 발전 속에서 웬만한 지식과 기술은 인공지능으로 대체될 것이기 때문에 감성적이고 창의성을 기르는 교육에 역점을 두어야 할 것이다. 열심히 공부하고 성적이 좋아진다고 학생들의 미래가 변하지 않는다. 변화의 시대에 기존의 교육 방식인 주입식 교육이나 성과지향적인 평가에서 벗어나 수평적인 관계에서 환경적, 교육적, 사회적 토대를 마련할 때 비소로 차별화된 교육 방식을 기대할 수 있을 것이다. 기존 교육 방식을 고수한다면 학생들의 자생력을 죽이고 행복을 찾아가는 길을 방해할 수 있다. 자생력은 정답 중심에서 탈피해 문제를 찾아내고 창의적으로 문제를 해결하는 과정에서 길러진다는 것을 유념해야 한다.

미래의 교육은 창의 융합형 인재를 육성하는 감정 지능 Emotional Intelligence 과 마음의 균형 Mental Balance 으로 바뀌어야 한다. 감정 지능은 자신과 타인의 감정을 잘 다스려 원하는 결과를 이끌어 내는 능력을 말한다. 마음의 균형은 결국 마음의 평정심, 균형 감각으로 나이가 들어도 경직되지 않고 유연하게 변화에 적응할 수 있는 정체성을 말한다. 지금의 세대는 20대까지 학교에서 공부한 내용으로 평생 먹고살았으나, 앞으로는 60세나 70세에도 끊임없이 자기 계발을 해야 할 것이다. 경직된 사람, 마음이 유연하지 않은 사람은 살아남기 힘들 것이다. 감성 지능과 마음의 균형 감각이 매우 중요한 이유이다.

그렇다면 로봇 산업은 어떨까? 기술 발전으로 인해 오늘날 사람들은 더욱 나은 환경에서 살고 있다. 진짜 문제는 정부가 이것에 대해 어떤 것도 준비하고 있지 않다는 것이다. 자동화로 인한 사회적 비용이 증가하게 되면 이를 다룰 정책이 필요하다. 또 로봇 시대에 맞는 교육 분야의 주요 개혁이 필요하다. 특히 로봇에게 직업을 잃게 된 사람들의 자손들이 짊어지게 될 부정적인 결과를 완화하기 위한 유아 교육이 절실하다. 원격 근무가 늘어난 사람들을 위해 재택근무 지원 관련 예산을 새로 만들고 초, 중, 고교와 대학교육 과정 개편으로 직업 전환에 대한 장벽을 줄여야 한다.

또 지난 70년간 임금 수준은 정체되거나 작은 폭으로 올랐지만 세금은 무서운 속도로 상승했다. 세금 공제 등을 통해 저소득 가정의 소득을 증진시켜서 빈부 격차를 완화해야 한다.

이렇게 급변하는 시대에 AI 기술의 발전과 함께 이익 증대는 더더욱 한 방향으로 쏠릴 것이 자명하다. 이러한 사회가 되면 어떠한 경제 정책이 중요하게 될지를 예측해야 한다. AI를 통한 혁신은 정부의 개입을 통해 계획적으로 만들어 낼 수 있는 것이 아니다. 혁신은 민간 기업이 주도적으로 계획하고 추진하면 되고 정부는 기업을 뒷받침하고 법을 개정하여 일자리 창출 분위기를 만들어 주어야 할 것이다. 또한, 정부는 미래 산업의 변화에 따라 AI나 로봇으로 대체가 어려운 분야에 학제 개편을 통해서 신규 사업에 필요한 인재를 육성하고 소득 증대, 투자에 대한 부의 재분배의 법칙을 만드는 것도 게을리해서는 안 될 것이다.

2021년 1월 29일 SBS에서 뮤지컬 여배우 옥주현과 AI의 모창 대결이 있었다. 노래 제목은 박효신의 야생화로 방청객과 패널 총 53명이 두 개의 방에서 각각 나오는 노랫소리를 듣고 누가 옥주현인지를 맞추는 방송이었다. 물론 그날 45:8로 진짜 옥주현이 누군지 찾는 데 성공하긴 했지만, AI가 이렇게나 섬세하게 노래를 부르고 사람의 음정까지 닮아가는 모습을 보면서 섬뜩하다고 생각하게 되었다.

또한, 방송국에도 AI 바람이 불기 시작하였다고 한다. 종전에는 방송국 하면 떠오르는 직업이 아나운서, PD, 작가 등이었다면 지금은 모두와 소통할 수 있는 라이브 방송에 도전하고, 항공 촬영을 하기 위해 드론 자격증을 따며, 고도의 영상 기법을 활용하는 등 기존의 제작 방식과 IT를 융합하여 새로움을 추구하기 위해서라고 한다. 이런 추세면 AI 아나운서가 뉴스를 진행하고 드론 촬영으로 카메라 기술자들이 자리를 잃게 되는 날도 멀지 않아 보인다.

최근 주식 시장도 인공지능에 의한 계산 속도를 인간의 두뇌가 따라가지 못하고 있다. 최근 변동이 심하여 예측이 어려운 주가 변동 내용을 인공지능이 모두 맞추어 화제라고 한다. 인공지능이 한 달 전의 폭등 혹은 폭락했던 주가를 거의 그대로 맞추었기 때문이다. Auto Wanna 이전의 인공지능과 차별화되어 모수 값을 활용해 상승 폭을 맞추는 것을 보면 인공지능이 사람의 머리를 능가하여 주식 분야의 애널리스트도 머지않아 사라질 직업이 될 것이다. 앞으로 AI가 조금 더 발전하면 사람을 지배하지 않을까 하는 우려를 하지 않을 수 없게 되었다. 사람이 능력은 어디까지고 AI의 발전은 어디까지 일지 궁금하다. 그러나 기술의 변화는 이미 시작되었고 우리도 기술 변화에 보조를 맞추고 적응해 가는 방법을 찾아야 하겠다.

3. COVID-19에 의한 인류의 재앙

노벨상 수상 과학자들은 인류 멸망 가능성의 주요 원인으로 핵 전쟁, 지구 온난화에 이어 대규모 질병, 특히 바이러스 폭풍을 꼽았다.

2019년 12월 중국우한폐렴 즉, 신종코로나바이러스는 'Made in China'이지만 절대 무시할 수 없는 확진자와 사망자를 내고 있다. 호주의 산불, 아프리카의 돼지열병, 미국의 독감, 중국 우한의 폐렴까지 이어 오면서 전 세계적으로 인간의 생명이 위험을 받고 있다. 하지만 이런 재앙은 앞으로 더 심해질 것이란 우려가 있다. 과연 무엇 때문일까.

현재 우리는 수면 상승으로 생태계가 파괴되고 지면이 가라앉아 차츰 멸망의 길로 흐르고 있는 세계적인 생태계 흐름을 통해 조금씩 체감하고 있을 것이다. 2016년 8월 3일 러시아 시베리아의 영구 동토층이 녹으면서 얼어 있던 탄저균 포자가 75년 만에 퍼지면서 집단 감염이 일어났다. 북부 시베리아 일대에 있는 러시아 야말 지역에서 탄저균이 퍼지면서 12살

어린이 한 명이 사망하고 유목민 72명이 감염되었으며 순록 200여 마리가 감염되어 죽었다.

처음에는 러시아 당국에서 테러나 적국의 의도적인 실험에 따른 것으로 의심했으나 결국 탄저균 발발 원인은 지구 온난화였다. 그해 여름 야말 지역 **러시아 중서부, 시베리아 북서부** 은 영상 35도까지 기온이 치솟는 이상 고온 현상을 보였으며, 이에 따라 빙하가 대량으로 녹으면서 영구 동토층과 만년설에 파묻힌 동물의 사체 속에 숨어 있던 고대 탄저균 바이러스가 숙주의 몸속으로 들어가 활동을 시작했다. 과학자들은 빙하의 융해가 증가함에 따라 병원성 미생물이 확산될 위험이 증가할 것이라고 경고하였다.

최근 중국 티베트 만년설의 얼음에서도 30종 이상의 고대 바이러스가 발견되었다는 보도가 있다. 지구 온난화에 따라 극지방 및 고산 지역의 빙하가 녹으면서 잠들어 있던 고대의 바이러스들이 깨어난 것이다. 이것들은 모두 신종 바이러스로 인체와 만난 적이 없는 바이러스이기 때문에 추후 우한폐렴보다 더욱 심각한 전염병을 초래할 수 있다고 한다. 해당 바이러스는 약 1만 5천 년 전에 형성된 것으로 추정되며 빙하기 때 만년설에 갇혀 버린 것으로 추정된다.

바이러스의 경우 최장 10만 년까지 무생물 상태로 빙하 속에 동면할 수 있으며, 기온이 다시 따뜻해지면 숙주의 몸에 들어가 활동하는 것으로 알려져 있다. 많은 연구진은 얼음 속에서 33가지의 바이러스 유전 정보를 발견했으며 이 중 28개가 지금까지 발견된 적이 없는 바이러스로 보고했다. 지구 온난화로 인해 더 많은 빙하의 얼음이 녹게 되면 바이러스들이 외부로 유출되거나 숙주를 타고 타지역으로 퍼질 위험성도 제기됐다.

또한, 신종 바이러스는 박쥐에서 왔을 가능성이 크다고 하는데, 박쥐 한 마리에는 137종의 바이러스가 있고 이 중 61종이 동물과 사람을 동시에 감염시키는 바이러스다. 쥐도 이런 바이러스를 퍼뜨리는 동물 중 하나인데 쥐와 박쥐는 지구 포유류 중 개체 수 1, 2위를 다투고 있다. 이런 바이러스들은 백신도 없을뿐더러 동물 속에 은신해 있기 때문에 박멸하기 힘들다.

　인류가 바이러스를 이긴 적은 딱 한 번 있었다고 한다. 그것은 바로 천연두이다. 천연두는 변종이 생기지 않는 바이러스고 사람만 공격하기 때문에 은신할 동물이 없어 백신의 개발로 천연두를 박멸할 수 있었다. 하지만 천연두와 달리 인플루엔자, 코로나, 에볼라 등은 변종이 잘 생겨 백신 개발이 어렵고 은신할 동물이 있기 때문에 앞으로 백신이 개발된다고 하더라도 더욱 조심하고 경계해야 할 대상이다.

　『바이러스 폭풍』의 저자 네이션 울프는 급증하는 신종 바이러스 창궐 원인을 3가지로 꼽았는데 밀림 지역 개발, 가축 증가, 세계의 일일생활권화가 바로 그것이다. 즉, 밀림 속에 있어야 할 야생 동물들이 개발로 밀려 나오고, 가축을 가까이 키우면서 동물 체내에 잠복한 바이러스와의 접촉이 많아지고, 비행기의 발달로 세계가 일일생활권으로 이어지면서 바이러스가 온 세계로 퍼진다는 것이다.

　이번 신종 코로나바이러스도 야생 동물을 요리해 먹는 과정에서 인간에게 옮긴 것으로 추정된다. 2002년 중국발 사드도 사향고양이를 요리 과정에서 옮긴 것으로 확인됐다. 야생 동물, 인간, 가축, 이 셋 사이의 연결 고리를 끊는 것이 가장 시급하다. 가장 확실한 방법은 예방 백신을 만드는 일이지만 현재 독감 백신으로는 신종 바이러스는 막을 수 없다. 신종 바이러스를 이겨내기 위해 가장 좋은 방법은 바이러스와 접촉을 피하는 것이다.

　미래에는 전쟁으로 사람이 죽는 것이 아니라 바이러스 전염병으로 죽게 될 확률이 높다고 한다. 이젠 미래가 아니라 현실로 다가온 것 같다. 우리 세대와 다음 세대들이 겪게 될 재앙이다. 현재 인류 과학과 문명이 이렇게 발달했지만 작은 바이러스 하나로 전 세계가 끔찍한 공포와 죽음으로 신음할지도 모른다. 앞으로 이런 바이러스들의 공포는 끊임없이 더욱 증가할 것으로 보이는 가운데 우리 인간의 한계를 다시 한번 깊이 생각해 보는 시간을 가졌으면 좋겠다.

1) 코로나가 가져온 변화

　　　2020년에 우리나라는 겨울철 감기 환자를 거의 찾아볼 수 없었다고 한다. 그전만 해도 겨울철이면 수많은 감기 환자가 북적였던 것과는 대조적이다. 집콕과 마스크 착용, 개인의 위생 관리가 강화되면서 외부에 노출이 감소하였기 때문으로 파악된다.

2010년 11월 기준 전세계 사망자 수는 138.6만 명으로 밝혀졌다. 세계 인구가 마스크를 쓸 줄이야. 미국이나 중국 등 열강의 피해가 더 클 줄이야. 내일을 알 수가 없다. 이런 사실을 신부, 스님, 목사, 예언가, 무속인 아무도 몰랐다.

인간 사회에 변화가 찾아오고, 하찮은 것이 맥없이 무너지는 사회가 되었다. 심지어 전쟁이나 다툼도 중지되었다. 대량 생산, 대량 소비가 사양길에 들었다. 사회 보장 제도, 유류 가격, 투자 등 영향을 미치지 않은 곳이 없다. 돈이 무의미하다는 것을 알았다. 인간이 멈추니 지구가 살아났다. 공기가 깨끗해졌다. 가정과 가족이 소중하다는 것을 알았다. 입에 재갈을 물리니 과묵해졌다. 모두가 자신을 돌아보기 시작했다. 아프리카, 호주도 안전지대가 아닌 것을 알았다. 사람은 평등하다는 것을 알았다. 영원한 것은 없다는 것을 알았다. 하늘의 뜻이 무의미하다는 것을 알았다. 그래서 살아 있을 때 더 많이 사랑하자. 악마는 디테일에 있는 것이다 The devil is in the detail.

2) 백신 접종과 이후는?

코로나19 면역이 영구적으로 유지되는 경우도 배제할 수는 없다. 천만다행으로 이 경우라면 백신이 없어도 2021년 말에는 바이러스가 스스로 소멸할 수 있어 면역력이 확보될 것으로 내다보지만 면역력이 2년 정도에 그친다면 2024년에는 코로나19가 돌아올 수 있다. 하지만 이 시나리오는 백신 개발 상황을 염두에 두지 않았다. 네이처 Nature 지는 백신 개발에 쏟는 세계 주요국들의 엄청난 노력을 고려하면 이는 현실성이 없는 시나리오라고 지적했다. 세계보건기구 WHO 에 따르면 현재 임상시험 중인 백신이 26개에 이른다고 한다. 이 가운데 아스트라제네카와 화이자는 백신 양산에 들어갔고 올해 초부터 백신 투여를 하고 있다.

2021년 접어들면서 화이자와 아스트라제네카 등 세계 여러 제약사가 개발한 백신이 양산되면서 세계적으로 힘 있는 선진국이 먼저 백신을 확보하기 위해 총성 없는 전쟁을 계속하고 있다. 그 결과, 선진국이 먼저 백신을 접종하기 시작했고 한국도 2월 26일부터 의료진과 65세 이하 노령자를 우선으로 백신 접종을 시행한다고 하니 다행이다. 이렇게 진행될 경우 2019년 12월부터 코로나로 인해 고통받은 전 세계인이 코로나 이전의 평화로웠던 삶을 되찾을 수 있으리라 본다.

어느 한 국가의 잘못된 판단으로 발생한 코로나19는 인류의 재앙이 되었다. 국가나 개인이나 자유로운 삶을 영위할 수 없었고 세계 경제가 바닥을 치면서 모든 이의 삶을 궁핍하게 만들었다.

20년 1월, 전 세계적으로 하루 80만 명이 코로나 확진을 받은 것에 대비하면 올해는 26만 명으로 3분의 1 수준으로 줄었다. 미국은 바이든 대통령이 취임한 후 마스크 착용을 강조하고 백신 접종을 시작한 것의 영향을 받은 듯하다.

2021년 2월 기준으로 코로나의 확진자 수가 눈에 띄게 줄고 있지만, 한국은 구정 이후로 다시 500명을 초과하여 증가 추세를 보이는 중이다. 한국은 전국에서 공장, 병원, 교회와 같이 여러 사람이 모이는 장소에서 집단 감염이 잇따르고 있으나 현재 집중 단속과 공격적인 감염자 색출을 통해 감염자의 수가 줄 것으로 예상한다. 경제협력개발기구 OECD 의 37개국 중 33개국이 백신 접종이 이뤄지고 있으며 일본은 2월 17일, 뉴질랜드 2월 20일, 호주가 2월 22일 한국 2월 26일 순으로 한국이 제일 늦다. 한국은 경제협력개발기구 국가 중 백신 접종을 가장 늦게 실시하는 데다 영국발 변이 바이러스 환자까지 발생하면서 상황을 어렵게 만들고 있는 게 사실이다.

지금이라도 체계적인 분석을 통해 국민의 안전을 챙기고 모두가 하루빨리 정상적인 일상 업무를 할 수 있도록 정부에서 더욱 노력해 주면 좋겠다. 앞으로 이런 재앙이 발생하지 않도록 전 세계인이 노력해서 평화로운 삶을 유지할 수 있기를 기대해 본다.

4. 감성 경영이 기업 이미지를 바꾼다

자동차나 전자제품 등과 같이 기능적 차이가 크게 나타나지 않는 제품의 경우 기업 간 기술 격차가 줄어들고 기술 변화가 빠르게 일어나면서 소비자들은 제품의 성능보다 감성적인 요소에 관심을 갖기 시작하였다. 제조의 기본적인 품질에서 문화, 삶, 쾌적함 등 점점 그 가치가 양적인 생산에서 벗어난 질적인 영역으로 빠르게 변화되어 가고 있다. 산업계에서도 감성 마케팅이 소비자의 제품 만족도에 중요한 영향을 미치는 핵심적인 요인으로 인식되고 있다.

1) **감성** Feeling Image **이란**

감성이란 여러 가지 감각이 합성되어 종합화된 것으로 생리적인 특성을 중요시하는 감각과 심리량으로서의 느낌과 같은 것들이 다중적으로 통합화된 것이다. 감성이란, 외계의 물리적 자극에 의해 부응하여 생긴 감각이나 지각으로 사람의 내부에서 야기되는 고도의 심리적 체험 같은 데 다의적인 복잡한 평가적 판단을 야기하는 것이다. 심리적인 관점에서 감성이란 좁은 의미에서의 정서를 의미하고 넓은 의미에서는 비인지적인 내적 상태와 동일한 것이다. 고급스러운 느낌과 편안함 그리고 외부의 자극에 의한 감각적 반응에 대한 개방감의 총체적인 감정의 반응이라고도 할 수 있다.

기업이 좋은 품질과 저렴한 노동력으로 물건을 만들어 팔던 공업화 시대는 이미 지나가고 있다. 이제는 고객에게 깊은 감동을 주는 서비스로 가치를 높이는 기업들이 각광받는 시대가 왔다. 이제는 아날로그적 사고에 의해서 시장 지배력을 갖고 소비자의 신뢰를 얻던 대기업의 시대를 벗어나 신 新 성장 엔진을 달고 무한한 역량을 펼쳐 나갈 길이 열려 있는 셈이다. 이처럼 고객과 직원을 감동시키고, 그들의 감성을 읽어내는 시도들을 계속하는 기업들이 성공하고 있다. 최근 성공한 IT 기업의 성공 요인을 살펴보면, 고객 만족과 직원의 창의력을 바탕으로 서비스에 따라 그 여부가 결정된다. 회사의 경쟁력을 좌우하는 1%의 차이는 사원들의 창의력과 고객 감동이라는 점이 이제 누구나 아는 사실이 되었다. 앞으로 우리는 스스로 감성 시대라고 불러야 할 것 같다. 현대사회에서 감성 시대란 자기 경험과 능력을 가치 있는 무엇으로 발전시킬 수 있는 능력 시대를 말한다.

과거와는 달리 이러한 구성원의 자질변화는 곧 기업과 사회의 변화로 이어진다. 따라서 기업도 체질 개선이 필요한 때라고 말할 수 있다. 이를 위해서 기업 경영과 제품 개발 및 생산 형태는 감성 경영, 감성 품질, 고객의 감성 만족 중심으로 변화되어야 할 것이다.

예술은 고객 감동과 통한다는 말이 있다. 예술은 인간의 감성을 만족시키는 요체이다. 앞으로 비즈니스도 물건 중심이 아닌 감성 중심의 산업으로 발전해 나갈 것으로 예측된다. 예술가가 깊은 감성을 통해 예술 작품을 만들고 있듯, 기업가도 고객 만족을 위해 감성을 동원하는 것이 일맥상통한다. 기업에서 감성 품질이 접목되어야 하는 또 한 가지의 이유는 우리 사회가 급속히 디지털화되어 간다는 데 있다. 감성과 디지털이라는 것이 정반대인 것처럼 보이지만 사실은 그렇지 않다.

디지털 시대가 추구하는 것은 인간의 감각적인 요소들을 자극하여 질적으로 좋은 생활 환경을 만드는 것이기 때문이다. 상업적인 효과를 극대화하는 가장 중요한 도구가 바로 인간의 감성을 이용하는 것이다. 인간의 오감을 만족할 수 있는 섬세하고 정서적인 마케팅이 바로 이에 해당하는 것이다.

근래는 고객의 소비 형태가 다품종 소량생산으로 크게 변화하면서 이러한 공급의 형태에 변화가 필요하게 되었다. 즉, 다양성의 시대에는 여태까지 소비자가 제품이 구매에 있어서 중시해 오던 가격이나 품질보다는 소비자의 만족이 더욱 중요한 요소가 된 것이다. 특히 고가의 사치품같이 조금 더 극단적인 소비 형태를 위해 일품종 일품생산이라는 주문 형식이 등장하게 되었다. 이러한 생산체계에서는 자신만이 가질 수 있는 개인의 기호나 감성을 만족하게 할 수 있는 제품만이 팔릴 수 있게 되었다. 이를 혹자는 감성의 시대라고도 한다.

감성적인 측면이 제품의 판매에 영향을 미치는 경우는 흔하게 찾을 수 있다. 가전제품의 색깔이 흰색이나 검은색을 끼는 것이나, 외관에 둥근 곡선의 형태를 집어넣은 경우가 그렇다. 고객이 만족도를 품질이라는 것으로 정의한다면 요즈음 시대에는 감성이라는 측면이 주는 만족도가 차지하는 비율이 매우 높게 나타나고 있으며, 만족을 표시하는 품질의 개념에 감성적 측면은 당연히 포함되어야 할 것이다.

인간의 감성이 고려된 감성 품질은 인간의 감성적 욕구를 만족시키는 감성에 의해서 평가되는 품질이라고 정의할 수 있다. 감성 품질은 결국 소비자의 삶을 쾌적하게 하여 삶의 질을 높여 주고 소비자 개인의 주관적이고 심리적인 가치를 만족시켜 주는 제품을 생산하여 궁극적으로는 인간존중의 기술문화를 창출하게끔 해 주는 것으로 평가할 수 있다. 소비자는 단지 가격에서 고급만을 추구하는 것이라 참으로 가치가 있는 물건이 어떤 것인지를 따지게 되었다. 가격도 같고 제품의 신뢰도로 따지는 품질도 같으면 당연히 자기 취향에 맞는 디자인으로 된 물건, 좋아하는 색상이나 무늬의 물건을 구입하고 싶어질 것이다. 소비자가 제품을 선택할 때 일회용 제품이 아니라면 오히려 구매 가격이 조금은 비싸더라도 사용할 때마다 기분 좋고 만족스러운 제품을 고르는 것이 당연하다.

소비자의 이러한 심리를 파악하여 제품의 디자인에 반영한다면 당연히 잘 팔리는 제품이 될 것이다. 소비자의 욕구를 충족시킴에 따라 얻게 되는 고객의 만족도는 욕구의 종류에 따라 기하급수적으로 증가한다. 최근 모든 문화는 인간 중심의 경향을 띠고 있다. 즉, 기계로부터 인간으로 관심의 중심이 이동하여 인간을 위한 테크놀로지의 실현과 그에 따른 생활 환경의 개선이 강력하게 요구되고 있는 사회로 변하는 중이다. 따라서 모든 시스템이나 제품은 기술을 위한 기술의 적용이 아니라, 인간의 편리와 감성적인 만족을 위한 기술의 적용을 추구하게 된다. 세대가 달라지면서 개인의 기호나 감성을 만족시키는, 전 세대에서는 전혀 이해하지 못하는 제품이 각광을 받는 이유도 모두 여기에 있다. 바로 인간 중심의 사고가 얼마나 만연해 가는지를 나타내는 증거라고 할 수 있다.

2) **감성 품질의 이해**

감성에 호소하는 디자인은 사람들이 제품이 갖은 인상과 만족도에 큰 영향을 미치며, 이는 곧 그 제품의 품질에 직결된다고 할 수 있다. 그렇다면 구체적으로 감성이란 어떤 것인지 정의를 내려 보기로 한다.

감성이란, 여러 가지 감각이 합성되어 종합화된 것으로 생리적인 특성을 중요시하는 감각과 심리량으로서의 느낌과 같은 것들이 다중적으로 통합화된 것이며, 감각적인 모자이크의 구성뿐만 아니라 상호 간에 영향을 주면서 심리적 이미지로 통합된 심리적 특성이다.[20]

3) **자동차 인테리어의 추세**

Steel Cover: 평면, 단순 → 곡면, 복잡, 편의성 → 감성, 무드, 웰빙

플라스틱 부품: 단순 엠보 → 이중 엠보 → 다중 엠보 가죽 무늬

플라스틱 표면 → 유성페인트 → 수성페인트 친환경, 소프트화

Wood Grain 나무의 결 무늬 → 실제 나무의 결 소재

스위치 Switch **부품**

투박함 On/Off

Stroke 반복 운동의 한 동작 : 대 → 소

터치감: Hard → Soft, Lever → Touch

Illumination 조명 : 단색 → 다중 조명, 은은한 조명

시트 부품

Slide: 수동 레버 → 전동 레버

착좌감: 수동 → 전자 감응식

---

20. 『품질경영과 감성공학』, 이순요, 인간경영사, 1994

RR Bench: Fixed → 전자 감응식

냉·온풍 시스템, 열선 적용

Mirror 부품

고정식 → Day/Night → EMS 전자감응식

내장 색깔 부품

Black → Black, Gray → Black, Gray, Beige

One Tone → Three Tone

4) 자동차 10대 감성공학적 품질 기준

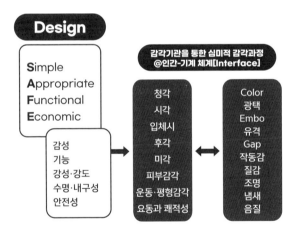

자동차의 시트에 대한 소비자의 감성 품질의 요구 수준이 점점 높아지고 있다. 장시간 운전 시 피로감을 감쇄하고 안락성과 내구성이 확보된 모델을 선호하고 있다. 따라서 시트에도 전동식 전자감응장치와 냉·온풍 기능과 열선이 추가되어 여름과 겨울철 사용자의 편의성을 더해 주는 추세로 발전을 하고 있다.

실내 열적 쾌적성은 사용조건을 고려한 차량 실내 유동 해석을 수행하여 사용자의 쾌적성에 만족하는 공조계통 성능을 제시하였다. 이제 자동차는 단순히 운송 수단에서 벗어나 생활 공간, 취미 공간으로 바뀌는 환경에 공조계의 감성 품질은 차량 브랜드 이미지에 중요한 역할을 하게 되며 이러한 감성 품질은 초기 개발 단계부터 적용되어 설계에 반영되고 있다.

오감을 통해 느끼는 품질을 의미하는 감성 품질은 혁신적인 제품디자인, 차량 실내 소음 저감, 내장재 부품의 냄새 개선, 공조계의 열 쾌적성, 시트의 촉감과 안락감 개선 등을 대표적인 예로 들 수 있다.

감성 품질은 웰빙에 대한 관심이 높아지면서 인체공학적인 설계를 새롭게 요구하게 되고 더불어 초기 품질의 관점이 아닌 내구 품질에서의 안전성과 편의성을 보장하여야 한다.

5) 디자인 오감 만족

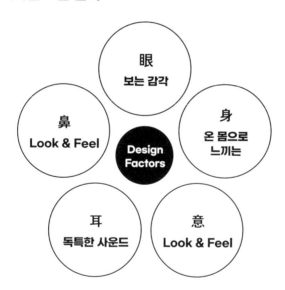

6) 감성 연구의 적용

코 관능 시험법에 의한 VOC를 설계자의 직접 패널로 참여 정해진 스펙
에 따라 등급별로 분류함으로써 심각성을 자각하고 설계에 반영

눈 제품의 고감성 표면처리를 통한 고급스러움 향상 목표로 소개 컬러,
트렌드, 터치감을 분석. 제품 표면 처리 및 소재 적용 최적화

귀 주파수 대역별, 소리의 크기별로 구분하여 별도의 측정 및 연구 방법
을 개발

소재의 특성과 사람의 감지민감도 및 기호변화, 상관관계를 규명
하여 각종 측정하고 Metric 개발에 응용한다.
이와 같이 최근 고객들은 전자제품이나 자동차 등에 아는 지식이 많고 또
한 제품이 기존대비 품질이 향상되어 성능에는 문제가 없다는 것을 알고
있다. 고객의 취향이 크게 바뀌면서 기업체에서도 고객 만족 감성 품질을
즉 오감을 만족시킬 수 있는 목표로 콘셉트를 정하고 디자인과 품질에 신
경을 많이 쓰고 있다. 미래의 기술은 디자인이 제일 중요하고 인체공학적
인 감성을 배제하고는 성공하기 힘든 세상이 되었다. 디자인과 감성으로
승부하자.

───── 9. **창업을 준비하는 이에게** ─────

1. 창업: 성공한 인물 벤치마킹하기

　　　　우리 주변에서 성공한 사람들을 뉴스나 인물 코너 같은 데서 접하게 되면 그들은 일반인과는 무엇인가가 다르다. 한 분야의 최고 경지에 오른 명장 중 구두닦이, 요리사 **셰프** 들을 만나 보면 나름대로 성공한 비결이 반드시 있다. 머릿속에 그리고 상상한 것들을 계획서로 만들고 절대 포기하지 않고 끝까지 실천하여 목표를 달성한 것이다. 그들은 사소하고 작은 일들을 절대로 소홀히 다루지 않고 끝까지 완수한다. 보통 목표를 크게 세우기 때문에 달성하는 데까지 저항과 방해, 좌절과 실패를 거듭하여도 부족한 부분을 보완하고 수정하여 끝까지 밀고 나간다. 주변에서 어려운 일이라고 조언하고 포기하라고 해도 아랑곳하지 않고 자기 신념을 믿고 일희일비하지 않고 계획한 일을 밀어붙인다.

　위대한 화가나, 소설가, 시인 등도 처음 입문할 때는 다른 화가나 소설가, 시인의 시집 등을 그대로 베껴 보면서 능력을 키워 가고는 한다. 일종의 레드오션인 셈이다. 기업체에서도 타사의 우수한 내용을 벤치마킹 Bench-Marking 하여 이와 유사하면서 더 나은 기술을 개발하기도 한다. 이렇게 하다 보면 어느 순간에 자기만의 고유 그림이 만들어지고 영감을 얻은 시가 써지는 법이다.

　한국의 삼성전자를 떠올리면 쉽게 이해가 갈 것이다. 일본에서 반도체 기술을 수입하여 적용하면서 자체 기술을 꾸준하게 개발하고 기술자를 영입하고 설비 투자를 통해 세계 톱 1위의 반도체 회사가 되었다. 현대자동차도 일본 미쓰비시자동차와 기술 제휴를 맺고 기술을 습득하여 한국인의 근성으로 기술을 꾸준하게 개발하여 오늘날 자동차 생산국 중 세계 5위에 오르게 된 것이다.

요즘은 아이돌이 뜨는 세상인데 옛날 같으면 어른들께서 딴따라라고 하여 먹고 살지 못한다고 반대하였으나 지금은 전 세계를 놀라게 하고 있다. BTS 방탄소년단 를 보면 그들은 나름대로 얼마나 피나는 노력을 했는지 알 수 있다. 그들은 춤과 음악으로 인기를 얻고 전 세계를 무대로 한국의 케이팝 K-POP 을 알리고 있다.

성공은 특별한 사람만 하는 게 아니다. 성공하고 싶어 하는 사람, 노력하는 사람, 꿈꾸는 사람은 누구라도 할 수 있다. 그러니 성공을 원한다면 오늘부터 즉시 내가 닮고 싶은 모델을 선정하고 그 사람의 성공 비결을 공부하고 장점을 살려 성공의 비결이 무엇인지를 파악하여야 한다. 힘들고 어려울 때는 어떻게 이겨내고 견디어 냈는지 그렇게 하다 보면 목표하는 모델의 사람보다도 더 훌륭한 사람으로 발전해 있을 것이다.

성공한 사람은 순간순간 스쳐 지나가는 보물을 놓치지 않는다. 장래 성공을 위해 경쟁력을 갖추고 싶다면 메모광이 되어야 한다. JYP의 대표인 박진영 프로듀서는 이른 새벽에 일찍 일어나 정신이 깨끗하고 맑은 상태에서 작곡한다고 한다. 그래야 자기가 원하는 곡을 쓸 수가 있다는 것이다. 그러면서도 주변의 일상에서 일어나는 사건들을 그때그때 소재로 메모하여 작사하는 법도 알려 주고 있다. 속담에 "총명 聰明 이 둔필 鈍筆 만 못하다."라는 말이 있다. 즉, 총명한 머리보다 둔한 연필이 낫다는 뜻으로 메모의 중요성을 강조하는 구절이다.

대만의 자전거 업체인 '자이언트'를 창업한 류진뱌오는 73세에 사업을 시작하여 80세에 성공을 한 창업가이고, KFC를 창업한 커넬 샌더슨은 초등학교 중퇴로 65세 창업하여 성공한 기업가이다. 또한, H&M 얼링 페르손 창업주는 문구류 유통에서 시작하여 패션업으로 전향하여 성공한 기업가이며 자라 창업주는 스페인에 있는 셔츠 가게의 심부름꾼으로 시작하여 세계 최고 갑부가 되었다. 이렇게 성공한 사람들의 성공담을 읽고 치밀한 계획으로 성공한 내용을 벤치마킹하여 성공적인 창업을 하길 바란다.

TIP 인생에 늦은 때란 없다

1. 우유배달을 하던 신격호는 롯데그룹 창업자가 되었다.

2. 병아리 열 마리로 사업을 시작한 김홍국은 닭고기 생산 판매 1위 업체인 하림의 창업자가 되었다.

3. 동네 과외방 교사 강여중은 대교그룹 창업자가 되었다.

4. 경찰의 지명수배을 피해 전국을 떠돌던 김광석은 참존화장품 창업자가 되었다.

5. 실직자였던 김양평은 세계 최대 최고의 코팅기 제조 회사인 GMF의 창업자가 되었다.

6. 막노동꾼 김철호는 기아자동차 창업자가 되었다.

7. 수세미 영업사원 이장우는 한국 3M 사장이 되었다.

8. 상업고등학교와 야간대학을 졸업한 조은호는 웅진식품 사장이 되었다.

9. 지방대 농과 대학 졸업한 허태학은 에버랜드 및 신라호텔 사장이 되었다.

10. 한강 둔치에서 3년 가까이 노숙자 생활을 했던 신충식은 칫솔 살균기 분야 세계 1위인 에인시아를 세웠다.

11. 유서 한 장을 품고 해결사에 쫓기면서 전국을 떠돌던 김철윤은 가맹점만 560개가 넘은 해리코리아 사장이 되었다.

12. 근무력증으로 5년 가까이 침대에 누워 살던 박성수는 이랜드그룹을 세웠다.

이 밖에도 세상에는 말도 안 되는 상황과 환경 속에서 기적 같은 일을 해낸 사람들이 셀 수도 없이 많습니다.

꿈을 향해 걸어가고 있는 사람들에게는 시시한 현실 따위는 보이지 않는다고 한다. 현재의 삶과 고통에도 감사하며 꿈을 포기하지 않고 끝까지 참고 노력한 결실이다. 당신의 꿈과 성공을 응원한다.

1) 자전거 업체 "자이언트" 창업자 류진뱌오

73세에 늦은 나이에 시작해 80세에 성공을 이룬 경영자가 있다. 40년간 자전거 회사를 경영했지만, 자전거를 즐겨 타지는 않았다. 단지 제품에 문제가 있는지 확인하기 위해서만 탔다. 그러던 그가 어느 날 영화를 한 편 보게 되었다. 청각 장애인 주인공이 자전거로 전국 일주하는 "연습곡"이라는 영화였다. 대사 하나가 가슴에 꽂혔다. 어떤 일은 지금 하지 않으면 평생 할 수가 없어, 그는 생각했다. '지금 자전거를 타지 않으면 평생 탈 수가 없을 거야.'라고 말이다. 얼마 후 그는 15일간 대만을 일주하는 925km 대장정에 나섰다. 고질병이었던 좌골신경통과 종아리혈전정맥염이란 고통을 딛고 젖 먹던 힘까지 다해 페달을 밟던 그의 분투에 많은 사람이 감동했다.

지금부터 들려줄 이야기는 지난 2007년 세계 최대 자전거 생산업체 창업자 류진뱌오에게 벌어진 이야기다. 킹 리우 King Liu 라는 영어 이름으로 더 알려진 그는 그날부터 2년 후 중국으로 건너가 20일간 상하이에서 베이징까지 1,660km를 달렸고 80세 생일을 기념해서 다시 12일간 대만을 일주한다. 그는 대만 자전거 문화의 상징이자 도전하는 대만인의 영웅이 된다. 류진뱌오는 사업도 인생도 자전거와 같다고 말한다. 페달을 밟으면 나아가지만 밟지 않으면 넘어진다. 그래서 조금이라도 나아가려는 노력을 끊임없이 앞을 향해 전진하는 자전거는 류진뱌오에게 미래의 중요성을 깨워 주는 상징이기도 하다. 류진뱌오는 "현재를 결정하는 것은 미래다."라고 말한다. 미래를 예상하고 대비하는 것이 바로 현재의 존재 의미라는 얘기다. 그가 좋아하는 "전투가 시작되기 전에 싸워라."라는 말도 비슷한 맥락의 말이다.

OEM 업체에서 독자 제품 생산 변신

창업 초기 자이언트는 OEM 주문자 상표 부착 생산 업체였다. 어느 날 커다란 기회가 찾아왔다. 미국의 유명 자전거 업체인 슈윈 Schwinn 의 수주를 따낸 것이다. 슈윈과의 관계는 날로 깊어져 자이언트 매출의 75%를 차지하게 되었다. 회사가 반석에 올라섰다고 만족할 법도 하다. 하지만 킹 리우는 오히려 걱정하기 시작했다. 만일 슈윈이 마음을 바꾼다면 하루아침에 망할 수도 있다고 생각이 들었기 때문이다. 그는 이런 위기의식을 갖게 되면서 자체 브랜드인 '자이언트'의 개발에 나섰다. 그리고 몇 년 뒤 우려했던 일이 실제로 벌어졌다. 슈윈이 자이언트와의 거래를 종료하고 중국 선전의 다른 업체에 제조를 맡기기로 한 것이다. 자이언트는 자체 브랜드를 마련하여 시장을 개척해 나가고 있었기에 타격을 줄일 수 있었다. 이후 브랜드를 해외 시장에 보급하는 데 박차를 가해 현재 미국, 유럽, 중국에 비슷한 비중으로 매출을 올리며 황금 비율을 이루고 있다. 제조사를 운영하는 과정에서 어느 한 곳의 수주 비율이 높아지는 것을 경계해야 한다는 교훈을 주는 사례이다.

미래는 창의력과 노력의 합작품

류진뱌오는 미래에는 두 가지가 있다고 말한다. 첫째는 자신의 의지와 무관하게 결정되는 대세이고, 둘째는 스스로 만들어 가는 미래다. 단순히 스스로 만드는 것에서 끝나는 것이 아니라 창의력과 노력을 덧붙여 만드는 미래를 의미한다. 류진뱌오의 경영 인생은 시종일관 스스로 미래를 만들어 가기 위한 노력이었다고 해도 과언이 아니다. 그가 이런 생각을 갖게 된 결정적인 계기는 젊은 시절의 실패에서 찾을 수 있다. 그는 장어 양식장을 했는데 어느 날 태풍에 거짓말처럼 모든 것이 쓸려 가고 말았다. 그는 하늘을 원망했지만, 이렇게 된 것이 곧 자신의 실수임을 깨닫고 반성했다. 태풍이 오면 해변이 가장 위험하기 때문에 양식장은 해변을 피해서 짓는 게 기본이다. 투자하기 전에 이런 위험 요소들을 더 철저히 평가해야 했던 것이다. 위기는 어디에나 있다. "다음에는 무엇을 해야 하지?"라는 질문은 하지 않고 잠복한 위기를 방치한다면 회사는 결국 비주류로 전락해 시장에서 서서히 사라지게 된다고 류진뱌오는 말한다. 미래가 어떤 식으로 변할지 어떻게 아느냐고 묻는 이들에게 류진뱌오는 "봄이 오는 것을 오리가 먼저 안다."라는 한시 漢詩 한 구절을 읊어 주었다. 늘 물속에 발을 담그고 있는 오리가 강물이 따뜻해지는 것을 먼저 알게 되는 것처럼, 기업가는 늘 산업 동향을 민감하게 파악해야 한다고 강조한다. 자이언트가 머리카락 굵기 정도의 탄소 섬유로 자전거 차체를 개발한 것도 그런 통찰력에서 나왔다. 당시만 해도 탄소 섬유는 우주 항공 산업에 활용되고 있었고, 자전거 업계에서는 아무도 주목하지 않고 있었다. 류진뱌오는 그 가치를 미리 알아보고 연구·개발에 전력했다. 자전거를 타면서 느끼는 가장 큰 즐거움은 속도감인데 쾌감을 높이는 유일한 방법은 차체 무게를 줄이는 것이기 때문이다.

새로운 소비자층을 발굴해야 성장 지속

류진뱌오가 자주 하는 말 중 하나가 "어장이 마르기 전에 물고기를 길러라."이다. 산업이 성숙하면 모두가 다 자란 물고기를 잡는 것이다. 사업을 운영하면서 다들 다른 회사의 소비자를 뺏어오는 데는 혈안이 되지만, 물고기를 직접 기르는 것 즉, 새로운 소비자층을 키우려는 시도는 아무도 하지 않는다. 하지만 그는 물고기를 직접 기르는 것이야말로 지속 가능한 기업을 할 유일한 방법이라고 말한다. 현재 세계적으로 자전거를 이용하는 인구는 20%가 되지 않는다. 어장의 물고기를 늘리려면 자전거를 타지 않는 나머지 80%를 어떻게 집 밖으로 이끌 것인지, 어떻게 골프채를 내려놓고 자전거를 타게 할지 고민해야 한다. 그래서 류진뱌오의 마지막 도전은 자전거에 문화를 입히는 작업이었다. 자전거를 단순 교통수단이 아닌 건강한 삶과 공해 없는 사회를 만드는 수단으로 자리 잡게 하는 것이다.

류진뱌오 회장이 말년에 자전거 전도사로 변신한 것도, 대만을 자전거 섬으로 만들겠다고 선언한 것도 그 연장선이라 볼 수 있다. 대만에는 서울의 따릉이와 비슷한 '유바이크'라는 공공 자전거가 있는데 세계 어느 도시의 공공 자전거보다 편리하고 이용자가 많다. 자전거 업계인 자이언트가 민간투자 사업 운영자로 직접 참여하여 성공을 거둔 사업이다. 교통카드와 연계해 쉽게 빌릴 수 있고, 자이언트가 직접 개발한 전용 자전거가 튼튼하고 편리한 데다, 24시간 서비스 콜센터를 운영하는 등의 장점이 있다.

류진뱌오는 2016년 토니 로 사장과 함께 회장에서 은퇴하고 조카와 아들에게 회장과 사장 자리를 넘겨주었다. 중국 시장의 급성장세가 꺾이면서 자이언트의 매출은 2016년과 2017년 2년 연속 감소세로 전환했다. 류진뱌오가 자주 하는 말이 또 있다. 그의 후계자들이 곱씹어야 할 말이기도 하다. 수비만으로는 골을 넣을 수 없다. 현 상태를 유지하려는 관성보다 공격에 들어가는 힘이 커야 기업의 성장 동력을 확보할 수가 있다.

GIANT

창립	창업자	CEO	대수	직원 수	매출	순이익
1972년	류진바오	보니투	550만 대	1만 2천 명	2조 원	750억 원

류진뱌오

타이완 타이중 출생, 타이중 고급고등학교 기계과 졸업, 1972년 자이언트 창업, 1981년 자체 브랜드 GIANT 론칭, 1997년 타이완 중하인민전국상업총회 이사, 2016 자이언트그룹 회장 퇴임 **이사직 유지**

2) KFC 커넬 샌더슨의 성공비결

미국 켄터키에서 태어난 커넬 샌더슨은 초등학교를 중퇴한 후 가정사로 인해 집을 나오게 되고 또래와는 다른 생을 살아간다. 페인트 공부부터 시작하여 증기선 조종사, 농장 인부, 철도 노동자, 타이어 판매원, 보험 판매원 등 다양한 일자리를 전전하다가 중년을 맞이하게 된다. 그가 40세가 되었을 때 켄터키주의 작은 주유소를 운영하게 되는데, 어느 날 한 손님이 그에게 불평 한마디를 한다. 샌더슨은 그 손님의 이야기를 들은 후 주유소 창고를 개조하여 직접 닭을 튀기며 손님에게 판매하기 시작했다. 점점 찾아오는 손님이 늘어나고 평판이 좋아지자 샌더슨은 자신만의 독특한 닭고기 조리법을 개발하기로 마음먹는다. 그리고 그 기세를 이어 자신이 운영하던 주유소의 건너편에 작은 치킨 전문점인 '샌더슨 카페'를 오픈했다. 하지만 1년도 지나지 않아 식당은 경매에 들어가게 되고 다시 빈털터리가 되게 된다. 그에게 남은 것은 사회 보조금 105달러와 프라이드치킨 조리법이었다. 그는 자신의 조립법을 들고 재기를 위해 식당을 공략하기 시작한다. 무려 2년 동안 조리법을 세상에 내놓기 위해 발품을 팔았고. 1,008번의 거절을 겪고 마침내 1,009번째 식당이 그의 조리법을 구매하며 드디어 KFC 1호점이 탄생하게 되었다.

그때 샌더슨의 나이는 65세였고 그는 데이브 토마스라는 사람의 도움을 받아 켄터키프라이드치킨, 지금의 'KFC'를 프랜차이즈로 만들어 본격적으로 운영하게 된다. 현재 그의 조리법으로 전 세계 약 2만 개의 매장에서

프라이드치킨을 만드는 중이다.

남녀노소 할 것 없이 많은 이의 입맛을 사로잡는 KFC는 미국 내에만 약 5천2백여 개의 점포가 있으며, 전 세계적으로 1만 5천 개의 매장과 29만 명의 직원이 함께 일하고 있다. 연간 89억 달러 한화로 약 10조 에 해당하는 매출액을 달성하고 있는 거대 프랜차이즈다.

지금도 흰 양복을 말끔하게 차려입고 지팡이를 들고 환한 미소로 고객을 맞이하면서 세계 각국의 KFC 매장을 지키고 있는 샌더슨이 세계적인 브랜드 KFC를 만들어 낸 주인공이다. 65세의 할아버지. 한국 같으면 정년퇴직을 하여 뒷방에 있을 시기를 맞이한 사람이지만 우리와는 다르게 창업을 하여 시작한 KFC의 성공 스토리를 엿본다.

일반적으로 성공적인 창업을 위해서는 창업하고자 하는 분야와 관련된 매장에서 8~10년 정도 직접 발로 뛰고 일해 보며 생산부터 마케팅까지 모든 분야에 대한 지식을 갖추는 것이 기본이다. 항상 희망적이고 긍정적인 자세로 조직에 대한 노력과 희생을 하고 무엇보다 열심히 하는 것이 창업가에게 필요한 자질이라고 본다. 이를 증명이라도 하듯 가장 활발하게 일하는 세대인 30대의 창업 성공률이 높게 나타나고 있다. 그러나, 창업가의 불굴의 정신은 나이와 상관이 없다는 것을 보여 주는 예가 바로 65세에 세계적인 치킨 브랜드를 탄생시킨 커넬 샌더슨이다.[21]

앞에서 말했듯 창업의 성공률은 30대가 가장 많았다. 아울러 나이 들어 60대에 창업하여 성공하신 분들의 노하우를 기술하였다. 지금은 평생직장 개념이 사라진 시대라 정년이 보장된 직업이 아니라면 50대 전·후반에 직장을 그만둬야 하는 상황이 생긴다. 그렇다면 100세 시대에 남은 50여 년을 어떻게 살아갈 것인가를 고민해야 한다. 그래서 퇴직 후 창업을

21. Weekly BIZ, 이지훈 CEO 열전 **세종대 경영학부** 2019.06.07. 글 인용

할 생각이 있다면 미리 준비를 철저히 하여 직장을 그만두더라도 제2의 인생을 살아가기 위한 준비를 하여야 한다. 해당 내용은 늦은 나이에 어려운 환경을 딛고 성공하신 분들의 성공담을 기술하였으니 창업을 준비하시는 분이나 인생의 이모작을 준비하는 분들에게 유용한 자료가 되리라 믿는다.

2. 인생의 이모작: 투잡의 시대

주 52시간제가 본격 시행되면서 퇴근 후 시간을 활용한 미래 직업 찾기가 앞으로 더욱 활기를 띨 것으로 보인다. 미래 직업의 풍속도와 50세 이후 정년을 미리 대비하고 직장에서 퇴출당할 것을 미리 준비하는 것으로 투잡의 풍속도도 각양각색이다. 직장인, 학생, 주부 등 많은 사람이 자기 계발에 열중하고 있으며 지금보다 더 오래 일할 수 있는 직업을 찾거나 은퇴 후 창업을 하려고 한다. 이른바 인생 이모작을 위해서이다.

온라인 교육기업인 YBM 넷이 100세 시대를 맞아 주목받는 직종과 자격증을 소개하였는데 사회복지사, 영어지도사, 심리상담사 등이 인기가 높다고 하였다.[22]

경기 불황으로 두 개의 직업을 가지고 있는 이른바 '투잡족'이 급속히 늘고 있다. 과거 같으면 평생직장에 연봉, 서열 등으로 정년퇴직이 보장되었으나 97년 IMF 이후 지금은 시대가 변하여 언제 어떻게 될지 미래를 알 수 없는 불확실 시대를 사는 젊은이가 너무도 많다. 직장인의 최고 낙이라던 승진조차도 이제는 꺼리는 시대가 됐다. 짙은 불황이 만들어 낸 우

---

22. YBM 넷, 문화저널 임이랑 기자, 2019.07.19. 기사 인용

리 사회의 어두운 풍속도다.

한 취업포털 사이트가 조사한 결과 직장인의 16%가 부업을 가지는 투잡족인 것으로 나타났다. 경기 불황으로 줄어든 임금을 만회해 보려고 부업을 시작한 것이다. 투잡을 하는 이유로는 수입이 줄어서, 그리고 생활비가 부족해서라는 응답이 가장 많았다. 한마디로 먹고살기 어려워서 '투잡족'이 됐다는 얘기다. 현재 투잡족의 78%는 지난해 하반기 전에는 부업을 하지 않았다고 답해 최근의 경제 위기 상황이 이들을 부업으로 이끈 것으로 볼 수 있다. 지난해 4분기를 전후해 갑자기 늘어난 것이다.

이런 가운데, 경기 불황으로 기업들의 구조조정과 감원 바람이 불면서 이제는 직장에서의 고속 승진도 꺼리는 경향이 나타나고 있다. 직장인 4명 가운데 한 명꼴로 고속 승진의 기회를 거절하겠다고 답했다. 공기업의 경우 무려 34%에 달했다. 언제 그만둬야 할지 모르는 직장이나 불안한 미래 등으로 자신을 초라하게 하기보다는 좀 더 적극적으로 남의 시선을 아랑곳하지 않고 자신의 미래를 준비하려는 사람이 증가했기 때문으로 보인다. 조사 결과만 보아도 고속 승진을 피하는 이유 중 '조기 퇴직 걱정'이 40%의 비율을 차지했으며, '직책에 대한 부담'이 31%를 차지했다고 하니 승진이고 뭐고 회사에서 오래 버티는 게 중요하다는 심리를 반영하고 있다.

그러다 보니 요즘은 대기업보다는 공무원을 지망하는 젊은이가 엄청 많은 것 같다. 우리 세대도 교직에 있다 나온 친구들이 제일 안정적으로 노후 생활을 즐기는 것 같다. 만약에 퇴직한 부부가 둘 다 공무원이라면 평균 연금이 월 각 300만 원이며 합치면 600만 원이 된다. 이 정도면 딱히 커다란 지출이 필요하지 않은 60대 혹은 그 이상의 연령에 충분한 금액이 아닐까 생각한다.

1) **투잡의 실태**

　　30대 중반인 ○○씨는 공기업에 재직 중이지만 저녁이 있는 삶과
는 거리가 멀다. 그는 지난해부터 여섯 시만 되면 칼퇴근을 한 뒤 두 번째
직장인 한 중소기업으로 출근하고 있다. 흔히 말하는 투잡족이다. 주업인
공사에선 과장으로 주요 자재 업무를 하지만 부업 회사에선 회계일을 담
당하는 말단 직원이라고 하였다. ○○씨가 저녁 대신 돈을 택한 것은 아니
다. 그는 경기도에 본인 명의의 아파트를 소유하고 2억 원가량 여윳돈도
가지고 있다. 부업 근무 형태가 시간제 아르바이트라 급여도 많지 않다.
　그래도 출근이 기다려지는 이유는 회계일을 배울 수 있기 때문이다. 돈
을 내고 공부도 해 봤지만 실제로 경험하는 일과는 거리가 있었다. 회사
어음 관리부터 직원에게 월급을 주는 일까지 실무를 배우기에는 부족했
다. 헤매는 때도 많지만 배운다는 생각에 재미를 느낀다는 것이다. ○○
씨는 남은 시간을 취미 생활에 쓰기에 너무 아깝다면서 개인 사업에 대한
계획이 있어서 돈도 벌고 회계 업무도 배울 수 있는 일터를 찾았다고 했
다. 지금은 ○○씨처럼 자기만족형 투잡족이 늘고 있다. 과거에도 투잡족
은 있었지만 생계형에 한정됐다. 그러나 최근엔 돈이 아닌 배움이나 자아
실현, 재미 등을 위해 자발적으로 저녁이 있는 삶을 포기하는 이들이 등
장하는 것이다.
　잡코리아가 지난 6일간 30대 이상 직장인 2천50명을 대상으로 한 설문조
사에서 응답자 18.6%가 '현재 직장 생활과 아르바이트를 병행하고 있다.'
라고 답했다. 아르바이트를 병행하는 이유에 생계 때문이라고 답한 비율
은 85.8%로 여전히 높았지만, '여유 시간을 유익하게 활용하기 위해'라는
응답도 31.5%를 나타냈다.
취업 시장에선 여러 개의 직업을 가진 이들을 뜻하는 'N잡러', 필요할 때마
다 계약자나 임시직 등을 섭외해 일을 맡기는 기그잡 Gig Job 등의 신조어
가 등장했다. 한 직장에서만 일하고 돈을 벌어 생계를 유지하는 전통적인

일자리 개념이 젊은이들 사이에서 급변하고 있다는 뜻이다.

2) 선진국인 일본이나 미국에선 투잡이 일상

투잡족 증가가 국내에 한정된 일은 아니다. 일본은 아예 정부가 나서 투잡을 장려하고 있다. 일본 정부는 지난해 1월 부업이나 겸업에 관한 지침을 발표하는 등 부업을 적극적으로 장려하고 있다.

니혼게이자이 신문에 따르면 일본 도쿄증권거래소 1부에 상장된 대기업 121곳 중 50%가량이 부업을 허용하는 것으로 나타났다. 직원들의 동기 향상, 경력 형성에 도움이 된다는 이유라고 한다. 소프트뱅크의 경우는 2017년 11월 직원들의 부업을 허용했고, 현재는 약 430명이 부업을 갖고 있다. 일본의 1 직장 1 노동 원칙이 무너진 것은 노동 인구가 감소하고 있기 때문이다. 이는 생산성 저하로 이어져 산업 경쟁력을 낮추고 있다는 게 일본 정부의 판단이다.

3. 행복은 스스로 만들자

목소리를 들으면 힘이 나고 만나면 기분 좋아지는 사람, 항상 밝은 미소로 만나는 사람들에게 기쁨을 선사하는 사람. 우리 인생에서 평생 웃는 웃음은 양적으로 얼마나 될까?

보통 인간이 80살까지 산다고 가정할 때 잠자며 보내는 시간은 23년, 양치질하고 씻는 데 2년, 일하는 데 26년, 화장실 가는 데 1년, 거울 보는 데 1년 반, 차 타는 데 6년, 누군가 기다리는 데 3년, 아침·점심·저녁으로 신문을 보는 데 2년 반, TV 시청 시간이 4년 정도라고 한다.

그렇다면 웃는 시간은 얼마나 될까? 대략 1~2년 정도라고 한다. 놀랍게도 하루에 열 번을 웃는다고 해도 시간으로 따지면 고작 5분 정도이고 평생을 합하여 우리가 웃는 데 보내는 시간은 80일 정도 내외라고 한다. 더 정확히 말하면 한 번 웃을 때 몇 초 정도로 계산한다면 40일 내외뿐이라는 이야기다. 우리의 인생에서 행복의 시간은 이처럼 너무 짧다.

2002년 한·일 월드컵이 있었고 대한민국은 역사상 처음으로 4위를 기록했다. 대표 선수 중 FW 포지션을 맡은 이천수라는 선수가 있는데, 그는 월드컵 이후 스페인의 레알소시에다르로 이적했고 이적 후 경기 때마다 뚜렷한 성과를 내지 못하였다.

어느 날 경기를 마치고 어머니와 통화 중 하소연을 하기 시작하였다고 한다. 동료들이 공을 패스를 안 해 줘서 속상하다는 것이었다. 그러자 어머니는 축구에 대해서 전문지식은 없었으나 인생의 경륜과 경험을 바탕으로 아들에게 "동료 선수가 공을 패스를 안 해 주면 네가 먼저 더 적극적으로 동료에게 패스하거라."라고 조언했다고 한다. 기가 막힌 충고이자 명언이 탄생하였다. 이후 그는 어머니의 충고대로 했고 좋은 패스로 동료들의 신임을 얻었을 뿐 아니라 감독을 자신의 최고의 조력자로 만들었다고 한다.

남들이 나를 알아주지 않는다면 속상해하지 말고 내가 먼저 상대방을 이해하고 배려하려고 노력을 해야 한다. 그러면 다른 사람들이 차츰 나의 진면목을 알아보고 인정해 주게 되는 것이다. 이처럼 경쟁이 없는 상태에서는 발전을 기대하기 힘들지만 라이벌이 있을 때는 상대방에게 자극을 받고 경쟁심이 생겨 무엇이든 하려는 의욕이 솟아오르게 되어 있다. 그래서 이겨야겠다는 각오를 더 가지게 되고 자신의 능력을 최대한 발휘할 수 있게 되는 것이다.

행복한 사람은 미래를 위해 살지 않는다고 한다. 그들은 지금 이 순간이 행복한 순간이자 장소이며 시간이다. 지금 여기는 우리의 일상을 의미한다. 매일 매일 경험하는 평범한 것들 일상적인 것들이 행복의 계기다. 평범한 일상의 성스러움이 깃들어 있고 찬란한 의미가 배어 있다.

이 세상에서 가장 향기로운 향수는 발칸 산맥의 장미에서 추출한다고 한다. 그중에서도 가장 춥고 어두운 자정부터 새벽 2시 사이에 딴 장미가 들어가야 최고의 향수를 만들 수 있다고 한다. 그 이유는 장미가 한밤중에 가장 향기로운 향을 뿜어내기 때문이다. 우리나라의 태백산맥에서 생산하는 겨울 김장용 배추와 무도 낮과 밤의 기온 차가 심하고 해풍과 일조량이 적당해야 질이 좋은 김장용 재료가 된다는 것과 일맥상통하는 이야기다.

현재 인생의 겨울을 지나는 사람이 있다면, 어둠의 터널을 지나는 중이라면, 그곳에서 건져 올린 행복이야말로 발칸 산맥의 장미 향수처럼 가장 향기로운 행복이 될 것이라는 희망을 갖자. 고통 가운데 얻은 행복이 가장 진하고 값진 행복임을 잊지 말기 바란다.

미국의 철강 왕이라 불리는 카네기의 부인이 어느 날 혼자 시내에 일을 보러 나갔는데 마침 소나기가 내렸다. 그리하여 급한 대로 백화점 앞에 서서 비를 피하고 있었다. 그러자 백화점 직원이 나오더니 입구에 서 있으면 영업에 방해가 되니 백화점에 볼일이 없다면 비켜 달라고 했다. 그녀는 할 수 없이 건너편에 있는 백화점으로 뛰어가 입구에서 비를 피했다. 그러자 그 백화점 점원은 나와서 비가 그치려면 시간이 걸릴 것 같으니 안으로 들어와서 천천히 둘러보다 가는 것이 어떻겠냐고 말하였다고 한다. 그녀는 백화점에서 비가 멈출 때까지 편하게 쇼핑을 하고 귀가하였다. 그리고 다음 날, 카네기 부인이 다녀간 백화점에는 카네기의 집으로부터 어마어마한 양의 생필품 주문이 들어 왔고, 그 주문은 카네기 부인에게 친절을 베풀었던 직원을 통해 보내 달라고 부탁했다. 그 후 카네기 집안은 그 백화점의 평생 VVIP 고객이 되었고 친절을 베푼 점원은 승진했다고 한다. 작은 배려와 친절은 이렇게 사람의 마음을 움직여 뜻밖의 결과를 이끌어 내기도 한다. 그뿐만 아니라 우리가 살아가는 세상을 따뜻하게 하고 살만한 곳으로 만들어 주기도 한다.

이와 같은 실화는 한국의 대한항공의 모태가 되었던 조중훈 전 회장의 일화에서도 잘 나타난다.

한진그룹의 창업주 조중훈 회장은 한국전쟁 발발 후 운영하던 물류 회사를 국가에 헌납하게 된다. 한 번의 실패 후 조 회장은 낡은 트럭 한 대로 미군 부대의 청소 일을 시작한다.

어느 날 도로를 달리던 조 회장은 차가 고장 나서 쩔쩔매는 외국인 여성을 발견한다. 한 시간 반 동안 땀을 흘려 차를 수리해 준 뒤 사례비를 받지 않고 웃으면서 자리를 떠났다. 후일 남편과 함께 찾아온 외국 여성의 남편은 미 8군 사령관이었다. 사령관은 재차 "어떻게 사례하면 되겠습니까?"라고 물었지만 조 회장은 연신 "대가 없는 사례는 받지 못한다."라고 답했다. 마지막으로 사령관이 물었다. "대가 있는 사례가 무엇이겠습니까?" 미군에서 일하며 부대에 대하여 잘 알고 있던 조 회장은 미군에서 쓰고 폐차되는 차량을 얻고 싶다고 대답했고 거래는 문제없이 성사되었다. 그 후 그 폐차들이 지금 한진그룹의 모태가 되어 지금의 대한항공, 한진중공업으로 성장하였다.

이처럼 내가 먼저 상대방을 이해하고 배려하면 상대방도 나를 이해하고 고마워하는 마음이 생기기 마련이다. 그래서 서로에게 진정한 감동을 주어 끈끈한 인간관계가 이루어지고 그것이 행복의 길로 안내를 한다. 작은 친절이 행복의 밑거름이 된다는 사실을 잊지 말고 실천하여 우리의 마음을 행복이 넘치도록 만들어 보자.

4. 중간만 하자는 일본의 사토리 세대

　　　요새 줄임말 중에 '이태백'이라는 말이 있다. 20대 태반이 백수라는 뜻이다. 이외에도 이태백의 변형인 '이구백' 20대 90%가 백수, '졸백' 대학 졸업하자마자 백수 등이 있다.

　2020년 한국의 실업자 수는 157만 명으로 5.7%에 해당한다. 코로나19로 인하여 재택근무가 증가하고 기업체에서도 정기 채용보다는 수시 채용을 선호하게 되었다. 기업이 수시 채용을 선호한다는 것은 새로운 직원을 채용한 후 교육을 하여 업무에 투입하기보다는 이미 해당 업무에 능숙한 사람을 뽑아 빠르게 실전에 투입하는 것을 원한다는 뜻이다.

　기업체에서 경력자만 수시 채용을 하면서 취업의 문은 점점 좁아지고 있다. 이러한 현상으로 인해 청년 세대는 대학교 졸업을 미루기도 하고 군대를 미리 다녀오기도 한다. 앞날에 대한 부담감과 미래를 예측할 수 없는 불확실 시대를 살아가면서 무조건 대기업을 희망하고 공무원을 희망하는 것이 풍속도가 되어가고 있다. 그렇다 보니 대학 졸업 후에도 학원과 도서관에서 취업 준비 공부를 다시 하고 스펙 쌓기에 여념이 없다. 그렇다면 스펙만 쌓으면 원하는 취업이 보장되느냐? 그것도 장담할 수 없다. 부모들은 부모들대로 내 아이가 대학을 졸업했으니 당연히 취업전선에 뛰어들어 직장을 구하고 결혼하기를 기대하지만 현실은 너무나 다르다.

　그래서 대기업 공채와 공무원 시험만을 바라보는 한국 젊은이들과 가까운 일본 젊은이의 차이를 비교해 보고자 한다.

　일본의 청년들은 우리와는 다르게 중간만 해도 괜찮다면 그렇게 할 것이라고 한다. 일본의 한 유력 일간지 기자가 요즘 일본에선 중간만 하자는 게 트렌드라며 이렇게 말했다.

　"한국은 좋은 학교, 대기업 사원, 공무원이 되려는 젊은이들의 경쟁이 매우 치열하다고 들었다. 일본은 오히려 그런 걸 부담스러워한다. 모든 면에서 평범하고 보통 수준으로 평가받길 원한다. 물론 소수 상위권의 경쟁은 있지만, 대다수는 그런 치열한 경쟁에 뛰어들지도, 그런 걸 얻길 원하지도 않는다.”

일본어 단어 중 사토리 悟り·覺り 라는 말이 있다. 이는 득도 得道 라는 뜻으로, 사토리 세대는 득도한 사람처럼 아무 욕심 없이 마음 편하게 살고자 하는 세대를 의미한다. 이들은 1990년대 초반 태어나 일본 경제의 ‘잃어버린 20년’을 겪으면서 돈, 연애, 집, 차 등에 욕심을 부리지 않고 세칭 ‘미니멀 라이프’를 지향한다는 특징을 지녔다.

일본 내부에선 이런 사토리 세대를 비판하는 기성세대가 많다. 과거 고도성장 시기 해외를 누비던 일본 종합상사 직원의 모습을 떠올리며 ‘요즘 젊은이들은 패기가 없다’고 평한다. 반면 사토리 세대가 합리적이고 현실적이라는 긍정적인 평도 적지 않다.

사토리 세대는 언뜻 한국의 N포 세대 주택, 결혼 등 많은 것을 포기한 세대 와 비슷하다. 둘 다 욕망을 포기한다는 공통점이 있기 때문일 것이다. 하지만 두 세대는 전혀 다르다. 사회·경제적 압박으로 어쩔 수 없이 욕망을 포기하는 N포 세대와 달리 사토리 세대는 사회·경제적 압박이 없기 때문에 포기를 선택할 수 있다. 쉽게 말해 사토리 세대는 욕망을 포기하고 중간만 해도 잘살 수 있다고 생각하는 세대라는 얘기다. 군이 여러 경제 지표를 나열하지 않아도 이유는 알 만하다. 2018년 기준 OECD 주요국 청년 실업률은 독일 6.2%, 미국 8.6%, 영국 11.3%, 프랑스 20.8%, 일본은 세계 최저인 3.7%에 불과하다. 한국 10.5%와는 현저히 차이가 발생한다. 일본은 2018년 대졸자와 고졸자의 취업률이 완전 고용에 가까운 98%였다. 한국 청년들의 체감 실업률은 60%를 웃돈다. 4명 중 3명은 실질적으로 실업자인 상태다.

일본인의 중간만 가자는 성향은 와비사비 侘び寂び 와도 통하는 부분이

많다. 와비사비는 부족함에서 아름다움을 찾는다는 일본의 전통 미의식이다. 줄리 포인터 애덤스의 『와비사비 라이프』라는 책이 발간되면서 삶의 태도로 주목받고 있다.

와비사비라는 삶의 태도는 부족하고 덜 완벽해도 그 자체를 인생으로 받아들이는 게 핵심이다. 마음을 느긋하게 먹고 나와 타인에게 솔직하게 살아가는 태도다. 당연히 타인의 시선을 덜 의식하게 된다. 물건에 대한 소유욕도 줄어든다. 외모도 평범하길 원한다는 일본 신문기자의 말은 성형하지 않아도 평범한 외모의 나 자신에 만족한다는 의미에서 와비사비와 일맥상통한다. 중간만 해도 잘살 수 있는 일본이라서 일본 청년들은 '와비사비 라이프'가 가능하다.[23]

숨 막히는 경쟁에 몰린 한국의 청년들을 지켜보자면 사토리 세대가 부러울 따름이다. 한국에서는 유치원에서부터 시작하여 대학을 졸업하고 좋은 직장을 잡기까지 모든 것이 다 경쟁이다. 심지어 좋은 직장을 잡은 후에도 실적이나 승진과 같은 더욱 커다란 경쟁이 기다리고 있다. 이렇게 살 수밖에 없는 현실이 안타까울 뿐이다. 그냥 보통으로 평범하게 살아갈 수는 없는 것일까?

---

23. 한경닷컴, 심은지 기자, 2019.06.29. 기사 인용

──10. 대기업의 조직 문화 변화와 신사업 ──

1. 대기업 조직 문화 변화

　　현대차그룹은 1990년대 수출 확대와 국내 자동차 대중화의 붐을 타고 기아자동차를 인수하여 전 세계에 공장을 건설하는 글로벌 네트워크를 완성하였다. 또한, 2014년 자동차 850만 대 생산을 돌파하며 도요타, GM, VW과 어깨를 나란히 하는 글로벌 메이커로 성장하였다. 이런 신화의 출발점은 누가 뭐래도 바로 국산 차 포니 PONY 라고 할 것이다. 하지만 도전적인 기업가 정신과 직원들의 헌신적인 노력, 경제 자립을 위한 강력하고 신뢰할 수 있는 국가 지원 정책, 자국 제품에 대한 국민적인 신뢰, 국산품 애용과 지원이 기술 개발의 원동력이 되었다고 생각한다. 이런 믿음 덕분에 내수 시장 성장과 함께 도전적이고 끈기 있는 수출 시장을 개척하여 세계 5위 자동차 강국으로 도약할 수 있었다. 한국은 자동차 생산국 중 16위로 시작해서 미국, 독일, 영국, 프랑스, 이탈리아, 스웨덴, 일본에 이어 8번째로 고유 모델 생산국이 되었다.

　포니는 비포장도로를 24시간 달리던 한국 택시 운전사들의 혹독한 시험 과정을 통과하면서 인정받았다. 또한, 남미의 안데스산맥, 열사의 중동 지역과 사하라 사막을 거치고 자동차 종주국이자 격전장인 유럽과 미국 시장에서 고통스러운 시련과 실패를 거듭하면서 마침내 성장의 뿌리를 내릴 수 있었다. 당시 우리의 능력과 가능성을 믿지 못하고 정부 당국자가 수입 의존 정책을 폈더라면 현재의 한국 자동차 산업은 오늘날과 같은 위치에 서지 못했을 것이다.

2019년 현대차그룹은 직원들과의 소통 자리를 만들고 변화의 중요성을 역설했다. 임직원들의 자유로운 소통과 회사 방향성 공유, 자율 복장과 미세먼지 저감을 주제로 강의가 시작되었다. 정 회장은 직원들과의 대화에서 변화에 대한 의지를 강조하며 과감하게 변화하면 피로할 수 있지만 필요에 의해 변화하여야 한다고 했다. 우리의 생각이 제품이나 서비스에 녹아들어 고객이 만족할 수 있게 과격하게 변화해야 한다는 것이다.

현대차그룹은 과거 10년간 정체되었던 문화를 과감하게 변화를 주문하고 보고 문화 개선에 대해서도 메일 보낼 때도 파워포인트 사용을 줄이고 효율적이고 빠르고 뜻만 전달할 방법을 원한다고 하였다.

인사 체계를 간소화하고, 연구개발본부 조직을 삼각 구조로 단순화하는 등 기업 구조를 손보는 것부터 자율 복장, 보고 체계 및 직급의 개선 등 짧은 시간에 많은 변화를 시도하고 있다.

정 회장은 미래 신사업의 비율이 자동차가 50%, PAV 플라잉카 등 개인 비행체가 30%, 로보틱스가 20%가 될 것이라고 했다. 미래 자동차 업계에서 살아남으려면 경쟁력을 갖추는 게 중요하다. 차만 잘 만들어서 되는 것이 아니고 서비스 등 앞서가는 솔루션을 내놓아야 할 것이라고 덧붙이며 최근에는 애플이 자율주행 전기차 관련하여 현대차와 협업을 진행하고 있는 것도 이런 맥락으로 보인다. 정 회장은 직원들과의 미팅 자리에 본인부터 솔선수범하기 위해 와이셔츠 소매를 걷어 올리고 회색 면바지 차림에 운동화를 신고 경직된 조직 문화의 개선에 앞장서서 진두지휘하고 있다.

이처럼 일의 효율성, 조직의 유연성을 강조하면서 조직 간 소통 장벽이 높아 협업이 안 되는 현상이 우리 조직에 크게 영향을 끼친다며 틀을 깨면 우리는 굉장히 다른 조직이 될 것이라고 강조했다. 이어 차를 많이 팔아서 1등 하는 게 아니라 진보적 기업 문화에서 1등 하는 그런 회사가 되는 게 목표라고 덧붙였다. 앞으로 현대차는 남들과 다른 생각을 해야 하며 그것을 어떻게 구현해낼지를 가장 큰 목표로 삼아야 한다는 것이다. 정 회장은 장차 세계적으로 자동차의 2,500만 대는 과잉공급이 될 것이라고 보고 있다. 최근 자동차 업계에서 여러 건의 인수합병이 이어졌지만 실제로 사라진 회사는 거의 없고 중국을 중심으로 과잉생산이 여전히 진행되고 있다는 것이다.

여기서 에피소드 하나를 소개하고자 한다. 2005년에 기아차 슬로바키아 공장에 발령 온 주재원이 있었다. 현지에서 근무하며 3개월 정도가 지나자 현지 사람들은 한국과 달리 근무 복장에 제재가 없다는 것을 알게 되었다. 어떤 색을 입던, 어떤 스타일을 입던 그 누구도 상관하지 않는 모습을 보며 본인도 그러한 유럽의 환경에 맞게 자유로운 근무 복장으로 출근했다. 그러나 그 모습을 본 한국인 법인장은 당신은 현지인이 아니라 한국인이니까 검은 양복을 입고 출근하라고 꾸지람을 했다고 한다. 그 말을 듣고 새로 산 옷을 전부 버렸다는 얘기도 들은 적이 있다. 그때를 생각하면 세상이 많이도 변하고 기업 문화도 변한 것 같다.

직급개편

지난 1999년 그룹 출범 이후 처음 시도되는 임원 이하 직원의 직급 개편이다. 기존의 사원-대리-과장-차장-부장을 시니어와 주니어로 변경하는 직급 체계 개혁을 단행했다. 현대그룹에서 분리되어 출범한 현대차 그룹이 기존 직급 체계를 바꾸는 것은 20년 만에 이루어진 획기적인 일이다. 기존의 세분화된 수직적 조직구조를 수평적이고 유연하게 변화시켜 창의성과 혁신을 이끌어 내고 신속한 의사 결정을 위한 포석으로 보인다. 또한, 채용 방식도 공채와 별도로 필요시 수시로 채용을 진행하기로 했다. 즉, 필요시 경력직을 채용하여 곧바로 업무에 투입하겠다는 것이다. 머뭇거릴 시간이 없다는 얘기와 같다.

신사업 부문에서는 미래의 먹거리를 위해 소프트웨어 부문을 신설한다.

소프트웨어 모집 부문은 AI, 빅데이터 분석, 클라우드 플랫폼 및 서비스 개발, 커넥티드카 서비스 개발 등으로 미래차 개발에 중점이 맞춰져 있다. 복장 자율화 이전에는 현대자동차 양재동 본사로 출장을 가면 정문에서 부터 검정 양복 차림의 경비원을 먼저 만나게 되는데 과장된 표현이긴 하지만 조폭의 집단에 들어서는 기분이 들곤 했다. 사무실도 모두가 검은색 양복에 흰 셔츠 차림을 하고 경직되어 웃는 얼굴을 볼 수 없었으나 복장 자율화 이후 사무실 분위기는 한결 밝아진 것 같았다. 직원들 또한 몸도 마음도 가볍고 복장에 신경을 쓰지 않아 좋다고 했다. 이것이 바로 젊은 피를 수혈하는 것이고 기업 문화를 변화시키는 것이며, 글로벌 기업과 의사소통도 자유롭게 할 포석이 아닌가 생각이 든다.

직급 체계의 단순화는 연공서열 주의로 짜 맞춰진 경직된 조직을 수평화하고, 글로벌 IT 기업처럼 직원 간 자유로운 소통을 도모하기 위한 시도라고 했지만 5단계 결재 라인 제도에서 2단계 팀장 제도 이후 다시금 직급 체계의 변화로 수평적 조직 문화, 시간 절약, 신속한 의사 결정이 이루어지게 되었다.

현대차는 국내 대기업 중에서도 상명하복 문화와 위계질서가 강한 기업 문화를 가진 것으로 알려져 있는데, 이런 기업을 IT 기업보다 더 IT 기업다운 회사로 만들겠다면서 유연한 조직을 만들기 위해 다양한 시도를 하고 있다. 삼성전자는 2017년부터 직원 간의 호칭을 모두 '프로'로 통일했고, LG전자도 같은 해 직급을 '사원, 선임, 책임' 3단계로 줄이고 호칭도 '선임 님', '책임 님' 등으로 개편했다.

SK그룹은 임원을 전무나 상무 대신 본부장이나 그룹장 등 직책으로 부른다. 각 계열사에선 '○○님', '매니저', 'PL 프로젝트 리더' 등 호칭을 단순화했다. 또한, 2019년 9월 초부터 상무, 전무, 부사장 등 기존 임원 직급을 폐지하고 직책 중심으로 제도를 바꿨다. 임원 호칭은 본부장 등 직책에 따라 달리 부르며 기존 직급 호칭은 사라지게 된 것이다. 직책 없는 임원은 부사장으로 통일하고 임원끼리는 상하관계가 아닌 대등한 입장에서 소통한다. 명함에는 상무나 전무가 아닌 부사장 Vice President 으로 변경하였다.

SK그룹 관계자는 명함까지 바꾸었지만, 직원들은 외부에 해당 임원을 칭할 때 여전히 전무님이나 상무님이라고 부르는 경우를 쉽게 찾아볼 수 있으며 외부 사람들 또한 바뀐 명함을 줘도 기존 직급대로 부르는 경우가 많다고 한다. 오래된 조직 문화가 하루아침에 바뀌기는 어렵겠지만 시간이 지나면 대내외적으로 변경된 호칭이 정착되기까지는 다소 시간이 필요해 보인다.

이런 변화를 통해 기수와 연공서열에 얽매여 온 전통의 기업 문화를 극복하고 전문성을 위주로 하여, 보다 수평적이고 자율적이고 창의적이며 혁신적인 분위기로 바꾸겠다는 포석으로 풀이된다.[24]

정 회장이 앞서서 조직 분위기를 바꾸려는 배경에는 달라진 경영 환경이 자리한다. 세계적으로 자동차 시장의 성장세가 주춤한 데다 전기차, 수소차로 상징되는 미래형 시장이 열렸다. 또 차량 공유 서비스가 확산되면서 소유 필요성이 줄어드는 도전적인 시대다. 현대차그룹, SK그룹, 한화그룹 등의 기업 문화 변화 성공 여부는 두고 봐야 하지만, 최고경영자로서 책임을 두려워하지 않고 위기 돌파에 도전하는 것은 긍정적이다. 주위에서도 호평이 이어진 이유이다.

정 회장의 도전 정신은 10대 그룹의 재벌 3세들 사이에서 일종의 롤모델로 꼽히고 경영 전면에 나선 후 새롭게 조직 문화 혁신의 아이콘으로 떠오르고 있는 정 회장의 제로 PPT 발언에 여타 기업들도 이러한 흐름에 동참할 것으로 보인다. 한때 중요한 발표에 빠져서는 안 될 필수 자료로 꼽히던 PPT의 시대는 저물고 있다기보다는 업무를 효율적이고 능률적으로 시간을 절약하자는 의미로 받아들여진다.

---

24. http://news.hankyung.com/article/2019.03.17 인용

2. 신기술과 신사업 도전

1974년에 출시한 포니 Pony: 조랑말 는 현대차가 독자적으로 개발하여 생산한 고유 모델이라는 점에서 현대차를 떠나 한국 자동차 역사적으로 커다란 의미가 있다. 포니의 디자인은 자동차 디자인의 거장으로 불렸던 이탈리아 조르제토 주지아르 Giorgetto Giugiaro 가 맡았는데 46년이 지난 지금에서 보더라도 세련미와 함께 모던한 디자인 감각을 가졌다는 평가를 받는다. 그 당시 포니는 세단과 해치백, 픽업, 웨건 등 다양한 시리즈로 생산되었고 1984년 단종이 될 때까지 단일 차종으로 50만 대 생산을 돌파하는 기록을 세웠다.

그로부터 10년이 지난 1984년, 개발 단계에서부터 생산에 이르기까지 독자적으로 만든 고유 모델인 엑셀을 출시한다. 엑셀은 포니의 문제점을 개선하여 업그레이드된 모델로 한국의 도로 사정에 적합한 전륜 구동 방식을 채택하여 뒷공간의 활용도 향상과 연비를 대폭 개선 뛰어난 승차감으로 고객들의 주목을 받으며 1980년 마이카 붐을 타고 젊은 층으로부터 많은 호평을 받았고 대한민국 자동차 산업을 대표하는 역사적인 모델로 평가를 받았다. 그리고 1986년 자동차의 본고장인 미국과 유럽 시장에 진출하여 16만 대를 판매하며 인기몰이를 했다. 엑셀은 출시 이후 1994년까지 국내를 포함한 선진국 자동차 시장에서 총 250만 대의 판매를 기록하며 현대자동차의 존재감을 알리기도 했고 품질 문제가 많아 고객의 외면을 받기도 하였다. 이후 1986년에는 고급 차의 상징으로 불리는 그랜저를 그리고 1990년에는 준중형 승용차인 아반떼를 생산하면서 굴지의 자동차 회사로 자리매김하게 되었다.

그 당시의 현대차그룹은 핵심 부품을 수입하여 생산했지만, 온갖 난관을 극복한 끝에 결국 부품의 자체 개발에 성공하였고 국내 최초의 고유 모델을 생산해야겠다는 포부를 가졌다. 포니는 사실 선진국 자동차의 경쟁 상대가 되는 차는 아니었다. 그러나 현대차그룹은 전 세계를 달리며 한국의 자동차를 알렸고 세계적인 자동차 디자이너를 섭외했다. 세계 제일의 자동차를 만들려면 품질부터 안정되어야 한다는 생각에 선진 자동차 메이커의 품질 관리 기법을 배우곤 하였다. 엔진과 트랜스미션은 굴지의 기업을 찾아 기술 제휴를 맺기도 하고, 단순 부품은 국산화 계획을 수립하여 정부에 제출 후 시행 여부를 수시로 점검받아가며 포니를 탄생시켰다. 정몽구 회장이 지난 20여 년간 품질을 앞세우며 뚝심 있는 품질 경영을 통해 변방에 머물렀던 현대자동차의 위상을 높였다면, 정의선 회장은 지금까지 경험하지 못한 새로운 미래 패러다임을 선도해야 하는 중책을 맡게 되었다.

세계 시장이 축소되고 지구 온난화 문제로 화석 원료의 사용 규제가 잇따라 발표되면서 현대기아차는 미래를 위해 신재생 에너지와 환경친화적인 차량 개발에 눈을 돌리게 된다. 또한, 이때를 기점으로 변환점을 맞이하여 전기차와 수소차, 미래 모빌리티, 개인 항공기를 주축으로 본격적인 미래 산업을 대비하기 시작했다.

현대기아차는 충북 충주에서 현대모비스 수소연료전지 시스템 제2공장 기공식을 열고 수소 경제 사회를 선도하겠다고 선포하였다. 친환경차와 커넥티드카, 자율주행 등 미래차 시장을 선점하기 위한 중장기 목표도 세웠다. 또한, 2021년 세종시에서 자율주행 로봇 택시를 시범 운영하는 등 독자적 모빌리티 ^{이동수단} 서비스 사업 모델을 구축할 계획이다. 로봇 택시는 고객이 스마트폰 앱 ^{응용프로그램} 을 통해 차를 부르면 차세대 수소·전기차 넥소를 기반으로 한 자율주행차가 목적지까지 데려다주는 서비스다.

하이브리드카 ^{HEV} 및 플러그인하이브리드카 ^{PHEV}, 전기차 ^{EV}, 수소전기차 ^{FCEV} 등 현재 15개인 친환경 자동차 모델을 2025년까지 44개로 대폭 늘린다는 비전도 마련했다. 2025년 세계 친환경 자동차 시장에서 167만 대를 팔아 주도권을 확보한다는 구상이다.

수소차 부문에서 세계 최고 수준의 기술력을 바탕으로 현대차는 승용차 뿐 아니라 상용차도 보급을 확대해 나가면서 수소차 트럭을 유럽에 수출을 시작하였다. 넥소는 20년 초부터 9월까지 해외 시장에서 4,897대가 판매되어 19년 판매 대수 4,803대를 일찌감치 넘어섰다. 일본의 도요타자동차 미라이, 혼다 클래리티 등 경쟁 모델의 판매 상황이 지난해보다 위축된 것과는 반대의 모습이다. 같은 기간 미국과 유럽, 일본 등 주요 선진국의 수소차 판매량이 코로나 때문에 전체적으로 위축된 점을 감안하면 넥소의 판매 증가세는 매우 돋보인다.

넥소는 국내 독자 기술로 개발한 차세대 연료인 전기 시스템을 탑재해 5분 충전해서 최대 609km의 거리를 달리는 기술과 높은 성능으로 커다란 주목을 받고 있다. 현대차는 2019년 7월 수소·전기 대형 트럭인 엑시언트를 개발하여 유럽 수출길을 모색하였고 세계 최초로 양산 라인을 구축한 이후 9월에는 수소·전기 버스인 '일렉시티'를 처음으로 중동에 수출하였으며 유럽에 수소 트럭도 수출하기 시작했다.

현대기아차는 2030년까지 수소·전기차 연간 50만 대, 연료전지 시스템을 탑재한 차를 연간 70만 대를 생산한다겠다는 중장기적인 계획을 가지고 있다. 자동차 및 철도, 선박 등 교통 운송 분야는 물론 전력 생산 및 저장 등 발전 분야에 수소 에너지를 접목해 수소의 대중화를 이끌겠다는 야심 찬 계획을 가지고 있다.

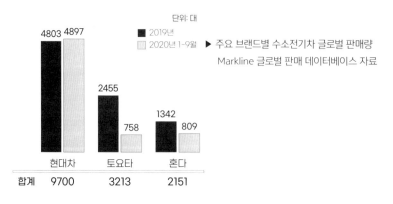

단위: 대
■ 2019년
▢ 2020년 1~9월

▶ 주요 브랜드별 수소전기차 글로벌 판매량
Markline 글로벌 판매 데이터베이스 자료

	현대차	토요타	혼다
합계	9700	3213	2151

공급·가격

	2018년	2022년	2030년	2040년
공급량 (=수요량)	13만톤/年	47만톤/年	194만톤/年	526만톤/年 이상
공급방식	부생수소 1% 추출수소 99%	부생수소 추출수소 수전해	부생수소 추출수소 수전해 해외생산 ※ ①+③+④ : 50% ② : 50%	부생수소 추출수소 수전해 해외생산 ※ ①+③+④ : 70% ② : 30%
수소가격	− (정책가격)	6,000원/kg (시장화 초기가격)	4,000원/kg	3,000원/kg

▶ 수소 공급 로드맵 산업통상자원부 자료

현재 국내에 설치된 수소·전기차 충전소는 20년 9월 기준 36개소에 불과하다. 이에 정부는 2025년까지 수소·전기차 충전소를 450개까지 증설할 예정이라고 하였다. 또한, 2025년까지 수소·전기차, 친환경차 분야에 20조 원 이상을 투자할 계획이며, 환경 공해로부터 빠르게 벗어나 국민의 삶의 질을 한 단계 끌어 올리겠다는 계획을 밝혔다.

현대기아차에서 생산하는 수소·전기차는 10년 16만㎞ 수준의 연료전지 내구성과 세계 최고 수준의 수소 저장 밀도 기술을 갖췄고, 원격 자동 주차 보조, 고속도로 주행 보조 등 운전자 보조 시스템 ADAS 도 적용된다. 2030년까지 궁극 窮極 의 친환경 자동차로 불리는 수소·전기차 사업에 약 8조 원을 쏟아붓는다는 중장기 계획도 발표했다. 국내에 연간 50만 대 규모의 수소·전기차 양산 체제를 구축해 5만여 개의 신규 일자리를 창출한다는 계획이다. 2030년까지 울산 5공장 등 국내에 승용차와 버스, 트럭 등 수소차 50만 대 생산 체제를 갖추기로 했다. 124곳의 협력사와 함께 연구개발 R&D 및 설비 확대에 7조 6천억 원의 신규 투자도 하기로 했다. 이 과정에서 5만 천명의 신규 고용이 이뤄질 것으로 현대차는 내다봤다. 50만 대 생산체제가 구축되면 연간 경제효과는 약 25조 원, 직·간접 고용효과는 22만 명에 이를 것으로 추산했다.

개인 항공기 시장 사업 영역 확대

미국의 스타트업 테라푸지아가 내놓은 개인항공기의 모습 [테라푸지아 제공]

▶ 미국의 테라푸지아가 내놓은 개인 항공기의 모습

신사업분야 자율 비행이 가능한 개인 항공기는 더는 만화책이나 공상 영화에서만 볼 수 있는 것이 아닌 오늘의 현실로 다가왔다. 기술 발전과 투자의 가속화로 2040년에는 1조 5천억 달러 한화로 약 1천760조 원 규모의 시장을 만들 수 있다고 내다보고 있다.

미국의 투자은행 모건스탠리가 개인 항공기 PAV 시장에 대해 올해 초 내놓은 전망이다. 1997년 개봉한 영화 제5원소에 등장하는 하늘을 나는 택시가 점차 현실화되고 있다는 것이다. 정 회장이 앞으로 개인 항공기 부문을 전체 사업의 30% 수준으로 끌어올리겠다고 밝히면서 전문가 영입과 함께 국내에서도 그 가능성에 관심이 커지고 있다.

세계적으로 인구가 천만 명을 넘어서는 거대 도시가 늘면서 개인 항공기의 상용화 필요성도 커지고 있다. 미국의 교통 정보 분석 기업 인릭스 INRIX 는 지난해 미국 운전자 한 명이 한 해 동안 교통 정체로 도로에서 허비한 시간을 평균 97시간으로 추산했다. 교통 체증이 극심한 도로 대신 하늘에서 소규모 이동수단이 자유롭게 오고 갈 수 있다면 사람을 쉽게 이동시키는 것은 물론이고 물류 부문에서도 새로운 시장이 개척되고 도로의 정체와 물류비 개선에 혁신이 이루어질 것으로 내다보고 있다.

개인항공기 PAV 시장 전망

개발 목표	교통 체증 유발 없는 도심 내 이동 효율적인 도심 내물류 사업
예상 시장 규모	2040년 1조 5000억 달러약 1760조 억
주요 개발 기업	보잉, 에어버스, 아우디, 구글, 우버, 아마존, DHL, 현대차 등

현대차그룹, 모건스탠리 자료

이와 같은 항공 모빌리티 산업은 기체 개발 및 제조뿐만 아니라 관련 인프라 개발과 서비스 제공 등이 함께 이뤄져야 가능하다. 이 가운데 현대기아차와 글로벌 제조업체들은 기체 개발과 상용화에 공을 들이고 있다. 항공업체인 에어버스와 보잉은 물론이고 도요타, 벤츠 등도 서로 협력하면서 개발에 나섰고 미국의 차량 공유 업체 우버는 올해 CES에서 헬리콥터 제조사인 벨과 함께 수직 이착륙이 가능한 개인 항공기 '벨 넥서스'를 공개한 바 있다.

현대기아차도 최근 관련 사업부를 신설하고 미국 항공우주국 NASA에서 항공 연구와 기술 개발을 책임졌던 신재원 박사를 부사장으로 영입했다. 관련 업계에서는 세계적으로 170곳이 넘는 업체가 개인 항공기 개발에 나선 것으로 분석하고 있다. 소음과 활주 공간 등의 문제를 감안하면 전기 수직이착륙 방식의 개인 항공기가 유력한 대안이라는 관측이다.

또 다른 미래 사업의 축으로 제시한 로보틱스 분야도 다양한 기능을 가진 로봇이 상용화되면서 시장이 본격적으로 형성되고 있다. 대표적인 미래 사회의 모습 중 하나인 사람 역할을 하는 로봇이라는 개념이 이미 현실화된 것이다. 로봇의 경우 교통 약자를 포함한 모든 사람에게 이동의 자유를 주는 것은 물론이고 산업, 군사, 생활 지원 등 다양한 분야로 확대 적용이 가능하다. 첨단 기술이 적용된 로봇은 제조 영역에서 갈수록 섬세한 작업을 수행하고 서비스 영역에서는 고객 응대 등으로 영역을 넓히고 있다. 국제로봇협회 IFR 에 따르면 제조 로봇과 서비스 로봇을 합친 세계 로보틱스 시장 규모는 2021년에 550억 달러 약 65조 원 에 이를 것으로 전망된다.

로보틱스 시장 전망

개발 목표	교통 약자등에게 이동의 자유 제공 산업, 생활 지원 등으로 제조·서비스업 혁신
예상 시장 규모	최근 매년 14% 성장 2021년 550억 달러약 62조 원
주요 개발 기업	구글, 아마존, 소프트뱅크, 도요타, 혼다, 삼성, 현대차 등

현대차그룹, 국제로봇협회 자료

이미 구글, 아마존, 소프트뱅크 등 글로벌 정보 기술 IT 기업들이 로봇 산업에 진출했고 도요타, 혼다 등 일본 자동차 업체 투자도 활발히 이어지고 있다. 현대차그룹의 경우 근로자의 신체 부담을 덜어 주는 의자형, 조끼형 로봇 개발을 완료한 데 이어 하반신 마비 환자의 보행을 도와주는 의료형 로봇도 최근 선보였다. 김필수 대림대 자동차과 교수는 "개인 항공기는 이동수단의 일환이고 로봇은 자율주행차에 적용되는 기술과 가깝다는 점때문에 완성차 업체와 기존 업체들이 협력해 잠재력이 큰 새로운 시장을 만들어 가고 있다."라고 말했다.[25]

인적 구성이나 조직 구조 변화를 도모하고 도심형 모빌리티 시장에 조기 진입하기 위해 전체적인 로드맵을 설정하고 항공체 개발을 위한 형상 설계와 비행 제어 소프트웨어, 안전기술 등에 역량을 집중할 것으로 예상된다.

---

25. 서울경제, 한동희 기자, 2021.03.28. 기사 인용

전동화 차량, 모빌리티 서비스, 수소차, 자율주행차, 도심형 비행체 UAM: Unmanned Aerial System 인 Flying Car 등 신개념의 미래 항공 연구와 전략적 방향 설정으로 신사업에 역점을 두고 업무를 추진할 것으로 보인다.

이렇게 신사업이 속도감과 일관성 있게 추진되는 내용을 20년도 1월 현대차 울산 공장에서 노조원을 상대로 2025 전략 설명회를 열었다. 현대차 경영진은 이 설명회에서 2030년쯤 내연기관 기반의 신차 출시는 사실상 중단될 가능성을 시사하였고 10년 뒤부터 가솔린과 디젤 엔진을 장착하는 신차는 출시하지 않고 기존 차량의 연식 변경 모델만 출시하겠다는 계획이며 동시에 친환경차 생산 판매에 주력한다는 구상을 가지고 노조원을 대상으로 2030년까지 수소·전기 자동차로 재편되는 내용으로 설명회를 개최하였다.

울산 1공장을 전기차 전용 라인으로 연내 교체 공사를 추진한다는 계획이며 친환경차 생산 공정이 기존의 내연기관 차량보다 상대적으로 단순하기 때문에 생산직 인력이 20~30%가량 감소하여 10년간 최소 1만 명의 인력이 감원되는 것으로 내다보고 있다.

2022년까지 총 7종과 세단 3종 총 10종의 친환경 자동차 모델을 통해 글로벌 친환경 자동차 시장에서 우위를 확보한다는 계획이다. 친환경차 라인업을 구축할 계획으로 신규 아이오닉 5, 아이오닉 6 등 순수 전기차 2종이 선보일 예정이다. 또한, 기아차도 27년까지 순차적으로 출시할 전용 전기차 모델 7개의 스케치 이미지를 공개한 적이 있다. 차세대 전기차 아이오닉 브랜드의 특징으로는 E-GMP 전기차 전용 플랫폼이 최초로 적용되고 세계에서 가장 짧은 시간 1회 18분 충전으로 500km 이상 주행이 가능할 것으로 내다보고 있다.

E-GMP[26]는 모듈화, 표준화된 통합 플랫폼이기 때문에 전기차 라인업을 빠르게 확장할 수 있고 제조공정을 단순화해서 생산 효율을 높일 수 있다는 장점도 있다. 제조사 입장에서는 하나의 플랫폼으로 한 개의 조립 라인에서 다종 고성능, 고효율 차종을 생산할 수 있고 차종에 관계없이 유연하게 생산체제를 갖추어 생산 효율을 극대화할 수 있다는 장점이 있다.

▶ 현대차그룹 제공 전기차 플랫폼
E-GMP

전기차는 화석 연료 차량과는 달리 배터리를 차량의 중앙에 장착하여 바닥을 평평하게 만들었고 실내 공간의 확대를 위해 엔진, 변속기, 연료 탱크가 차지한 공간을 줄여 실내 공간이 극대화되었다. 승객의 안전 도모를 위해 대시보드 앞부분은 내연기관의 파워트레인을 대체하는 전기 구동 시스템과 고전압 배터리가 받는 충격을 최소화할 수 있도록 신기술을 적용하여 설계되어 있다. E-GMP는 새롭게 개발한 모터와 감속기, 인버터, 배터리를 탑재하고 크기와 무게를 줄여 성능과 효율을 최대화하였다.

수소 전기차를 이용하는 고객의 편의를 위해 400V, 800V 급속 충전 시스템을 제공할 예정이다. 야외에서 다른 전기차를 충전할 수 있는 보조 배터리 기술인 V2L Vehicle to Load 도 적용되었다. V2L은 전기차에 탑재된 고전압 대형 배터리의 전력을 외부로 끌어다 쓸 수 있는 기능으로 가정용 전자기기 전기 포트, 전기밥솥, 노트북, 그릴, 전자레인지, 헤어드라이어 등 를 차에 꽂아 쓸

---

26. E-GMP Electric-Global Modular Platform : 전기차 세계 모듈 플랫폼

수 있다. 고객들 사이에서는 아이오닉 5를 두고 캠핑과 차박 **차에서 숙박** 에 유용하다는 평가를 하고 있다. 우리가 상상할 수 없는 시대가 다가온 것이다, 차에서 온종일 게임과 요리를 하고 빔 프로젝터로 영화도 자유롭게 감상할 수 있으니 좋은 세상이다.[27]

현대차는 유튜브를 통해 5분 충전으로 100km 주행 가능한 아이오닉 5를 공개했다. 가격은 약 5,000만 원으로 예상되나 개별소비세와 구매보조금을 받을 경우 3,000만 원 후반으로 예상된다. 아이오닉 5는 편안한 거주 공간을 테마로 디자인했으며, 시트 두께는 현재 시트보다 30%를 줄인 슬림형 전기차 전용 시트가 적용되었다. 모든 최첨단 IT 기술이 적용되었으며 손잡이가 자동으로 나왔다가 들어가는 오토 플러시 아웃사이드 핸들이 적용된다. 1회 충전으로 최대 430km까지 주행할 수 있다. 하루가 다르게 변해 가는 전기차의 모습을 보게 되어 기쁘기 그지없다.

2021년 2월 현대기아차는 일명 '애플카'로 불리는 애플의 자율주행 전기차를 생산하기 위해 협상을 진행 중인데 현대차가 이를 매스컴에 알리면서 문제가 되어 잠정 중단되었다는 보도를 접하게 되었다.

애플은 개발 중인 애플카를 잠정적으로 2024년 양산에 들어갈 예정이라고 하며 애플에는 자동차 제조가 10조 달러 **한화로 약 1경 1,137조 원** 규모로 평가되는 글로벌 자동차 모빌리티 시장을 이용할 잠재력을 열게 된다.

모빌리티 시장은 10조 달러 규모로 애플은 단지 이 시장에서 2% 점유율만 확보하면 아이폰 사업과 똑같은 규모를 확보한다. 애플이 현대기아차에 관심을 두는 이유는 자신들의 차에 탑재될 소프트웨어와 하드웨어를 통제하도록 허용해 줄 인정 받는 완성차 업체와 북미에서 애플카를 만들기를 원한다고 전해진다.

---

27. 조선일보, 김민주 기자, 2020.12.12. 기사 인용

정 회장은 모빌리티가 회사의 미래라는 점을 분명히 하고 있고 애플과 협업을 통해 자체 자율주행 전기차 개발 구상을 가속화 할 수 있다고 판단하고 있다. 또한, 자율주행 등 미래차 기술이 가속화되면서 그동안 업계의 갑으로 군림하던 글로벌 자동차 메이커들의 위치가 IT 업계의 을로 격하되는 모습이다. 완성차 업체들이 IT업체의 단순 생산 공장으로 전락하지 않으려면 안정적인 IT 부품 공급망을 구축하고 자체적인 기술 개발에도 나서야 한다.

전장용 부품이 대거 탑재되는 미래차 시대에는 완성차 업체가 부품 업체에 의존하는 을이 되는 것이다. 미래차 전환이 이루어지는 상황은 현대기아차와 같이 완성차 업체에는 기회이자 도전이 될 것이며 완성차 업체들은 미래차에 대한 연구 개발 투자를 확대해 자체적인 기술 경쟁력을 확보하는 것이 매우 중요한 과제가 될 것으로 내다보고 있다.

21년 3월 정부에서는 자율주행차 시대가 시작될 거라고 하면서 배달 로봇이 내년부터 강남과 여의도를 누빌 것이라고 하였다. 강남과 여의도 일대의 녹색 교통 구역에 친환경 기술이 적용된 스마트 모빌리티를 운행할 예정이고 시범 주행에 성공할 경우 23년부터 상용 자율주행도 가능하다고 내다 보고 있다. 시속 30km 미만의 저속 전용 차로를 지정하여 친환경 교통수단으로 활성화할 계획이다.

녹색 교통 구역은 도심의 미세먼지 발생을 줄이고 경유차를 없애기 위한 수단이다. 강남과 여의도를 먼저 선정한 이유는 도로 정비가 잘되어 있고 첨단 교통 기술 접목이 쉬운 지역이기 때문이다. 최근 서울 마포구에서는 한 업체가 직장인에게 점심 식사를 배달하는 서비스를 시범적으로 시행했다. 고객이 스마트폰 애플리케이션으로 음식을 주문하면 관제 센터에서 로봇을 배차하는 형태이다. 앞으로 택배나 퀵 배송 서비스에도 확대될 것으로 보이며 세종시는 지난해 12월 국내 처음으로 자율주행 차량 상용화에 들어갔다. 정부 청사 인근 도로에서 유상 자율주행 서비스를 제공하고 있다고 한다.

차세대에는 정부나 현대차가 구상하고 있는 현재의 전기차, 수소차, 스마트 모빌리티, 로봇, 자율주행, 개인 항공기 등의 계획들이 체계적으로 개발하여 우리 기업들이 세계 시장을 선도하기를 기대해 본다. 꿈은 크게 꾸고 실천하는 자의 것이니 말이다.

---------------- 11. 위트 넘치는 지혜로운 글 ----------------

저명인사의 명언

　　말은 정신의 표상이다. 마음속으로 바라는 것의 실상이기도 하다. 그래서 말에는 미묘한 힘이 실려 있다. 역경을 딛고 성공한 사람들의 말은 울림이 크다. 맨땅에서 기업을 일군 창업 경영자들의 어록은 더욱 그렇다. 그 말 속에 도전과 혁신, 창조의 열정이 오롯이 담겨 있다. 다음은 세계 유명한 기업인들과 저명인사의 어록 및 일화를 소개해 보겠다.

1) **윈스턴 처칠** 존경받는 영국의 정치가

・ **일화 1**

미국을 방문한 처칠에게 여인이 질문했다.

　"연설할 때마다 사람들이 자리가 미어지게 모여드니 기분이 정말 짜릿하시겠어요."

처칠은 웃음을 지으며 대답했다.

　"물론 기분이 좋습니다. 하지만 내가 이런 정치 연설을 하는 것이 아니라 교수형을 당하는 것이라면 지금보다 최소한 2배 이상의 사람들이 몰려들 것이란 사실을 늘 기억하고 있습니다."

・ **일화 2**

2차 세계대전 당시 전 세계의 결속을 모으는 연설을 하러 방송국에 가야 했던 처칠은 택시를 잡았다.

"BBC 방송국으로 갑시다."

택시기사는 뒤통수를 긁으며 대꾸했다.

"죄송합니다, 손님. 오늘 저는 그렇게 멀리까지 갈 수 없습니다. 한 시간 후에 방송되는 윈스턴 처칠의 연설을 들어야 하거든요."

이 말에 기분이 좋아진 처칠이 1파운드짜리 지폐를 꺼내 운전사에게 건넸다. 그러자 운전사는 처칠을 향해 한쪽 눈을 찡긋하며 말했다.

"타십시오, 손님. 처칠이고 뭐고 우선 돈부터 벌고 봐야겠습니다."

"그럽시다, 까짓것."

- 일화 3

어느 날 처칠의 비서가 일간 신문을 들고 들어와 처칠 앞에서 그 신문을 맹비난하였다. 처칠을 시가를 문 불독으로 묘사한 만평을 실었기 때문이다. 처칠은 신문을 물끄러미 보다가 이렇게 말했다.

"기가 막히게 그렸군. 벽에 있는 내 초상화보다 훨씬 나를 닮았어. 당장 초상화를 떼어 버리고 이 그림을 오려 붙이도록 하게."

- 일화 4

2차 대전 초기 루스벨트 대통령을 만나러 미국으로 건너간 처칠. 숙소인 호텔에서 목욕을 한 뒤 허리에 수건을 두르고 있는데 갑자기 루스벨트 대통령이 나타났다. 그때 공교롭게도 허리에 감고 있던 수건이 스르르 내려갔다. 난감한 그 상황에서 루스벨트를 향해 처칠은 어색한 분위기를 완벽하게 전환한다. 양팔을 넓게 벌리며 "보시다시피 영국은 미국과 미국 대통령에게 아무것도 감추는 것이 없습니다."라고 말이다.

- 일화 5

처칠이 처음 하원의원 후보로 출마했을 때 처칠의 상대 후보는 인신공격도 마다하지 않았다.

"처칠은 지각쟁이라고 합니다. 저렇게 게으른 사람을 의회로 보내면 어떻게 되겠습니까?"

처칠은 아무렇지도 않게 응수했다.

"여러분도 나처럼 예쁜 아내를 데리고 산다면 아침에 결코 일찍 일어 날 수 없을 것입니다."

순간 폭소가 터졌다고 한다.

- **일화 6**

대기업 국유화를 놓고 치열한 설전을 벌이던 의회가 잠시 정회된 사이 처칠 이 화장실에 들렀다. 의원들로 만원이 된 화장실에는 빈자리가 딱 하나 있 었는데 그것은 국유화를 강력히 주장하는 노동당의 당수, 애틀리의 옆자리 였다. 하지만 처칠은 다른 자리가 날 때까지 기다렸다. 이를 본 애틀리가 물 었다.

"제 옆에 빈자리가 있는데 왜 거길 안 쓰는 거요? 혹시 저한테 뭐 불쾌 한 일이라도 있습니까?"

그 말에 처칠은 이렇게 대답했다.

"천만에도 괜히 겁이 나서 그렇습니다. 당신은 뭐든 큰 것만 보면 국유 화하자고 주장하잖아요. 혹시 제 것을 보고 국유화하자고 달려들면 큰일 아닙니까?"

- **일화 7**

처칠이 정계에서 은퇴 후 80세가 넘어 한 파티에 참석하게 되었다. 처칠의 젊은 시절 유머 감각을 기억하는 한 부인이 짓궂은 농담을 한다.

"어머, 총리님! 남대문이 열렸어요."

일제히 시선이 총리에게로 향했지만 처칠은 싱긋이 웃으며 대답했다.

"걱정하지 마세요, 부인. 이미 죽은 새는 새장 문이 열렸다고 해서 밖으 로 나올 수 없으니까요."

- **일화 8**

영국의회 사상 첫 여성 의원이 된 에스터 부인. 여성의 참정권을 반대한 처칠에게 최대의 정적으로 나타났다.

"만약 내가 당신의 아내라면 서슴지 않고 당신이 마실 커피에 독을 타겠어요"

처칠은 태연히 대답하였다.

"내가 만약 당신 남편이라면 서슴지 않고 그 커피를 마시겠소."

2) **빌 게이츠** 마이크로소프트 창업자

그는 39세에 세계에서 가장 유명한 부자가 되었다. 2020년 10월 기준 자산은 1,169억 달러로 한화 127조 6,500억 원이다.

- **주요 명언**

남들과 비교하지 말아라. 큰 승리를 위해서는 큰 위험이 필요하다. 어릴 때부터 세상에 노출되어라.

코치와 멘토를 찾아라. 사람들을 이끌어라.

계속 배워라. 독서에 많은 시간을 보내라.

소수의 사람이 되어라. 파트너십을 가져라.

불평하는 고객에게 집중하라.

3) **마크 저커버그** 페이스북 창업자

페이스북 창업자인 마크 저커버그는 하버드대 커뮤니티를 연결해서 기쁘다며 언젠가 전 세계를 연결할 것이라는 꿈을 꾸고 실천하였다.

• **주요 명언**

모두가 원하지만 아무도 하지 않는 일에 도전하라.

가장 큰 위험은 위험을 피하는 것이다.

모든 것이 급변하는 시대에서 위험을 피해 가는 전략으로는 반드시 실패한다.

비즈니스의 기본 원칙은 쉬운 것부터 먼저 시작하면 큰 성과를 이룰 수 있다는 점이다.

빠르게 움직이고 주변의 틀을 깨부숴라. 주변의 틀을 깨부수지 않는다면 빠르게 움직이고 있는 것이 아니다.

수십 번 넘어져도 젊음을 무기 삼아 도전하라.

우리는 무엇인가에 열정을 가진 사람을 찾는다. 어떤 것에 열정을 가졌는지는 상관이 없다.

결국에 신념을 가진 자가 승리한다.

사람들은 혁신을 창의적인 아이디어를 갖는 것으로 생각한다. 그러나 혁신은 빨리 움직이고 많은 것을 시도해 보는 것이다.

뜨거운 열정보다 중요한 것은 지속적인 열정이다.

작은 일을 시도해야 위대한 일도 생긴다.

도전하고, 실패하고, 빠르게 실행하라.

4) **잭 웰치** 전 GE 회장

전 조직원을 능력과 실적에 따라 상위 20%, 중간 70%, 하위 10%로 나눠 관리하는 인력 관리 시스템이다. 상위 20%에게는 많은 혜택이 주어지는 반면에 하위 10%는 조직에서 떨어져 나갈 위험이 있다. 하지만 이것은 하위 10%가 자신의 수준을 정확히 파악하고 부족한 점을 개선할 수 있도록 유도한 것이지 솎아내는 제도가 아니라고 주장했다.

잭 웰치가 중요하게 생각한 그룹은 바로 70%의 중간 그룹이다. 이들이 바로 조직의 심장이자 핵심이라는 것이다. 이들은 상위 20%처럼 두각을 나타내는 것은 아니지만 묵묵히 자신의 직무를 수행한다. 훌륭한 수장이라면 이 중간 그룹을 20%로 변화시킬 수 있다는 확신을 가져야 할 것이다.

- **주요 명언**

늦기 전에 변화하라.

눈앞의 현실을 직시하고 그것을 회피하지 말라.

언제라도 실행계획서를 고쳐 쓸 수 있는 마음 자세를 가져라.

관리를 덜 하는 만큼 경영의 성과는 높아진다.

당신이 관여하는 사업 전체를 주의 깊게 관찰하라. 그리고 가능한 한 빨리 무엇을 개선할 필요가 있는가, 무엇을 육성할 필요가 있는가, 그리고 무엇을 버려야 하는가를 결정하라.

현실을 직시하라.

한 가지 아이디어에만 집중하지 말고 가능성이 분명하고 전략적인 목표를 여러 개 설정하라.

제1위 또는 제2위가 되어라.

너무 늦기 전에 조직 규모를 줄여라.

기업의 개혁과 변화에 있어서 성역은 없다.

아이디어를 제공하고 자원을 분배하라. 그리고 간섭하지 말라.

5) **일론 머스크** 테슬라 창업자

　　창업하고 성장하는 데에는 혁신, 추진력, 결단력 등이 그들의 판매하는 제품만큼이나 중요합니다. 좋은 피드백보다는 나쁜 피드백에 신경을 쓰고 그와 같은 피드백을 친구들에게 받을 수 있도록 노력해야 합니다. 그게 성공 비결의 전부입니다. 한 가지 최고의 조언은 어떻게 해야 더 잘

해 나갈 수 있는지 끊임없이 생각하고 스스로에게 질문을 던지세요.

저는 분업을 믿지 않습니다. 문제는 많은 대기업에서 분업을 하며 생각할 기회를 앗아가고 있다는 것입니다. 복잡한 기계에서 작은 톱니바퀴처럼 행동하게 됩니다. 솔직히 그렇게 똑똑하지도 않고, 창의적이지도 않은 사람들은 계속 유지할 수 있게 해 줍니다.

새로운 기술이 대중 시장을 수용하려면 두 가지 조건이 필요합니다. 하나는 규모의 경제가 필요하다는 것입니다. 다른 하나는 디자인을 개선해야 한다는 것입니다. 다양한 버전을 살펴봐야 합니다.

재능이 아주 중요합니다. 마치 스포츠팀처럼 최고의 선수를 보유한 팀이 승리한 경우가 많겠지만 그다음에는 그 선수들이 어떻게 협력하는지가 중요합니다. 그래서 채용 전략에서 승패가 가려집니다.

처절하게 일하세요. 매주 80~100시간은 일해야 합니다. 이것은 성공 확률을 분명히 높여 줄 것입니다. 다른 사람들이 주 40시간 일하고 당신이 100시간 일한다면 같은 일을 한다고 해도 1년이 걸리는 것을 4개월 만에 달성할 수 있습니다.

누군가가 획기적인 혁신을 이룰 때 작은 것 하나로 되지는 않습니다. 사소한 것 하나로 성공이 이루어지는 경우는 거의 없습니다. 보통은 수많은 작은 것들이 모여서 혁신을 만듭니다.

실패는 하나의 옵션입니다. 실패를 겪지 않는다면 충분히 혁신적이지 않다는 증거입니다.

6) **스티브 잡스** 애플 창업자

• **주요 명언**

항상 배고프고 항상 갈망하십시오. 그것은 혁신적인 리더와 추종자를 구분하는 잣대입니다.

품질이 물량보다 중요합니다. 한 번의 홈런이 두 번의 2루타보다 나아요.

혁신은 천 번 '아니오.'라고 말하는 것에서 시작됩니다.

가끔 혁신을 추구하다 실수할 때도 있습니다. 하지만 빨리 인정하고 다른 혁신을 개선해 나가는 것이 최선입니다.

시간이 없습니다. 누군가를 위해 당신의 삶을 버리지 마세요.

디자인은 어떻게 보이느냐가 아니라 어떻게 작용하느냐의 문제입니다.

우리는 많은 실수를 하게 됩니다. 그것이 바로 인생이죠. 하지만 최소한 그것들을 새로워지고 창조적이게 합니다.

나는 바보가 된 기분입니다. 나는 기회를 놓쳤다고 생각했는데 우리는 이를 만회하기 위하여 더욱 열심히 일했습니다.

결과보다 과정이 중요합니다.

7) 존. F. 케네디 미국 35대 대통령

· 주요 명언

시간을 도구로 사용할 뿐 시간에 의존해서는 안 된다.

우리에게는 존재하지 않는 것들을 꿈꿀 수 있는 사람들이 필요하다.

승리하면 천 명이 공치사하고 패배하면 고아처럼 한 사람이 뒤집어쓴다.

적을 용서하되 그 이름을 절대 잊지 말라.

행동 계획에는 위험과 대가가 따른다.

우리의 문제는 인간이 만든 문제이므로 인간에 의해서 해결될 수 있다.

평화적인 혁명을 무력화하는 이들은 폭력적인 혁명을 불가피하게 만들 것이다.

인간은 죽을 수도 있고 국가는 흥할 수도 있다. 그러나 사상은 언제나 살아 있다.

고대 그리스인들은 능력과 탁월함을 최대한 발휘하는 것을 행복으로 정의했다.

8) **캘빈 쿨리지** 미국 30대 대통령

캘빈 쿨리지 대통령은 영부인을 대동하고 한 주지사의 농장을 방문하였다. 닭장을 살펴보던 영부인이 농장주에게 물었다. "수탉은 하루에 몇 번이나 암탉과 관계를 하나요?" 그러자 농부가 대답하였다.
"하루에 10번 이상입니다."
영부인은 이 말을 남편인 대통령에게 꼭 전달해 달라고 부탁하였다. 농부로부터 이 말을 전해 들은 대통령은 농부에게 물었다. "같은 암탉과만 계속 관계를 합니까?" 대통령의 물음에 농부는 "아니오, 다른 암탉과 자주 합니다."라고 대답했다. 그는 흡족한 듯 고개를 끄덕이며 이 이야기를 영부인에게 전해 달라고 얘기했다.
이것이 닭에게만 국한된 내용이라면 쿨리지 효과란 말을 쓰지 않았을 것이다. 거의 모든 동물에게 이런 현상이 나타나기 때문이다. 남자 역시 다양한 심리적 차이는 있겠지만 쿨리지 효과로부터 완전히 자유롭지는 않을 것이다. 캘빈 쿨리지 대통령은 1872년 7월 태어나 60세에 생을 마감한 인물이다.

9) **정주영** 전 현대그룹 창업 회장

현대그룹 창립자 정주영 회장은 또 어떠한가. 그는 매일 밤 이런 생각을 했다고 한다. '빨리 내일 아침이 밝았으면 좋겠다. 오늘 보다 신나는 일들을 할 수 있으니까.' 출근할 때마다 소풍 가는 기분으로 갔다니 놀라울 따름이다. 예전에 한 기자가 인터뷰에서 "즐거운 일이 아니라 골치 아픈 일이 잔뜩 생겼을 때도 소풍 가듯 즐거운 마음으로 갈 수 있습니까?"라고 묻자 정주영 회장은 웃으면서 "나는 골치 아프고 힘든 일이 잔뜩 있을 때, 그 일이 해결되었을 때의 기쁨을 생각하면서 새벽 6시에 출근합니다."라고 대답했다.

일이 재미있어서 미칠 것만 같은 사람들은 타고난 일 중독자라고 생각할 수 있다. 하지만 그보다는 일의 주인이 된 사람이라는 표현이 정확할 것이다. 일의 노예가 되어 끌려다니는 대신 주인이 되어 끌고 갈 때 일의 의무가 아닌 재미가 된다.

폐허의 불모지에서 자동차와 건설, 조선 등 중후장대 산업을 일으킨 그는 "그게 되겠어?"라는 의구심들을 불굴의 도전 정신으로 불식시키며 한강의 기적을 일구는 데 앞장섰다.

· 일화 1

정주영 회장은 인천 부두에서 막노동하였다. 합숙소에서 인부들과 함께 잠을 청하는데 빈대가 들끓었다. 빈대를 피하고자 긴 탁자를 가져다 놓고 그 위에서 잠을 청하는데 탁자 다리를 타고 올라와 피를 빨았다. 이번에는 냄비에 물을 떠다가 탁자 다리를 담그고 잠을 청했다. 그랬더니 빈대는 포기하지 않고 벽을 타고 올라가 천장에서 점프하는 수법으로 피를 빨려고 들었다. 정 회장은 빈대에게서 끈기를 배웠다. 이 때문에 그룹 임원 중 일 처리가 미숙하거나 근성이 없는 업무 태도를 보이는 사람에게 "에라이, 빈대만도 못한 녀석아!"라고 구박을 하기도 했다고 전해진다.

· 일화 2

해방이 되기 전 정 회장이 자동차 정비소를 운영할 때였다. 한 직공의 사소한 실수로 불이 붙어 공장 전체가 화염에 휩싸였다. 직원들은 일자리를 잃었고, 정주영은 한순간에 모든 재산을 잃었다. 잠시 외출했다가 돌아와 공장이 불타고 있는 모습을 본 정주영은 탄식했지만 곧 마음을 가다듬고 직원들에게 말했다.

"어차피 까짓거 낡아서 헐어 버리고 했어. 철거비 굳은 셈이지. 자, 기운 차리고 그 돈으로 막걸리 파티나 벌이자고!"

모든 것을 잃은 상황에서도 유머를 잃지 않고 긍정적인 사고로 희망의 불씨를 지폈다.

- **주요 명언**

개인은 일의 주인이 되어야 한다. 그래야 진정한 성공을 맛볼 수 있다.

기업은 조직원을 일의 주인으로 만들어야 한다. 그것이 조직원과 기업이 함께 성장하는 길이다.

운이 없다고 생각하니까. 운이 나빠지는 거야. 길을 모르면 길을 찾고, 길이 없으면 길을 닦아야지. 무슨 일이든 확신 90%와 자신감 10%만으로 밀고 나가는 거야.

사업은 망해도 괜찮아. 신용을 잃으면 그걸로 끝이야.

나는 젊었을 때부터 새벽에 일어났어. 더 많이 일하려고.

나는 그저 부유한 노동자에 불과해. 위대한 사회는 평등한 사회야. 노동자를 무시하면 안 돼. 고정관념이 멍청이를 만드는 거야. 성패는 일하는 사람의 자세에 달린 거야. 아무라도 신념에 노력을 더하면 뭐든지 해낼 수 있는 거야. 내 이름으로 일하면 책임 전가를 못 하지. 잘 먹고 잘살려고 태어난 게 아니야 좋은 일을 해야지.

더 바쁠수록 더 일할수록 더 힘이 나는 것은 신이 내린 축복인가 봐.

열심히 아끼고 모으면 큰 부자는 몰라도 작은 부자는 될 수 있어.

불가능하다고? 해 보기는 했어?

시련은 있어도 실패는 없다.

이봐, 해 봤어?

10) **이건희** 전 삼성그룹 회장

- **일화 1**

한국 반도체 신화의 주인공인 이병철 삼성 초대 회장은 '국가가 살아야 기업도 산다'는 사업 보국의 일념으로 한국의 경제 성장을 이끌었다. 그 정신을 이어받은 이건희 회장은 "마누라와 자식만 빼고 다 바꿔라."라는 신경영 선언으로 뼈를 깎는 혁신을 거듭하며 삼성을 한국 대표 기업이자 글로벌 1등 기업으로 키웠다.

"삼성을 세계적인 초일류 기업으로 만들겠다."라는 일념으로 날로 치열해지는 경쟁 속에서 살아남기 위해 노력한 사람이다. 그는 우리가 가진 인재가 자신의 능력을 마음껏 펼치기 위해서는 회사가 커져야 하며, 삼성이 오대양 육대주를 넘어 세계적인 기업이 되어야 함을 역설했다.

이건희 회장은 어린 시절 어떤 제품 하나에 꽂히면 그것을 분해하고, 조립하고, 작동하는 방법을 익힐 때까지 만지작거렸다고 한다. 그런 집념이 있었기에 세계 1등 기업인 삼성그룹을 탄생시킬 수 있었을 것이다.

· 일화 2

신라호텔의 빵을 먹어본 이 회장이 신라호텔에 전화를 걸어 말했다. 호텔 빵맛이 왜 이 모양이며 빵을 이 따위로밖에 못 만드는 거냐고 말이다. 호통에 당황한 직원은 해결책을 술술 말했다.

"빵 맛을 높이기 위해 고급 캐나다산 밀가루를 사용하겠습니다. 발효 등 공정 과정에 심혈을 기울이겠습니다. 직원들을 프랑스와 일본으로 보내서 질을 높이겠습니다."

그 이야기를 들은 이 회장은 엉뚱한 답을 이야기하고 있다며 전화기 들고 기다릴 테니 답을 찾아보라고 말했다. 직원은 곰곰이 생각한 끝에 답했다.

"유능한 기술자를 스카우트하겠습니다."

이 회장은 그제야 고개를 끄덕였다.

· 주요 명언

결국, 내가 변해야 한다. 바꾸려면 철저히 바꿔야 한다. 극단적으로 얘기하면 마누라와 자식만 빼고 다 바꿔야 한다. 경영자는 적어도 4~5년 후의 일에 대해서는 감각적으로 느낄 줄 알아야 한다. 경영자는 알아야 하고, 행동해야 하며, 시킬 줄 알아야 하고, 가르칠 수 있어야 한다. 사람과 일을 평가할 줄도 아는 종합적인 실력을 갖춰야 한다.

핸드폰 품질에 신경을 써라. 고객이 두렵지 않은가? 반드시 한 명당 한 대의 무선 단말기를 가지는 시대가 올 것이다.

중국은 쫓아오고 일본은 앞서가는 상황에서 한국은 두 나라 사이에 낀 샌드위치 신세다. 자만하지 말고 위기의식으로 재무장해야 한다. 실패를 두려워하지 말고 도전과 혁신, 자율과 창의가 살아 숨 쉬는 창조 경영을 완성해야 한다. 다시 한번 바꿔야 한다. 변화의 주도권을 잡으려면 시장과 기술의 한계를 돌파해야 한다.

11) 인도 간디의 영국 유학 시절 에피소드

자신에게 고개를 숙이지 않는 식민지 인도 출신인 간디를 아니꼽게 여기던 퍼터스라는 교수가 있었다. 하루는 간디가 대학 식당에서 피터스 교수 옆자리에 점심을 먹으러 앉았다. 그는 거드름을 피우며 말했다. "이보게 아직 모르는 모양인데 돼지와 새가 같이 식사를 하는 일은 없다네." 그러자 간디는 재치 있게 대답했다. "걱정하지 마세요. 교수님! 제가 다른 곳으로 날아가겠습니다."라고 말이다.

약이 오른 교수는 다음 시험에서 간디를 애먹이려고 했으나 만점에 가까운 점수를 받자 간디에게 질문을 던졌다. "길을 가다 돈 자루와 지혜가 든 자루를 발견했다네. 자네는 어떤 자루를 택하겠나?" 간디가 대수롭지 않게 대답했다. "그야 당연히 돈 자루죠." 대답을 들은 교수는 혀를 차면서 빈정댔다.

"쯧쯧, 만일 나라면 돈이 아니라 지혜를 택했을 것이네." 간디가 간단히 대꾸하였다. "뭐, 각자 부족한 것을 택하지 않겠어요." 거의 히스테리 상태에 빠진 교수는 간디의 시험지에 멍청이라고 써서 돌려주었다. 그것을 본 간디는 교수에게 반문했다. "교수님, 제 시험지에는 점수가 없고 교수님 서명만 있는데요."

우리는 누가 욕을 하거나 비난을 하거나 조롱을 하면 상심하거나 낙담을 하고 그에 따라 분노를 표출한다. 이것은 대단한 어리석은 행동이다. 화는 나 자신을 갉아먹기 때문이다. 자유를 인정하고 상대의 어리석음을 연민하면 될 뿐이지 거기에 응대할 필요는 없다. 우리도 간디처럼 누군가의 비판을 흘려 버릴 자유로운 영혼이 되면 좋겠다. 최근 서울의 도심에서 엽기적인 차량 파손 사건이 있었다. 이것 또한 상대방을 이해하지 못하고 욱하는 성격에서 비롯되었다는 소식을 듣고 나니, 모두가 마음을 조금씩 다스리는 습관을 가져야겠다.

12) **에이브러햄 링컨** 미국 16대 대통령

미국인들에게 가장 존경하는 대통령이 누구냐고 물으면 대부분 에이브러햄 링컨, 존. F. 케네디, 로널드 레이건, 프랭클린 루스벨트, 빌 클린턴 중 하나라고 대답한다.

링컨이 대통령이 되기 전, 시골의 여학생으로부터 편지 한 통을 받는다.

"링컨 아저씨, 저는 아저씨가 훌륭하게 되기를 바랍니다. 그런데 아저씨는 얼굴이 너무 못생겼어요. 턱은 주걱턱이고 눈은 움푹 들어갔어요. 광대뼈는 왜 그렇게 뾰족 튀어나왔나요? 우리 동네 어른들은 아저씨가 너무 못생겨서 싫대요. 그래서 여기 편지에 제 소원을 적어 보냅니다."

그 소녀의 소원은 양 볼과 턱에 수염을 길러서 못생긴 얼굴을 바꿔 달라는 것이었다. 이에 링컨은 "그렇지, 옳은 충고야."라며 방긋 웃고는 그때부터 수염을 길러 대선에 출마했다는 일화가 있다.

이름 모를 학생의 의견도 소홀히 여기지 않은 덕에 그는 큰 인물이 됐고, 불의와 부정에 생명을 걸고 과감히 싸워 이길 수 있었다. 주변 사람들의 충고를 소중히 여겨야 한다. 링컨의 큰 약점을 덮어준 것은 어린 소녀의 작은 소원이었다. 겸손한 마음으로 주변의 충고에 귀 기울여야 한다.

국민의, 국민에 의한, 국민을 위한 정부는 이 땅에서 영원히 사라지지 않을 것이다. 국민의 일부를 처음부터 마지막까지 속일 수는 있다. 또한, 국민의 전부를 일시적으로 속이는 것도 가능하다. 그러나 국민 전부를 끝까지 속이는 것은 불가능하다.

- **주요 명언**

나는 노예가 되고 싶지 않은 것처럼 주인도 되고 싶지 않다.

나이가 40이 넘은 사람은 자기 얼굴에 책임을 져야 한다.

사람들은 자신이 행복해지겠다고 결심한 그만큼만 행복해진다.

한 통의 쓸개즙보다 한 방울의 꿀이 더 많은 파리를 잡을 수 있다.

사람의 성품은 역경을 이겨낼 때가 아니라 권력이 쥐어졌을 때 가장 잘 드러난다.

나무를 베는 데 8시간 주어진다면 나는 도끼를 가는데 6시간을 쓸 것이다.

13) **로널드 레이건** 미국 40대 대통령

- **일화 1**

꼬마 레이건은 새 구두를 맞춰 주겠다는 숙모를 따라 기쁜 마음으로 구둣방에 갔다. 구둣방 주인은 레이건에게 "**꼬마야 구두의 끝을 둥글게 해 줄까 아니면 각지게 해 줄까?**"라고 물었다. 하지만 레이건은 "**어떤 모양이 더 멋있을까?**"라고 생각하며 망설였다. 한참을 그렇게 망설이던 레이건은 "**두 가지 구두 모양이 모두 멋질 것 같아서 마음이 오락가락해요. 알아서 해 주세요.**"라고 말했다. 그러자 구둣방 아저씨는 "**그래, 네 마음이 정 그렇다면 일주일 뒤에 구두를 찾으러 오너라. 내가 알아서 멋지게 만들어 놓을 테니까!**" 그 말을 들은 레이건은 정말 잘 됐다고 생각했다. 솜씨가 좋기로 소문난 구둣방 아저씨가 알아서 구두를 멋지게 만들어 줄 거라고 기대했기 때문이다.

약속한 날 구두를 찾으러 간 레이건은 구둣방 아저씨가 만들어 놓은 구두를 보고 할 말을 잃고 말았다. 구두의 한 짝은 각이 져 있고 다른 한쪽은 둥글게 만들어진 짝짝이 구두를 내밀었기 때문이다. 할 말을 잃은 채 서 있는 레이건에게 구둣방 아저씨가 말했다.

> "잘 보았지? 너는 이 일을 통해서 네 일을 다른 사람이 대신해서 결정해 줄 수 없다는 것을 배웠을 거야. 마지막 결정은 본인이 해야만 하거든. 이제 스스로 내리는 결정이 얼마나 중요한 것인지 알았니?"

그 뒤 레이건은 그 사건을 항상 기억했고 가끔 주변 사람들에게 그 얘기를 들려주며 충고를 잊지 않았다.

> "나는 짝짝이 구두를 보면서 알았습니다. 내가 스스로 결정을 내리지 않으면 다른 누군가가 내 생각과는 다른 엉뚱한 결정을 내려 버릴 수도 있다는 것을…."

소위 레이건의 짝짝이 구두라는 이 일화는 자신이 선택해야만 하는 결정을 남에게 맡김으로써 본인의 의사와는 전혀 다른 결과를 초래할 수 있다는 것을 일깨워 주는 이야기다.

우리 자신의 성공과 행복, 나아가 현재 처지가 지금까지 행한 주도적 선택의 결과임을 인식하고, 모든 일에서 최선의 선택을 하도록 노력하는 현명한 사람이 되어야겠다. 본인이 선택하지 못하고 남에게 떠넘긴 결정 또한 자신의 책임이라는 것을 잊지 말자.

· 일화 2

레이건 대통령에 대한 일화는 여러 가지가 있다. 그중 또 하나 유명한 일화는 총에 맞아 암살당할 뻔한 사건이다. 그는 몸에 박힌 총알을 제거하기 위해 실려 간 병원에서 마취제로 정신을 잃기 전에 의사에게 이런 얘기를 던졌다고 한다.

> "의사들이 모두 나와 같은 공화당원이었으면 좋겠네요."

그러자 의사들은 "오늘만큼은 온 국민이 공화당원일 겁니다."라고 답변을 했다 한다. 의사들이 모두 공화당원이었으면 좋겠다는 얘기는 농담 반, 진담 반으로 자신을 꼭 살려달라는 뜻이었을 것이다. 총을 맞고 암살당할 뻔한 사람이 이런 농담을 할 수 있다는 것은 보통 사람이어서는 불가능한 일이라는 생각이 든다.

- **주요 명언**

당신이 그들에게 빛을 볼 수 없게 한다면 그들에게 열을 느끼도록 만들어라.

가장 훌륭한 지도자란 가장 훌륭한 일들을 필요적으로 해내는 사람이 아니다.

그는 다른 사람들이 가장 훌륭한 일을 하도록 이끌어 주는 사람입니다.

우리는 모든 사람을 도와줄 수 없어요. 하지만 모든 사람은 누군가를 도와줄수 있어요.

좋은 사람들이 두려워하지 않는다면 악한 사람은 힘을 잃게 됩니다.

인간의 문제 중 하나는 같은 실수들을 계속 범한다는 것입니다.

14) **오프라 윈프리** 방송인, MC

그는 1954년 1월 미시시피주에서 사생아로 태어났다. 6세부터 할머니의 손에서 자라게 되었고, 9살이 되던 해에 사촌 오빠에게 성폭행을 당하고 마약에 빠지는 등 어둡고 불우한 생활을 했다. 그는 할머니를 떠나 이발사인 아버지와 함께 살면서 고등학교에 진학했고, 라디오 프로그램에서 일을 얻어 19살이라는 어린 나이에 지역 뉴스와 공동 뉴스 캐스터가 된다. 그렇게 순발력과 재치뿐만 아니라 남다른 즉흥적인 감정전달 덕분에 주목을 받기 시작했다.

1983년 시카고의 별 볼 일 없던 30분짜리 아침 토크쇼 "AM Chicago"의 진행을 맡게 된다. 한 달 뒤 그녀는 시카고에서 가장 인기 있는 토크쇼 MC가 되었고 명성이 높아지자 쇼의 이름 자체를 "오프라 윈프리 쇼"로 바꾼 뒤 전국적으로 방영하기 시작했다. 이후 오프라 윈프리 쇼는 미국을 넘어 세계적으로 인기를 얻는 프로그램이 되었고, 2011년 5월 17일 마지막 방송을 끝으로 막을 내리게 되었다.

- **주요 명언**

할 수 없을 것 같은 일을 하라.

실패하라. 다시 도전하라.

이번에 더 잘해 보아라. 넘어져 본 사람은 단지 위험을 감수해 본 적이 없는 사람일 뿐이다.

이제 여러분의 차례다. 이 순간을 자신의 것으로 만들어라.

여러분을 더욱 높이 올려줄 사람만 가까이하세요.

최고가 되기 위해 가진 것을 활용하세요. 이것이 현재 제가 사는 방식입니다.

실패란 존재하지 않습니다. 다만 자신이 진정으로 누구인지 더 뚜렷하게 집중할 수 있도록 살아가는 동안 실수할 뿐입니다.

남의 호감을 얻으려고 너무 애쓰지 마라.

앞으로 나아가기 위해 외적인 것에 의존하지 마라.

일과 삶이 조화를 이룰 수 있도록 노력하라.

주변에 험담하는 사람들은 멀리하라.

다른 사람에게 친절하게 대하라.

중독된 것을 끊어라.

당신과 버금가는 혹은 당신보다 나은 사람들로 주변을 채워라.

돈 때문에 하는 일이 아니라면 돈 생각은 아예 잊어라.

당신의 권한을 남에게 넘겨 주지 마라.

포기하지 마라.

15) **소크라테스** 고대 철학자

"너 자신을 알라." 이 명언은 모르는 사람이 없을 것이다. 하지만 너무도 많은 사람이 자신을 왜곡하고 자기 잘난 맛에 살아가고는 한다. 역지사지의 마음을 갖지 않더라도 최소한 상대의 배려나 성의는 알고 살아야 하지 않을까 싶다. 결과만을 가지고 따질 것이 아니라 과정을 직시해야 하지 않을까.

- **주요 명언**

어려서 겸손하라. 젊어서 온화하라. 장년에 공경하라. 늙어서는 신중하라.

네 자식이 해 주기 바라는 것과 똑같이 네 부모에게 행하라.

내 마음은 관상가가 하는 말과 같이 흉악함에 차 있다. 단지 내가 이를 잘 이겨서 행동으로 나타나지 않을 뿐이다.

다른 사람이 쓴 책을 읽는 일로 시간을 보내라. 다른 사람이 고생하면서 깨우치는 것을 보고 쉽게 자신을 개선할 수 있다.

돼지가 되어 즐거워하기보다는 사람이 되어 슬퍼하리라.

만족은 천연의 재산이다.

많은 사람이 그 무엇보다 쾌락을 구하지만, 그 쾌락을 충분히 얻지 못하고 있다.

말 타는 기술을 늘리려면 사나운 말을 골라 타야 한다. 사나운 말을 탈 수 있게 되면 다른 말을 다스리는 쉬운 일이다.

내가 그녀 악처 를 견뎌낼 수 있다면 아마 이 세상에서 다루지 못할 사람은 없을 것이다.

무지를 아는 것이 곧 앎의 시작이다.

지혜는 부자들을 아름답게 하고 가난을 부드럽게 한다.

친구와 적은 있어야 한다. 친구는 충고를, 적은 경고를 해 준다.

한 가지 일에 착수하면 중도에서 그만두지 말고 열심히 완벽해질 때까지 힘들여 완성토록 하라.

행복을 자기 자신 이외의 것에서 발견하려고 바라는 사람은 그릇된 사람이다. 현재의 생활 또는 미래의 생활 그 어느 것에 있어서나 자기 자신 이외의 것에서 행복을 얻으려는 사람은 그릇된 사람이다.

회의는 철학자가 감지하는 것이며 철학은 회의로부터 나온다.

각자의 건강에 주의하라. 사리 분별이 있는 인간이 운동과 식사 문제에 주의해서 무엇이 자기에게 좋고 무엇이 자기에게 나쁜 것인가 하는 것을 의사 이상으로 잘 알아야 한다.

결혼하는 편이 좋은가 아니면 하지 않는 편이 좋은가를 묻는다면 나는 어느 편이나 후회할 것이라고 대답하겠다.

그 사람보다 내가 지혜가 있다. 왜냐하면 그 사람도 나도 아름답고 선한 것에 대해서는 아무것도 모르는 것 같은데 그러나 그 사람은 모르면서도 무엇인가 아는 것처럼 생각하고 있고 그와 반대로 나는 아무것도 모르기 때문에 그대로 모른다고 생각하고 있다.

여자의 눈물을 보고 이를 믿지 말라. 왜냐하면 마음대로 되지 않을 때에 우는 것은 여자의 천성이기 때문이다.

나는 잘되겠다고 노력하는 그 이상으로 잘 사는 법은 없고. 실제로 잘되어 간다고 느끼는 그 이상으로 큰 만족은 없다고 생각한다. 이것은 내가 오늘날까지 살아오면서 경험하고 있는 행복이다. 그리고 그것이 행복한 것을 내 양심이 증명해 주고 있다.

어쨌든 결혼을 하여라. 양처를 얻으면 행복할 것이고 악처를 얻으면 철학자가 될 것이기 때문이다.

사냥꾼은 개로 토끼를 잡지만 아첨자는 칭찬으로 우둔한 자를 사냥한다.

악한 행위를 하는 사람은 다른 사람은 물론 자신에게 더 큰 상처를 입힌다.

16) 법정 스님

· 주요 명언

버리고 비우는 것은 결코 소극적인 삶이 아니라 지혜로 삶을 선택이다.

버리고 비우지 않고는 새것이 들어설 수 없다.

공간이나 여백은 그저 비어있는 것이 아니라 그 공간과 여백이 본질과 실상을 떠받쳐 주고 있다.

우리가 지금 이 순간 전 존재를 기울여 누군가를 사랑하고 있다면 이다음에는 더욱 많은 이웃을 사랑할 수 있다. 다음 순간은 지금 이 순간에서 태어나기 때문이다.

지금이 바로 그때이지 시절이 따로 있는 것이 아니다.

무소유란 아무것도 갖지 않는 것이 아니라 불필요한 것을 갖지 않는다는 뜻이다.

내 소망은 단순하게 사는 일이다. 그리고 평범하게 사는 일이다. 느낌과 의지대로 자연스럽게 살고 싶다.

빈 마음 그것을 무심이라고 한다. 빈 마음이 곧 우리들의 본 마음이다.

세상에 공것은 없다. 모두가 스스로 뿌린 대로 거둔다.

행복할 때는 행복에 매달리지 마라. 불행할 때는 이를 피하려고 하지 말고 그냥 받아들여라.

행복은 결코 많고 큰 데만 있는 것이 아니다. 작은 것을 가지고도 고마워하고 만족할 줄 안다면 그는 행복한 사람이다. 여백과 공간의 아름다움은 단순함과 간소함에 있다.

가슴은 존재의 핵심이고 중심이다. 가슴 없이는 아무것도 존재할 수 없다. 생명의 신비인 사랑도 다정한 눈빛도 정겨운 음성도 가슴에서 싹이 튼다. 가슴은 이렇듯 생명의 중심이다.

나는 누군인가 스스로 물으라. 자신의 속 얼굴이 드러나 보일 때까지 묻고, 묻고 물어야 한다. 건성으로 묻지 말고 목소리 속의 목소리로 귓속의 귀에 대고 간절하게 물어야 한다. 해답은 그 물음 속에 있다.

17) 나폴레온 힐

▪ 주요 명언

모든 성취의 출발점은 꿈을 꾸는 것으로부터 시작된다.

성공은 성공 지향적인 사람에게만 온다. 실패는 스스로 실패할 수밖에 없다고 체념해 버린 사람에게 온다.

우유부단이야말로 성공을 가로막는 최대의 적이며 성공하는 사람들은 신속한 결단력의 소유자이다. 꿈과 목표를 실현하기 위해선 명확한 계획을 세우고 즉시 시작하자. 준비가 됐든 아니든 이 계획을 실행에 옮겨라.

인내와 끈기, 피나는 노력이면 반드시 성공한다.

우리의 유일한 한계는 우리 스스로 마음으로 설정한 것들이다.

역경의 순간에 여러분이 의지할 수 있는 유일한 사람은 바로 자기 자신이다.

쉽게 포기하는 자는 결코 승리할 수 없고, 승리하는 자는 결코 포기하지 않는다.

성공은 인간의 의지에서 비롯된다.

잘 지어진 모든 집은 설계도라는 명확한 계획과 함께 시작된 것이다.

사람이 완벽하게 조절할 수 있는 것은 세상에 딱 한 가지밖에 없다. 바로 마음가짐이다.

성공은 나는 할 수 있다고 생각하는 사람에게 온다.

만약 그대가 낙오자가 될까 우려한다면 낙오자가 될 것이다.

당신이 높은 지위에 오르기를 원하신다면 반드시 된다는 신념을 품어라.

성공과 실패는 모두 자신의 마음속에 있다. 성공하지 못한 사람들은 공통적으로 하나의 두드러진 특색이 있다. 그들은 실패의 이유를 속속들이 알고 있으며 실패에 대한 완벽한 변명거리를 저마다 만들고 있다.

내가 성공한 이유는 중도에 그만둠 없이 한 가지 일에 매달려 지속적인 노력을 할 수 있는 집중력이 있었기 때문이다.

미루는 습관을 버리자. 완벽한 때라는 건 결코 없다.

기다리지 마라. 무엇인가를 하기 적당한 시기 같은 건 결코 존재하지 않는다. 그리고 현재 가지고 있는 무기가 무엇이든지 그걸 가지고 일을 시작해라. 더 나은 무기는 일을 하다 보면 정착될 것이다.

우리의 유일한 한계는 우리 스스로 마음으로 설정한 것들이다.

모든 성취의 출발점은 열망이다.

이를 명심하라. 약한 불이 미약한 열기를 주듯 약한 열망은 미약한 결과를 안겨 준다.

실패를 겪으면 당신의 계획이 적절하지 않았다는 의미로 받아들여라.

때로는 한순간의 결정이 인생을 바꾼다.

당신이 할 수 있다고 말로 하지 말고 행동으로 보여 줘라.

행동은 지성의 진정한 척도다.

성공의 가장 중요한 원칙은 한 걸음 더 나아가는 습관을 기르는 것이다.

가장 열정적인 꿈을 꾸어라. 그러면 열정적인 삶을 살게 될 것이다.

쉽게 포기하는 자는 결코 승리할 수 없고 승리하는 자는 결코 포기하지 않는다.

인생의 어느 시점에 이르면 미루는 습관을 극복해야 한다.

18) **앤드루 카네기** 철강왕

- **일화 1**

미국의 대 사업가로서 자선 사업을 많이 했던 앤드루 카네기의 일화이다. 사람들은 그를 강철왕이라고 부른다. 그러나 그는 철강의 제조에 관련해서 별반 아는 지식이 없었다. 그저 많은 기술자를 고용해서 그들을 통해서 철강 회사를 성공적으로 경영하는 방법을 알고 있을 뿐이다.

어느 날 그는 자기 회사에서 철강 제련 기술이 가장 뛰어난 기술자 한 사람을 자기 방으로 불러 이렇게 말했다.

"여보게, 나는 자네가 자타가 공인하는 이 회사에서 가장 훌륭한 기술자라고 생각하네. 그래서 내가 자네를 지금 공석인 사장 자리에 자네를 임명하려고 하네. 그러니 자네가 그 자리를 맡아서 충성을 다해 주게나."

그러자 그 기술자는 가만히 생각하더니 정중히 대답했다.

"회장님 호의는 무척이나 고맙습니다만 아무리 생각해도 저는 그 자리에 적임자라고 생각하지 않습니다. 저는 회사의 경영에 대해서 전혀 아는 것이 없는 문외한이기 때문입니다. 회장님의 호의는 감사하지만 사양하겠습니다."

카네기는 의외라고 생각했다. 그래서 다시 타일렀다.

"여보게 회사의 경영이라는 것은 차츰 배워나가면 되지 않겠나? 그러니 자네가 그 자리를 좀 맡아 주게나."

그러자 그 기술자는 다시금 이렇게 대답했다.

"회장님! 사람마다 재능이 다르다고 봅니다. 저는 이 세상에서 저를 가장 잘 압니다. 저의 재능은 기술이지 경영이 아닙니다. 그러니 제가 가진 재능대로 회장님을 섬기며 회사를 위해서 일할 수 있도록 배려해 주시면 감사하겠습니다."

카네기는 그 말을 듣고 너무나 깊은 감명을 받았다.

"잘 알겠네. 자네 뜻대로 하겠네. 그 대신 자네가 나와 약속을 해 주어야 할 것이 있네. 자네는 명실공히 철강계의 대통령이네. 그러니 이제부터는 내가 자네에게 대통령과 맞먹는 급료를 지급하겠네. 그 한 가지만큼은 자네가 거절하지 말았으면 좋겠네."

그 후 카네기는 약속대로 그 기술자에게 대통령에 맞먹는 급료를 계속해서 지불하였다. 물론 그 기술자도 감사한 마음으로 자기가 맡은 소임에 더욱 충실했습니다. 그뿐만 아니라 그 일을 들은 회사의 전 직원은 동기부여를 받아 자신이 맡은 소임에 충성했다고 한다. 그 결과 카네기의 철강 회사는 명실공히 세계에서 제일가는 철강 회사로 발돋움할 수 있었다.

- **일화 2**

카네기는 강연 중 한 여성으로부터 거친 욕설을 듣게 된다. 하지만 끝까지 온화한 미소를 잃지 않았다.

> 제자: 정말 대단하십니다. 어떻게 그렇게 험한 말을 듣고도 웃을 수 있으신지요?
>
> 카네기: 그 여자가 내 아내가 아니란 사실이 매우 감사했다네.

- **일화 3**

어느 날 초등학교 교장이 카네기에게 기부를 요청하러 왔다. 마침 카네기는 서재에서 촛불을 켜 놓고 책을 읽고 있었는데 방문객이 들어오자 촛불 한 개를 끄면서 손님을 맞았다. 교장은 이 모습을 보고 카네기에게 기부금을 받기가 어려울 것으로 예상했다. 그러나 카네기는 예상 밖으로 순순히 교사 신축 기부금을 내놓았다. 교장은 궁금하여 물었다.

> "어째서 내가 들어오자마자 촛불 한 개를 꺼 버렸습니까?"
>
> "책을 읽을 때는 두 개가 필요하지만 얘기할 때는 촛불 한 개만으로도 충분하지 않습니까?"

- **일화 4**

카네기는 직원 채용 시험에서 포장된 물건의 끈을 푸는 문제를 냈다. 시험이 끝난 뒤 카네기는 포장된 끈을 손으로 차근차근 꼼꼼하게 푼 사람은 불합격시키고 고정관념을 깨고 생각을 바꿔 칼로 단번에 잘라낸 사람을 합격시켰다. 카네기는 채용 시험에 응시한 사람들의 지식보다는 지혜 즉, 사고의 유연성을 테스트해 본 것이다.

19) **헨리 포드** 포드자동차 창업자

헨리 포드는 자동차 왕으로 불리는 세계적인 자동차 회사 제작사 포드 자동차 창업자이다. 차량 생산 방식에 의해서 자동차를 대중화를 하였고 본격적으로 자동차 시대를 개척한 장본인이기도 하다.

헨리 포드가 영국을 갔을 때 일화다. 그가 공항 안내소로 가서 영국에서 가장 싼 호텔을 묻자, 안내원이 그를 빤히 바라보았다. 그 당시 헨리 포드는 전 세계에 널리 알려져 어떤 사람인지 모르는 사람이 거의 없을 정도로 유명했다. 공항 안내원은 바로 전날 그가 온다는 기사와 함께 신문에 그의 사진이 크게 실렸기 때문에 큰 기대를 한 모양이었다. 그런데 그가 낡은 코트를 입고 가장 싼 호텔을 묻고 있는 게 아닌가? 안내원은 믿기지 않아서 물었다.

"혹시 헨리 포드 씨가 아닌가요? 분명히 사진에서 본 것 같은데요."

"맞습니다."

그의 대답에 안내원은 매우 놀라며 다시 말했다.

"아드님께서 이곳에 온 걸 봤습니다만 비싼 옷을 입고 일류 호텔을 찾던데, 아버지는 낡은 코트에 가장 싼 호텔을 찾고 계시네요?"

그는 여유롭게 웃으며 대답했다고 한다.

"맞습니다. 내 아들은 아직 완숙하지 않은 나이니까요. 그래서 다른 사람의 시선을 많이 의식하는 모양입니다. 그러나 나는 값비싼 일류 호텔에 묵어야 할 필요가 없습니다. 좋은 호텔을 이용하든, 허름한 호텔을 이용하든 나는 헨리 포드이니까요. 이 옷은 선친으로부터 물려받은 옷입니다. 굳이 새 옷을 살 필요가 없어요. 어떤 옷을 입든, 벌거벗고 서 있든 내가 헨리 포드라는 사실은 변하지 않을 테니까요."

20) 세계적인 CEO의 명언

A.G Lafley P&G 최고경영자
회의 시간 3분의 2는 듣는 시간입니다.

구인회 LG그룹 초대 회장
한 번 사람을 믿으면 모두 맡기세요.

Louis V, Gerstner, Jr IBM CEO
변화의 첫걸음은 행동에 옮기는 것이다.

Howard Schultz 스타벅스 회장
구두끈이 풀린 줄도 모른 채 앞만 보고 뛴다 한들 1등 할 수 있을까?
가끔은 내려다보고 구두끈을 점검할 필요가 있을 것이다.

Tom Monaghan 도미노 피자 창업자
성공의 비결은 단 한 가지 잘할 수 있는 일에 광적으로 집중하는 것이다.

Eric Emerson Schmidt 전 구글 CEO
당신의 컴퓨터와 핸드폰을 끄고 진정으로 우리 주위에 있는 사람을 발견하십시오.

마쓰씨다 고노스케 마쓰씨다 창업자
나는 배운 게 없기 때문에 모르는 게 많다.

Ted Turner CNN 설립자
이끌어라, 따라라, 비켜서라.

21) 성공한 인물들의 사고방식

상위 20%의 부를 소유한다. 머리로 생각하고 돈을 번다.

정면 돌파한다. 경험을 중요시한다.

행동을 취한 후 결과를 얻는다. 투자를 좋아한다.

목표 설정 후 꿈을 좇는다. 문제 속에서 답을 찾는다. 비전을 본다.

기회를 만든다. 미래를 계획한다. 간단한 시스템을 반복하고 습관화한다.

내일의 일을 오늘 끝낸다. 어떻게 그를 해결할 것인가를 고민한다.

노트에 메모 기록 한다. 내가 성공할 것을 확신한다.

성공자의 조언을 따른다. 항상 성공자들과 함께한다.

자기 계발과 변화를 추구한다. 선의의 경쟁을 좋아한다. 격려와 칭찬을 한다. 끝까지 포기하지 않는다.

22) 신호등 인생

지금 당신이 도로를 걷고 있다면 그곳에 있는 신호등을 보라. 파란불이 켜져 있다면 당신은 계속 걸어갈 것이고 빨간 불이 켜져 있다면 당연히 파란불로 바뀌길 기다릴 것이다. 당신이 어떤 곳에 가야 한다면 빨간 불이 켜져 있다고 해서 이제는 그곳으로 영원히 갈 수 없다고 절망하지는 않을 것이다. 우리 인생도 마찬가지가 아닐까?

도로를 걸을 때 항상 파란 불만 마주하는 사람은 없다. 우리는 삶이라고 이름 지어진 길을 꾸준히 걸어가고 있지만 항상 잘 닦여진 도로에서 파란 신호만을 받으면서 가지는 못한다. 살아가면서 맞이하게 되는 시련과 실패를 그저 빨간 불이라고 생각해 보자. 지금까지 빨간 불을 만났다고 해서 다른 길로 돌아가거나 포기하지는 않았는가?

빨간 불이 파란 불로 바뀌는 동안만 참고 기다리면 다시 앞으로 걸어갈 수 있다. 삶은 계속 쉬지 않고 걸어가는 것이 아니라 걷다 잠시 쉬고 또다시

걷기를 반복하는 파란 불과 빨간 불의 조화로 이루어져 있다.

잊지 말자. 빨간 불을 만났다고 하여 뒤돌아서지 않는 한 언젠가는 꼭 종착역에 도달하게 된다는 것을 그리고 그것이 바로 인생이라는 사실을….

23) **인생을 재치있게 사는 방법**

남의 눈을 의식하지 마라. 세상에서 모든 사람의 마음에 드는 완벽한 사람은 없다. '다른 사람이 나를 어떻게 생각할까?'라는 생각은 순발력을 방해하므로 당장 지워 버려라. 순발력 있게 행동하려면 먼저 남의 눈으로부터 자유로워야 한다.

변명 없이 인정하라. 잘못에 대해 어떤 변명도 하지 않고 있는 그대로를 인정하면 상대는 오히려 할 말이 없어진다.

독일 축구 국가 대표팀 감독으로 내정됐던 크리스토프 다움은 코카인 복용 혐의를 추궁하는 기자 회견장에서 "네, 저는 코카인을 복용했습니다."라고 인정했고 기자들은 그와 관련된 질문을 더는 하지 못했다. 정확한 비판에는 긍정이 가장 현명한 대답이다.

품위 있게 대답하라. 상대의 비난을 받아들이는 동시에 상대를 제일 뛰어나다고 치켜세워라. "당신 부서에서는 불량품이 너무 많이 나와요."라는 지적을 받았다면 "당신 부서는 불량률이 우리 회사에서 특히 낮은 편이죠? 어떻게 하면 그렇게 불량품을 줄일 수 있어요?"라고 되묻는 것이다. 상대는 무언가 대답해 주고 품위를 지켜야 하기에 비난하던 말도 거두게 된다.

유머를 살려라. 상대의 지적을 과장된 대답으로 되받아쳐 웃음을 유발하는 방법은 유연하고 적을 만들지 않는 방법이다. "실제보다 나이 들어 보이네요."라는 지적에 "네, 맞아요. 가끔 박물관에 화석으로 전시되기도 한답니다."라고 대답해 보라. 사람은 함께 웃을 때 서로 가까워지는 것을 느낀다.

해결책을 모색하라. 개미가 자기 집이 무너진 것을 발견했을 때 가장 먼저

하는 일은 화를 내거나 실망한 것이 아닌 집 지을 재료들을 다시 모으는 일이다. 분노, 슬픔, 실망, 복수 등의 감정은 문제를 해결하는 데 아무 도움이 되지 않는다. 부정적인 감정을 느낄 때마다 언제나 그 상황을 벗어나기 위한 해결책을 고민하라.

24) 쓰면 쓸수록 득이 되는 말

상대의 능력을 200% 이끌어 내는 말	"당신을 믿어."
껌처럼 작아지는 용기를 크게 키우는 말	"넌 할 수 있어!"
부적보다 더 큰 힘이 되는 말	"널 위해 기도할게."
충고보다 효과적인 공감의 말	"잘 안 될 때도 있어."
돈 한 푼 들지 않고 호감을 사는 말	"당신과 함께 있으면 기분이 좋아져."
자녀의 앞날을 빛나게 하는 말	"네가 참 자랑스러워."
반복되는 일상에 새로운 희망을 선사하는 말	"초심으로 돌아가자."
환상의 짝꿍을 얻는 말	"우린 천생연분이야."
다시 일어설 수 있는 말	"괜찮아, 잘될 거야."
상대에게 가슴을 설레게 하는 말	"보고 싶었어."
배우자에게 보람을 주는 말	"난 당신밖에 없어."
상대를 특별한 사람으로 만들어 주는 말	"역시 넌 달라."

상대의 지친 마음을 어루만져 주는 말

인생에 새로운 즐거움에 눈뜨게 해 주는 말

백 번, 천 번, 만 번을 들어도 기분 좋은 말

"그동안 고생 많았어."

"한번 해 볼까?"

"사랑해."

25) 평생 갚을 수 없는 은혜, 좋은 글

오래전 미국의 보스턴시에 스트로사라는 청년이 있었다. 그는 큰 꿈을 가지고 있었지만 그 꿈을 이루는 데 필요한 돈이 없어서 거부인 바턴을 찾아가서 2천 불을 빌려 달라고 했다. 자기에게는 담보는 없지만 일에 대한 꿈과 용기가 있으니 믿고 빌려준다면 그 은혜는 잊지 않겠노라고 자신 있게 말했다. 바턴의 주위 사람들은 경력도 없는 그에게 담보나 후원자도 없이 돈을 꿔 주는 것은 위험한 일이라고 만류했다. 그러나 바턴은 그 청년의 용기에 마음이 들어 모험을 걸고 2천 불을 내주었다. 그리고 스트로사는 얼마 지나지 않아 그 돈을 갚았다.

그 후로 10년이 지났다. 당시 미국에는 경제대공황이 일어나 바턴은 완전히 파산될 지경에 이르렀다. 소문으로 이 사실을 알게 된 스트로사는 바턴을 찾아가 "당신에게 빚진 돈 7만 5천 불을 갚으러 왔습니다."라고 말했다. 바턴은 깜짝 놀라 "당신이 가져갔던 돈은 이미 갚았는데 무슨 소리요?"라며 되물었다. 스트로사는 이렇게 대답했다.

"분명히 빚진 돈 2천 불은 옛날에 갚았지만, 당신이 베풀어 준 은덕은 평생 갚지 못합니다. 그때 그 2천 불로 장사를 해서 오늘 이렇게 큰 부자가 되었습니다. 그때 2천 불을 갚은 것만으로 모든 게 끝났다고 생각하는 사람은 정신 나간 사람입니다. 은덕과 사랑은 영원히 갚을 수 없는 빚입니다."

글을 마치며

　　새로운 도전은 항상 나를 성장시키고 행복하게 합니다. 어린 시절 시골에서 아무것도 모르고 초·중학교를 졸업하고 고등학교와 대학에 가기 위해 광주광역시도 유학을 떠나게 되었습니다. 대학을 다니던 중 어느 날 졸업 후에 어떻게 이 사회를 살아갈 것인지를 고민하게 되었습니다. 배경도 없고 부모님 재산이 많은 것도 아니고 6남매의 장남으로 어깨가 무거웠고 난감하기 그지없었습니다. 졸업 후 빠르게 취직을 하려면 어떻게 해야 할지 고민하던 중 대학생이니까 일단 학점이라도 잘 받아야 한다는 생각에 공부를 열심히 하게 됩니다. 늦게 철이 든 것이지요. 그렇게 공부하며 시간이 어떻게 가는 줄도 모른 채 나이가 차서 입대를 하게 되었습니다. 그리고 제대 1개월 앞두고 대기업 채용 광고를 보고 응시하여 현대자동차에 공채 입사를 하면서 새로운 제2의 인생이 시작되었습니다.

대기업에 입사하고 난 후 또 다른 걱정은 승진 문제였습니다. 입사 동기 중 대리 승진이 50% 수준밖에 안 되기 때문에 허송세월로 직장 생활을 할 수가 없었습니다. 그런 와중에 경쟁자인 입사 동기들이 대부분 서울의 명문대 출신이라는 사실에 앞이 깜깜해져 왔습니다. 힘들게 업무도 배우고 다른 팀의 팀장들과 인간관계를 유지하면서 자신의 부가가치를 키우는 일에 전념하고 영어나 일본어 공부와 자동차 관련 공부를 병행하게 됩니다.

그러던 중 1997년 IMF를 맞이하며 또 시련이 시간이 다가옵니다. 인사고과가 나쁜 직원 순서로 부하직원을 해고하라는 인사팀의 업무 요청이 떨어진 것입니다. 한 가정의 가장이 직장을 잃은 가슴 아픈 일이 현실로 다가오면서 해고 통보를 받은 직원의 반발과 함께 공갈 협박이 난무하였고 내 차량도 크게 파손시키는 일이 발생하였습니다.

IMF 이전만 하여도 베이비붐 세대는 한 번 입사한 직장은 평생 다닌다는 개념이 있었기에 회사 일에만 충성을 하면 되었지만, 시대와 환경이 급변하면서 자신만의 노하우가 필요한 시대가 왔습니다. 남보다 일찍 일어나 아침 시간을 이용하여 일본어를 배우고, 저녁 시간을 이용하여 자동차 엔진과 미션의 고장 원인 찾기, 중고차 확인법 등의 공부를 열심히 하게 되었습니다.

이렇게 열정을 가지고 열심히 한 결과 부장까지 무난하게 제때 승진을 하게 되었고, 그 이후 협력 업체 중 제일 규모가 큰 회사로 스카우트되어 전무이사 본부장으로 자리를 옮겨 경영자의 길을 걷게 되었습니다. 내가 꿈꾸고 펼쳐 보고 싶은 일들을 시작하여 모두 성공을 하고 회장님으로부터 격려가 대단하기도 했습니다.

한국의 베이비붐 세대는 부모 세대가 소를 키우고 논밭 농사를 지어 자식들을 위해 교육에 헌신하였고 국가도 마찬가지였습니다. 못사는 나라, 자본이 없는 한국. 우리는 그러한 인식에서 벗어나기 위해서 독일에 간호사와 광부를 파견하고, 월남전에 젊은이들을 파병하는 등 외화를 비축하여 자식들 교육에 힘썼습니다. 그렇게 국가는 경제발전의 초석을 마련했고, 오늘날 대한민국이 12위 세계 경제 대국이 되었습니다.

기존에는 공장 현장에서 근로하는 작업자들의 노력으로 한국의 경제 발전이 세계를 놀라게 하고 제품을 생산하여 부를 축적하였다면 21세기는 삼성전자의 반도체, 카카오나 네이버처럼 IT 기업들의 젊은 창업자를 기준으로 새로운 패러다임이 바뀌고 신기술시대가 열리고 있습니다.

기업가로서의 사명은 기업을 발전시키고 기술 혁신과 창의적인 아이디어로 생산성을 높여 수익을 극대화하고, 새로운 부가가치의 창출로 국가와 사회를 풍요롭게 할 책임이 있습니다. 또한, 기업을 살리고 성장시키기 위한 기업인들의 고민과 결단, 치열한 세계 경쟁에서 살아남기 위한 고민이 있습니다.

경영자는 부정적이고 소극적인 사고를 버리고 긍정적이고 진취적이고 적극적인 열린 사고로 최소 5년 앞의 미래를 내다볼 줄 알아야 합니다. 기업가는 장사꾼이 아니며 무에서 유를 창조하는 에디슨과 같은 발명가입니다. 진정한 사업가는 불가능을 가능하도록 바꾸는 해결사입니다. 기업가는 비생산을 생산으로 만드는 혁신가이며, 돈보다 일을 더 사랑하고, 도전과 성취에 목숨을 걸어야 합니다. 세상을 움직이는 데는 여러 사람의 힘이 필요하나 여러 사람을 움직이기 위해 필요한 것은 결국 한 사람의 힘입니다. 그 한 사람, 그가 바로 나 자신과 당신이길 소망해 봅니다.

이 책은 여러 사람을 움직이게 하는 에너지원으로 주로 기획하고 실행의 결과물에 목말라 하는 분들에게 열정으로 도전하여 좋은 결과를 얻을 수 있기를 바라면서 집필했습니다. 필자가 40여 년간의 사회생활을 하면서 얻은 결과물을 기술하여 새롭게 시작하시는 후배들에게 조금이나마 삶의 지침서가 되었으면 좋겠습니다. 뜨거운 열정으로 새로운 목표를 세우고 불나방처럼 불 속으로 뛰어 들어갈 준비가 된 분이라면 도전정신으로 실천하여 신바람 나는 삶을 살 수 있기를 기대해 봅니다.

처음 원고를 작성하느라 매끄럽지 못한 부분이 많았는데 하움출판사 문현광 대표님과 직원들의 도움으로 부족한 내용을 수정하여 오늘 출간에 이르게 되었습니다. 앞으로 이 세상의 목말라 하시는 분들을 위해 새로운 희망을 드리는 글을 준비하여 보도록 하겠습니다.

감사합니다.

- ## 신문기사

전북도민일보   2018년 10월 2일 화요일 008면 지역

유진섭 정읍시장은 신정동 첨단과학산업단지 내 ㈜이원컴포텍을 방문해 기업체 현황을 보고
받고 애로와 건의 사항 등 업체의 다양한 목소리를 청취했다.   정읍=강민철 기자

유진섭 정읍시장 '이원컴포텍' 방문

현장애로 해소방안 모색 등

정읍시가 기업하기 좋은 도시 만들기에 총력을 쏟고 있는 가운데 유진섭 시장이 이의 일환으로 신정동 첨단과학산업단지 내 ㈜이원컴포텍을 방문하고 기업체 현황을 보고 받고 애로와 건의 사항 등 업체의 다양한 목소리를 청취했다.

이날 방문은 유시장이 직접 기업을 방문해 기업의 애로 사항을 청취하고 해소 방안을 모색·공유함으로써 기업하기 좋은 도시를 만들고 이를 통해 민선 7기 핵심 시정방침인 '살맛나는

첨단경제도시'를 실현하겠다는 의지로 마련됐다.

㈜이원컴포텍(대표 류일주)은 현대자동차 전주공장과 기아자동차 광주공장에 자동차부품(자동차 시트)을 납품하고 있는 업체다.

올해 충남 논산에서 본사를 정읍으로 이전했다. 올해 현재 기준 매출액은 500억원 규모로, 지역경제 활성화에 크게 기여하고 있다.

고용인원은 120명으로 직원의 30%를 지역안들로 채용해 일자리 창출에도 크게 기여하고 있다.

정읍=강민철 기자

news 1

전국 > 전북

정읍시, 과학기술진흥위원회 위원 11명 위촉

정읍 첨단전략산업 육성, 심의·조정 등 역할

(정읍=뉴스1) 박제철 기자   2019-03-25 14:39 송고

정읍시 과학기술진흥위원회ⓒ뉴스1

전북 정읍시가 첨단 과학산업 발전을 위해 25일 과학기술진흥위원회(위원장 유진섭 시장) 위원들을 위촉하고 본격적인 활동을 시작했다.

위원회는 유진섭 위원장을 비롯해 △황혜숙 정읍시의회 의원 △정병엽 한국원자력연구원 첨단방사선연구소장 △김차영 한국생명공학연구원 전북분원장 △한수철 안전성평가연구소 전북흡입안전성 연구본부장 △김대혁 (재)농축산용 미생물산업 육성지원센터장 △김진석 전북연구원 연구본부장 △김원일 전북대학교 수의면역학 교수 △이은경 전북과학대학교 치위생과 교수 △류일주 이원컴포텍㈜ 대표이사 △유영호 미래전략사업단장 등 11명으로 구성됐다.

대한민국 교통포털 No. 1

교통신문

[신년기획] 신성장 패러다임-이원컴포텍

이승한 기자 nyus449@gyotongn.com ○ 승인 2016.12.29 ⬚ 댓글 0

| 꾸준한 기술 개발로 시트 업계 리드

▲ 류일주 이원컴포텍 대표가 충남 논산 본사 전시실에서 회사가 생산한 각종 시트 앞에서 환하게 웃고 있다.

[교통신문 이승한 기자] 충남 논산 소재 이원컴포텍(대표 류일주)은 자동차 시트 분야에서 뛰어난 기술력과 혁신성을 인정받고 있는 강소업체다.

전문 인력은 물론 자금력이 부족하지만 관련 기술 개발을 게을리 하지 않은 덕분에 현재는 업계에서 높은 경쟁력을 갖춘 업체로 평가받고 있다. 이원컴포텍은 지난 1994년 설립된 이래 줄곧 현대.기아차와 협력해 오고 있다. 특히 양사 버스와 트럭 등 상용차에 특화된 시트를 개발 납품한다.

현재 현대차 대형트럭 엑시언트와 중형버스 카운티는 물론 미니버스 쏠라티에 장착되는 각종 시트를 생산하고, 기아차 버스를 위한 맞춤형 시트도 만들고 있다. 최근에는 기아차 프리미엄버스에 채택된 독립형 쉘 구조 고급 시트를 100% 독자 개발해 주목을 받았다.

이원컴포텍이 보유한 시트 서스펜션 기술력은 국내 정상급으로 알려졌다. 1996년 국내 최초로 에어 서스펜션 시트를 개발했고, 1998년에는 스프링 서스펜션 시트 국산화에 성공하는 등 이 분야를 선도하고 있다.

현대차 글로벌 진출에 발맞춰 2012년에는 중국 사천에 현지공장을 설립했고, 2014년에는 터키에 공장을 지으면서 브랜드 세계화에도 힘을 쏟고 있다.

"1등석처럼 눕혀지는 시트 개발…프리미엄 버스시장도 1위할 것"

입력 2017.04.13 20:34 | 수정 2017.04.14 05:45 | 지면 A19

류일주 이원컴포텍 대표

업계 첫 '원터치' 시트 조작
HD급 모니터·무선 충전기도
"국내 시장 점유율 90% 목표"

'자세' 버튼을 한 번 누르니 다리를 지지해주는
판이 올라오고 허리 받침대가 눕혀지며 몸이
반쯤 누운 편안한 자세가 됐다. 충전 케이블
없이도 무선으로 스마트폰을 충전할 수 있다.
이원컴포텍이 올해 처음 선보인 프리미엄 버스
전용 시트다. 올해부터 현대·기아자동차에
납품을 시작했다. 류일주 이원컴포텍 대표는
"여객기 1등석 못지않게 편안할 것"이라며
웃었다.

류일주 이원컴포텍 대표가 기아자동차가 만든 프리미엄
버스에 공급하고 있는 고급 시트를 설명하고 있다.

이원컴포텍은 트럭과 버스 운전자 시트를 만드는
전문 기업이다. 1994년 설립해 2009년 코스닥에 상장했다. 국내 트럭시장의 60%를 차지하는
현대차 트럭 전량에 운전석 시트를 공급 중이다. 2010년부터 2013년까지 200억원 규모였던
매출이 2014년 350억원 규모로 급성장했다. 하지만 악재도 뒤따랐다. 현대차를 따라 2013년
터키, 중국 현지에 신설한 공장에 기대만큼의 주문량이 들어오지 않았다. 국토교통부가
고속버스 노선에 프리미엄 버스를 투입하겠다는 소식에 고급 시트 연구개발(R&D)에 투자를
늘리면서 지난해에는 적자 40억원을 냈다. 류 대표는 "고급 시트 등 신제품 공급계약이 꾸준히
들어오고 있어 올해 흑자전환하는 것이 목표"라고 말했다.

프리미엄 버스 시장은 국토교통부가 지난해 11월 경부·호남선에 프리미엄 버스를 도입하면서
블루오션으로 떠오르기 시작했다. 이원컴포텍이 만든 고급 버스 시트는 지난 2월 기아차에서
내놓은 '그랜버드 실크로드 프리미엄 버스' 30여대에 장착됐다. 시트 개당 가격은 400만원
정도다. 현대차가 내놓은 대형 승합차 '솔라티'와 오는 6월에 출시하는 프리미엄 버스에도 이
시트가 들어갈 계획이다. 류 대표는 "신사업이라고 할 수 있는 프리미엄 버스 시장에서만 올해
70억원의 매출이 기대된다"며 "올해 6월을 기점으로 국내 프리미엄 버스 시트 시장의 90%를
장악하는 기업이 되겠다"고 밝혔다.

고양=이우상 기자 idol@hankyung.com